ENCUENTROS 2

EDICIÓN 3000

MÉTODO DE ESPAÑOL

Encuentros 2 Edición 3000
Lehrwerk für Spanisch als dritte Fremdsprache

Im Auftrag des Verlages erarbeitet von:
Jochen Schleyer, Wolfgang Steveker, Araceli Vicente Álvarez
und Christina Weber-Bleyle

und der Redaktion Fremdsprachen in der Schule:
Martha Grizel Delgado Rodríguez, Ute Gebel, Heike Malinowski
(Projektleitung), Marit Reifenstein (Projektkoordination) und
Soledad Rodríguez
Assistenz: Nadja Hantschel

Beratende Mitwirkung:
Verena Heckmann, Elke Hildenbrand, Doris Jakob-Fuchshuber,
Dr. Ute von Kahlden, Dr. Barbara Köberle, Bernhard Preker,
Kathrin Rathsam, Kathrin Sommerfeldt, Ursula Vences,
Dr. Christine Wlasak-Feik, Petra Wirtz-Kaltenberg

Layoutkonzept und Umschlaggestaltung:
werkstatt für gebrauchsgrafik, Berlin
Layout und technische Umsetzung:
Regelindis Westphal Grafikdesign / Rotraud Biem, Berlin
Illustration: Laurent Lalo
Karten: Dr. Volkhard Binder

Umschlagfoto: © Matthias Höppener-Fidus

Begleitmaterialien zu **Encuentros 2 Edición 3000**:
ISBN 978-3-06-520367-8 Vokabeltaschenbuch
ISBN 978-3-06-520349-4 Audio-CD
ISBN 978-3-06-520364-7 DVD
ISBN 978-3-06-520337-1 Cuaderno de ejercicios
ISBN 978-3-06-520343-2 Handreichungen für den Unterricht
ISBN 978-3-06-520352-4 Grammatikheft

Die zum Lernmittel gehörige CD und DVD enthalten ausschließlich
optionale Unterrichtsmaterialien; sie unterliegen nicht dem
staatlichen Zulassungsverfahren.

Symbole und Verweise

1	*Punto Final* Lernaufgabe
PF	Vorbereitung auf *Punto Final*
🎧 1|52	Hörverstehen/Tracknummern
🇩🇪	Sprachmittlung
DELE	*Diploma de Español como Lengua Extranjera*
▶ 20|3	Verweis auf Übung im Cuaderno
▶ GH 10|6	Verweis auf Kapitel im Grammatikheft
👥	Partnerarbeit
👥👥	Gruppenarbeit
//○	Differenzierungsaufgabe (leicht)
//●	Differenzierungsaufgabe (schwer)
✏️	Schreibaufgabe
facultativo	fakultative Übung
METHODEN ▶ S.163 ✓	Verweis auf das Methodentraining im Anhang
ENTRE CULTURAS 🌐	Landeskundlicher Hinweis
DVD	Verweis auf DVD
Web-Code ENC3000-2-73	Die Eingabe dieses Webcodes unter www.cornelsen.de/webcodes führt zu den jeweiligen Materialien.

www.cornelsen.de

Die Mediencodes enthalten ausschließlich optionale Unterrichtsmaterialien;
sie unterliegen nicht dem staatlichen Zulassungsverfahren.

Soweit in diesem Lehrwerk Personen fotografisch abgebildet sind und ihnen
von der Redaktion fiktive Namen, Berufe, Dialoge und Ähnliches zugeordnet
oder diese Personen in bestimmte Kontexte gesetzt werden, dienen diese
Zuordnungen und Darstellungen ausschließlich der Veranschaulichung und
dem besseren Verständnis des Inhalts.

1. Auflage, 6. Druck 2018

Alle Drucke dieser Auflage sind inhaltlich unverändert
und können nebeneinander verwendet werden.

© 2011 Cornelsen Verlag, Berlin
© 2017 Cornelsen Verlag GmbH, Berlin

Das Werk und seine Teile sind urheberrechtlich geschützt.
Jede Nutzung in anderen als den gesetzlich zugelassenen Fällen bedarf der vorherigen
schriftlichen Einwilligung des Verlages. Hinweis zu §§ 60a, 60b UrhG: Weder das Werk noch seine Teile dürfen
ohne eine solche Einwilligung an Schulen oder in Unterrichts- und Lehrmedien (§ 60b Abs. 3 UrhG) vervielfältigt,
insbesondere kopiert oder eingescannt, verbreitet oder in ein Netzwerk eingestellt oder sonst öffentlich zugänglich
gemacht oder wiedergegeben werden. Dies gilt auch für Intranets von Schulen.

Druck und Bindung: Livonia Print, Riga

ISBN 978-3-06-520334-0 (Schülerbuch)
ISBN 978-3-06-520701-0 (E-Book)

PEFC zertifiziert
Dieses Produkt stammt aus nachhaltig
bewirtschafteten Wäldern und kontrollierten
Quellen.
www.pefc.de
PEFC/12-31-006

INHALTSVERZEICHNIS

Die folgenden aufgelisteten Angebote sind nicht obligatorisch abzuarbeiten. Die Auswahl der Übungen und Übungsteile richtet sich nach den Schwerpunkten des schulinternen Curriculums.

kommunikative Kompetenzen	sprachliche Mittel	Methoden / Interkulturelles Lernen / Landeskunde

¡HOLA!

8 Wiederholungsaufgaben
ein Spiel spielen

1 MALLORCA – ANTES Y HOY

Lernaufgabe (Punto final): ein Album gestalten
Methodischer Schwerpunkt: Monologisches Sprechen / Dialogisches Sprechen

12 ¡ACÉRCATE! große Mengen angeben (Wh.) über Besonderheiten einer Region sprechen	Zahlen ab 1000 (Wh.)	die *Comunidades Autónomas*
15 A ANTES TODO ERA DIFERENTE erzählen, wie früher etwas war Dinge miteinander vergleichen	das *pretérito imperfecto* der Komparativ der Adjektive und Adverbien der Begleiter *aquel* *sin embargo*	die Anrede *Don/Doña*
19 B ENCUENTROS DE VERANO über Erlebnisse und Situationen in der Vergangenheit berichten etwas besonders hervorheben	die kontrastive Verwendung von *pretérito indefinido* und *pretérito imperfecto* der Superlativ der Adjektive der Begleiter *tanto/-a*	die *Siesta* in Spanien **Aprender mejor** über Erlebnisse in der Vergangenheit berichten **España en directo** Baskisch, Katalanisch, Galicisch (Broschüren)

24 RESUMEN
Redemittel + Grammatik (Übersicht und Test)

26 REPASO
wiederholende und vertiefende Übungen
das *pretérito indefinido* (Wh.)

28 ¡ANÍMATE!
La España bilingüe   Regionalsprachen in Spanien

2 ENTRE JÓVENES

Lernaufgabe (Punto final): eine Diskussion vorbereiten und durchführen
Methodischer Schwerpunkt: Dialogisches Sprechen, Hörverstehen

30 ¡ACÉRCATE! jdm etw. verbieten jdn beruhigen	der Imperativ (Wh.) der verneinte Imperativ	

kommunikative Kompetenzen	sprachliche Mittel	Methoden / Interkulturelles Lernen / Landeskunde
33 A PARA MÍ NO ES SÓLO UN OBJETO		
über Lieblingsobjekte sprechen Erwartungen und Wünsche ausdrücken Gefühle und Vorhaben äußern	die Possessivpronomen der *subjuntivo* nach Verben der Willens- und Gefühlsäußerung (*Quiero que …, …*) die Adverbien auf *-mente* das Verb *encantar*	
37 B Y TÚ, ¿PASAS?		
seine Meinung äußern auf Diskussionsbeiträge reagieren	unpersönliche Ausdrücke mit *subjuntivo* (*Es importante que …, …*) *no creo / no pienso que* + *subj.* das Verb *parecer* das Relativpronomen *lo que* die Prozentzahlen	**Aprender mejor** eine Diskussion vorbereiten **España en directo** Hilfsprojekte in Spanien Verbreitung des Spanischen
42 RESUMEN		
Redemittel + Grammatik (Übersicht und Test)		

44 REPASO		
wiederholende und vertiefende Übungen der Imperativ der reflexiven Verben (Wh.) unregelmäßige Formen der 1. Pers. Sg. im Präsens (Wh.)		

46 ¡ANÍMATE!		
Música de España *Música de México: Andar conmigo*		Flamencomusik Mexikanische Musik

3 ¡SIENTE MÉXICO!

Lernaufgabe (Punto final): ein Rollenspiel vorbereiten und aufführen
Methodischer Schwerpunkt: Lesen, Schreiben

48 ¡ACÉRCATE!		
sagen, was man gern unternehmen möchte Ratschläge geben und Vorschläge machen	der reale Bedingungssatz mit *si* *podrías/podríamos* + Infinitiv *Me/te gustaría* + Infinitiv	Indigene Sprachen in Mexiko
51 A DIARIO DE VIAJE		
Reiseeindrücke schildern (Erlebnisse, Sehenswürdigkeiten, Menschen, Essen, kulturelle Unterschiede …)	Adjektive mit *ser* oder *estar* Wendungen mit *por* *ojalá (que)* + *subj.* der absolute Superlativ die kontrastive Verwendung von *pretérito indefinido* und *pretérito imperfecto* (Wh.)	der *Día de Muertos* **México en directo** *Guacamole* (Rezept)
56 B UN DÍA MÁS …		
seinen Alltag beschreiben (Gewohnheiten, Aufgaben, Tätigkeiten) Wortwiederholungen vermeiden	zwei Objektpronomen im Satz *alguno/-a* und *ninguno/-a* als Begleiter und Pronomen	**Aprender mejor** einen Text in Sinnabschnitte einteilen Diminutive in Lateinamerika

kommunikative Kompetenzen	sprachliche Mittel	Methoden / Interkulturelles Lernen / Landeskunde

60 RESUMEN
Redemittel + Grammatik (Übersicht und Test)

62 REPASO
wiederholende und vertiefende Übungen
ser und *estar* (Wh.)
die direkten und indirekten Objektpronomen (Wh.)

64 ¡ANÍMATE!
Pok-ta-pok, Frida Kahlo,
Rezept: Quesadillas,
Cómo nace el cacao,
Lied: *Cumbia del Mole*

Mexiko-Dossier

BALANCE 1

66 kompetenzorientierte Überprüfung des Lernstands

4 UN PASEO POR MADRID

Lernaufgabe (Punto final): einen Sprachführer für eine Spanienreise erstellen
Methodischer Schwerpunkt: Mediation, Monologisches und dialogisches Sprechen

68 ¡ACÉRCATE!
sich in öffentlichen
Verkehrsmitteln orientieren
nach dem Weg fragen /
den Weg erklären (Wh.)

der Imperativ mit *usted*

71 A ¡ME HE QUEDADO A CUADROS!
zusammenhängend
berichten
erzählen, was man in
einem noch nicht ab-
geschlossenen Zeitraum
erlebt hat

das *pretérito perfecto*
resulta que, lo que pasa es que
lo bueno, lo malo

Jugendsprache in Spanien
„typisch" spanisch – „typisch" deutsch
(Vergleich)

España en directo Aktivitäten für Jugendliche in Madrid

75 B GUÍA DE MADRID
historische Daten
vorstellen
Erstaunen ausdrücken

die kontrastive Verwendung
von *pretérito perfecto* und
pretérito indefinido
das Verb *construir*

der Einfluss des Arabischen im Spanischen

Aprender mejor Arbeit mit dem deutsch-
spanischen Wörterbuch

80 RESUMEN
Redemittel + Grammatik (Übersicht und Test)

82 REPASO
wiederholende und vertiefende Übungen
Farben (Wh.)
der Imperativ (Wh.)
Wegbeschreibung (Wh.)

84 ¡ANIMATE!
Goya, Picasso, Suso33
Don Quijote

Spanische Maler
Spanische Literatur

kommunikative Kompetenzen	sprachliche Mittel	Methoden / Interkulturelles Lernen / Landeskunde

5 ¡COMUNÍCATE!

Lernaufgabe (Punto final): eine Seite für eine spanische Jugendzeitschrift entwerfen und gestalten
Methodischer Schwerpunkt: Schreiben, Lesen

86 ¡ACÉRCATE!
über Medien und Mediengewohnheiten sprechen

Zeitungen, Fernsehen und Radio in Spanien

89 A LAS AULAS DEL FUTURO
Vermutungen aufstellen und Voraussagen treffen
sich differenziert äußern

das *futuro simple*
seguir/llevar/pasar(se) + *gerundio*
por lo tanto, en cambio
der *subjuntivo* nach *aunque, mientras, cuando*

México en directo Interaktives Lernen in Mexiko

93 B ¡NO TE LO PIERDAS!
Inhalte zusammenfassen
eine Rezension schreiben
etwas präsentieren
etwas bewerten und empfehlen

das *pretérito pluscuamperfecto*
no obstante, por lo cual

Aprender mejor ein *resumen* schreiben

Jugendbücher und -filme aus der spanischsprachigen Welt

98 RESUMEN
Redemittel + Grammatik (Übersicht und Test)

100 REPASO
wiederholende und vertiefende Übungen
der *subjuntivo* (Wh.)
das *gerundio* (Wh.)

102 ¡ANÍMATE!
He concocido a un chico ...
Ela y Potetoz: Academia SMS

Leserbriefe aus einer spanischen Jugendzeitschrift, Comic

6 EUROPA Y ESPAÑA

Lernaufgabe (Punto final): ein Bewerbungsgespräch führen
Methodischer Schwerpunkt: Hören, Dialogisches Sprechen

104 ¡ACÉRCATE!
Aufforderungen einer anderen Person wiedergeben

die indirekte Aufforderung
(*Quiere que ..., Dice que ...*)

107 A UN ACTOR EUROPEO
Aussagen aus der Vergangenheit wiedergeben

die indirekte Rede und Frage in der Vergangenheit

111 B ENCONTRAR SU VOCACIÓN (nicht für BY)
über Schule, Berufe und Ausbildung sprechen
ein Bewerbungsgespräch führen

Studium und Berufsausbildung in Spanien
Lieblingsberufe spanischer Jugendlicher

Aprender mejor eine Bewerbung schreiben

116 **RESUMEN**
Redemittel + Grammatik (Übersicht und Test)

118 **REPASO**
wiederholende und vertiefende Übungen
die indirekte Rede im Präsens (Wh.)
das *pretérito perfecto* (Wh.)
das direkte Objektpronomen (Wh.)

120 **¡ANÍMATE!**
Fiestas y tradiciones en España

BALANCE 2

122 kompetenzorientierte Überprüfung des Lernstands

EL EXAMEN DE DELE

124 Modellaufgaben für die DELE-Prüfung

EL PLACER DE LEER

Lektüren mit Aufgaben zur Textarbeit und zum kreativen Schreiben

126 **CAMBIO DE AMIGOS**   Auszug aus einem spanischen Jugendroman (Unidad 1; Unidad 4)
128 **QUERIDO RONALDINHO**   Auszug aus einem spanischen Jugendroman (Unidad 2; Unidad 5)
130 **EL MAL DE GUTENBERG**   Auszug aus einem spanischen Jugendroman (Unidad 5)
132 **LA LEYENDA DE LOS GATOS**   Legende (Unidad 4)
134 **DON QUIJOTE**   Comic (Unidad 4)
138 **OTRAS FORMAS DE COMUNICACIÓN**   Sachtext (Unidad 3, Unidad 5)
140 **POEMAS**   Gedichte (Unidad 2, Unidad 5)

ANEXO

142 **DIFFERENZIERUNGSAUFGABEN**
148 **PARTNERAUFGABEN**
150 **LÖSUNGEN**
152 **METHODEN**
171 **PARA HABLAR DE UN TEXTO**
174 **PEQUEÑO DICCIONARIO DE CULTURA Y CIVILIZACIÓN**
181 **BETONUNG, ZEICHEN, ZAHLEN**
183 **LOS PAÍSES DE LA UNIÓN EUROPEA (UE)**
184 **EL ESPAÑOL EN CLASE**
185 **LOS VERBOS**
192 **LISTA CRONOLÓGICA**
225 **LISTA ALFABÉTICA**
235 **DEUTSCH-SPANISCHES WÖRTERBUCH**
246 **PLANO DE METRO DE MADRID**
247 **PLANO DE MADRID**

¡HOLA!

¡A JUGAR!

1 a Formad grupos de tres y jugad.

1. Ihr spielt zu dritt. **A** und **B** müssen den Río Tormes überqueren und benötigen zum Vorrücken eine kleine Münze. Lost aus, wer beginnt. **C** kontrolliert die Antworten.
   ▶ Lösungen, S. 151

2. Wer beginnt, darf weitermachen, so lange seine Antworten richtig sind. Ist eine Antwort falsch, wird gewechselt. Jede/r muss alle seine Fragen beantworten. Gewonnen hat, wer zuerst alle seine Fragen richtig beantwortet hat.

Preguntas para A

1. Tres ciudades de España
2. ¿Qué hora es?
3. Pon en presente: «Ayer Vega pasó el día en el parque. Quiso ir a un concierto, pero casi se perdió en el parque.»
4. Wie fragst du jemanden, wann er/sie Geburtstag hat?
5. Cinco países donde hablan español
6. Wie fragst du nach dem Weg zur Plaza Mayor?
7. Conjuga: *seguir* (presente), *tener* (pretérito indefinido).
8. ¿Qué colores ves?
9. Lo contrario de: *fácil, con leche, viejo/-a, oscuro/-a, volver, delante de*
10. ¿Qué están haciendo?
11. ¿Qué es el «Golombiao»?
12. Describe a la chica.
13. En español: 1962, 1111, 41

Preguntas para B

1. Tres ríos de España
2. ¿Qué tiempo hace?
3. Pon en pretérito indefinido: «Hoy los amigos van a la bolera y juegan a los bolos¹. Después vuelven a casa.»
4. Wie fragst du jemanden, wie alt er/sie ist?
5. ¿Cuáles son las capitales de Colombia y España?
6. Wie meldest du dich am Telefon?
7. Conjuga: *poner* (presente), *estar* (pretérito indefinido).
8. ¿Qué le duele a esta chica?
9. Un sinónimo de: *la mamá, después, genial, vale*
10. ¿Qué va a hacer esta chica mañana?
11. ¿Cuáles son las lenguas oficiales de Colombia?
12. ¿Qué es?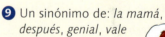
13. En español: 98, 2013, 512

¹ jugar a los bolos *kegeln*

b Preparad otras diez preguntas para **A** y otras diez preguntas para **B** con soluciones. Luego intercambiad las preguntas con otro grupo y jugad otra vez.

VOCABULARIO

2 a Jugad en pareja. Con las letras de una palabra, formad otras. ¿Quién encuentra más palabras? Tenéis un minuto para cada palabra.

Ejemplo:
NERVIOSA → RÍO ROSA IR VER VA VES

DESPERTARSE
VACACIONES
SOBRESALIENTE
ENCUENTROS
MATEMÁTICAS
CUMPLEAÑOS

b Escribid un pequeño texto con las palabras nuevas del ejercicio **2a**.

Ejemplo:
Rosa quiere ir a Salamanca para ver a sus abuelos. Le gusta mucho el Río Tormes. ___ .

ESCUCHAR

3 a Escucha las entrevistas con los chicos y apunta: el nombre, la edad, cuántos hermanos tienen, dónde viven, dónde pasaron las vacaciones de verano y qué les gustó.

b Escucha otra vez: ¿entiendes más información? ¿Cuál? Apúntala.

HABLAR

4 a Haz una entrevista con dos compañeros/-as de clase sobre su vida.

cumpleaños familia amigos asignaturas favoritas tiempo libre deporte música favorita

¿Cuándo es tu cumpleaños?

¿Qué te gusta hacer en tu tiempo libre?

Primero prepara las preguntas y después haz la entrevista.

b Presenta a un/a de los compañeros/-as del ejercicio **4a** en clase sin decir el nombre. Los otros adivinan quién es.

LEER Y ENTENDER

5 ¿Puedes estar sin tu móvil? Haz el test y lee el resultado.

1 Cuando te levantas ...
- 2 escribes un SMS a un/a amigo/-a o juegas al menos cinco minutos con tu móvil.
- 1 desayunas antes de usar tu móvil.
- 0 piensas: ¡Qué difícil es levantarse!

2 En el instituto, entre las clases ...
- 2 ¡Guay! ¡Tengo tiempo para jugar con mi móvil!
- 1 ¿Quién me mandó un mensaje?
- 0 vas al baño.

3 Un móvil es ...
- 2 como dormir o comer – absolutamente necesario en la vida.
- 1 como un amigo: ¡guay!
- 0 un teléfono y nada más.

4 Te encuentras con una persona muy famosa en la calle ...
- 1 Llamas a un/a amigo/-a.
- 2 Le haces un montón de fotos para impresionar a tus amigos/-as.
- 0 le pides un autógrafo[1].

5 Para decirle a un chico / una chica que lo/la quieres ...
- 0 le mandas una postal muy bonita.
- 2 le mandas un mensaje por el móvil.
- 1 Lo/la llamas después de clase.

6 Recibes un mensaje anónimo: «¡Hola! ¿Qué tal? ¡Contesta!»
- 1 Lo lees y lo olvidas.
- 2 Llamas ahora mismo.
- 0 ¿Un mensaje? ¿Dónde?

7 En el comedor ...
- 2 pones el móvil a tu lado.
- 1 tienes el móvil en tu mochila.
- 0 sólo piensas en el postre.

8 En el autobús o en el metro ...
- 0 miras por la ventana o a la gente.
- 2 al final del viaje todos conocen tu vida.
- 1 lees tus últimos mensajes.

Entre 11 y 16 puntos: ¡Tú sí estás loco/-a por el móvil! Te hipnotiza y no te puedes separar de él. Es tu mundo, tu amor y tu amigo. Vivís una relación muy fuerte. Pero ¡cuidado!: A lo mejor acabas de encontrar el amor de tu vida en la calle – pero no lo viste porque leías un mensaje ...

Entre 6 y 11 puntos: A ti, sí que te hace falta un móvil. Lo usas cada día pero prefieres los encuentros reales con tus amigos. Para ti, el móvil es una cosa útil para comunicarse rápido.

Menos de 6 puntos: ¡Felicitaciones! ¡Tienes mucha personalidad! Te gusta tu libertad y vivir a tu manera. El móvil no es importante para ti. Lo usas en casos de urgencia, pero prefieres observar el mundo y hablar de cara a cara con tus amigos.

© según: Okapi No. 74, Mayo 2008 (texto adaptado)

METHODEN ▶ S. 152 ✓
Erschließe dir unbekannte Wörter aus dem Kontext oder mit Hilfe anderer Sprachen.

[1] el autógrafo *das Autogramm*

ESCRIBIR

6 a ¿Qué palabras asociáis con «vacaciones»? Un/a alumno/-a empieza y dice una palabra, su compañero/-a sigue.

b ¿Dónde pasaste tus vacaciones de verano? ¿En casa o en otro lugar? Escribe una postal a un amigo/una amiga en España.
▶ Eine Postkarte schreiben, S. 166

Hola Vicente:
¿Qué tal? Estamos en Rügen, en el norte de Alemania.
La playa es genial pero llueve mucho.
Ayer ...

1 MALLORCA – ANTES Y HOY

¡ACÉRCATE!

HIER LERNST DU:
▶ über Besonderheiten einer Region zu sprechen.

ACTIVIDAD DE PRELECTURA

1 ¿Qué sabéis de Mallorca? Contad en clase.

Más de 12 millones de turistas visitan cada año Mallorca, la isla más grande de las Islas Baleares. Las Baleares están situadas al este de España, en el Mar Mediterráneo. Son una Comunidad Autónoma de España.

ENTRE CULTURAS

En España hay 17 **Comunidades Autónomas**. En algunas se hablan dos lenguas: español y otra lengua oficial, por ejemplo catalán, gallego o vasco.

5 Mallorca tiene 623 kilómetros de costa y 43 puertos.

El Puig Major, el pico más alto, está en la Sierra de Tramontana 10 en el noroeste de Mallorca. Tiene una altura de 1445 metros. La Sierra de Tramon- 15 tana es un lugar perfecto para hacer senderismo.

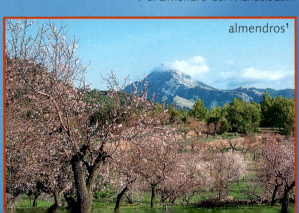

1 el almendro *der Mandelbaum*

almendros[1]

¿Sabías que los mallorquines hablan dos lenguas? El español y el catalán son las lenguas oficiales.

Mallorca tiene unos 800 000 habitantes. Casi la mitad de ellos vive en Palma, la capital. ¿Sabías que aproximadamente 120 000 habitantes son extranjeros? ¡Y unos 30 000 son alemanes!

¿Sabías que en Mallorca hay 3 300 molinos de viento? Ya no trabajan, pero todavía forman parte del paisaje.

En casi la mitad de la isla hay zonas protegidas. En el norte, en el parque natural de S'Albufera viven muchos pájaros, ¡más de 200 especies!

En la zona de Alcudia tienes que tener cuidado: ¡por las calles pasan más bicicletas que coches! Este lugar es un paraíso para los ciclistas. Aquí también entrenan los profesionales.

Los reyes de España pasan todas sus vacaciones de verano en el Palacio de Marivent, cerca de Palma.

1

COMPRENDER EL TEXTO

2 Lee el texto y prepara diez preguntas sobre Mallorca. Tu compañero/-a las contesta.

> Usa un máximo de pronombres interrogativos.

¿Cuántos habitantes tiene Mallorca?   Aproximadamente 800.000.

ESCUCHAR

3 a ¿Qué cuenta el guía sobre Menorca, la «hermana pequeña» de Mallorca? Escucha y toma apuntes. Después compara con tu compañero/-a.

120 | kilómetros de costa
650.000 | ___
93.000 | ___
12.000 | ___
700 | ___

b Ahora tú eres el guía. Presenta Menorca y usa aproximadamente, más o menos, casi y unos.

Menorca tiene ...   En Menorca hay ...   Menorca recibe ...

VOCABULARIO

4 a Ya sabéis muchas cosas de Mallorca. Pero ¿os acordáis de datos de toda España? Buscad las informaciones y presentadlas a vuestro/-a compañero/-a. Usad el mapa de España y el Pequeño Diccionario, p. 174.

1. España está situada en [¿].
2. Tiene unos 46,5 millones de [¿].
3. La capital es [¿]. Está situada [¿].
4. España limita con [¿].
5. La lengua oficial es [¿].
6. Otras lenguas oficiales son, p.ej. [¿].
7. Dos ciudades españolas en África son [¿].
8. España es un productor importante de [¿].
9. España tiene [¿] Comunidades Autónomas.
10. Las dos ciudades más grandes son [¿].
11. Un río largo en el sur de España es [¿].
12. El pico más alto es [¿]. Tiene una altura de [¿]. Está en [¿].
13. [¿] son una sierra muy importante que limita con Francia.

b Escucha y compara con tus soluciones.

YA LO SÉ

5 Estás en una clase de Geografía en España. El profesor te pide dar informaciones a la clase sobre tu país. Preséntalo y usa las expresiones del ejercicio **4**. ▶ Etwas präsentieren, S. 164, Para hablar de una región, p. 197

6 Prepara un concurso sobre Mallorca para tus compañeros.

Las lenguas oficiales de Mallorca son ...
(a) el español y el alemán.
(b) el catalán y el español.
(c) el catalán y el inglés.

1A ANTES TODO ERA DIFERENTE

HIER LERNST DU:
▸ zu erzählen, wie früher etwas war.
▸ Dinge miteinander zu vergleichen.

🎧 6–7

Alberto tiene 73 años y vive en Palma. Su nieto, Adrián, vive con su familia en Salamanca, pero ahora pasa las vacaciones en casa de su abuelo. Hoy Alberto lo quiere llevar a Sóller, un pueblo
5 al norte de Mallorca. Allí vivía cuando era joven, antes de ir a Palma para buscar trabajo …

Abuelo: Bueno, ¿qué pasa, Adrián? ¿Vienes conmigo al pueblo?
Adrián: Vale, abuelo, vale. Oye, pero no está
10 muy lejos de aquí, ¿verdad?
Abuelo: No, no, qué va, tranquilo … Son sólo 33 kilómetros … Y con esta carretera que tenemos ahora, llegamos en menos de media hora. Cuando yo vivía en el pueblo era diferen-
15 te … No teníamos coche y siempre íbamos en el tren a la capital …

Adrián: ¿Ah, sí? ¿Es ese tren que todavía funciona, no?
Abuelo: Sí, sí. Es del año 1912, ¡fíjate! …
20 Todavía es tan lento como en aquellos años. Pero ahora es casi sólo para turistas … Bueno, ya estamos aquí … La plaza, la
25 iglesia, los árboles y allí al fondo, las montañas, la Sierra de Tramontana … Ah, y el mercado. ¡Claro,
30 hoy es sábado, día de

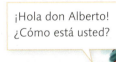
¡Hola don Alberto! ¿Cómo está usted?

«mercat»!
Cuando yo era pequeño, siempre veníamos a este mercado a comprar frutas o zapatos y ropa … Había
35 mucha gente … como ahora. Está todo como siempre …
Bueno, no todo … ¿Ves esta calle? Ahora está llena de tiendas, pero antes sólo había dos: una frutería y un estanco. Mira, aquí donde ahora
40 está la cafetería, estaba nuestra casa … Tenía un patio con naranjos … En verano, muchas veces toda la familia comía en el patio.
Adrián: Ya. Oye, abuelo, cuando tú eras pequeño no tenías tele y tampoco había Internet …
45 ¿A qué jugabas? ¿Qué hacías con tus amigos?
Abuelo: Bueno, eran los años cincuenta … Este país era bastante diferente y menos alegre que ahora. En aquellos años, estábamos en la época de Franco y muchas cosas eran peores: por
50 ejemplo, no podíamos hablar catalán porque estaba prohibido. Sin embargo lo hacíamos, pero teníamos que tener cuidado con la policía …
La vida era mucho más sencilla que hoy en día y teníamos que ayudar mucho a nuestros padres y
55 abuelos …
Pero, también había cosas que eran mejores. No veíamos la tele y siempre estábamos afuera. Nos íbamos por ahí en bici y nos gustaba mucho observar a los animales … Yo tenía un perro que
60 se llamaba Pipo y que siempre venía con nosotros. Nos divertíamos mucho, ¿sabes?
A veces iba con mis amigos a la montaña y otras veces, sobre todo en verano, pasábamos todo el día en la playa cerca del pueblo. Era mucho
65 más tranquila que ahora porque casi no había turistas …
Adrián: ¡¿Dices que entonces no había turistas?! ¡No me puedo imaginar esta isla sin turistas!

ENTRE CULTURAS

Don y **doña** se usan para hablar con respeto a una persona. Siempre se usan con el nombre de la persona con quien se habla, por ejemplo «don Alberto».

quince **15**

1A

COMPRENDER EL TEXTO

DELE

1 a Busca la información en el texto (p. 15) y combina los elementos.

1. Las playas de Mallorca están	e iba en tren.
2. Los niños siempre jugaban	en el mercado de Sóller.
3. Casi no había	turistas en Mallorca.
4. Estaba prohibido hablar	con la policía.
5. Los mallorquines pueden ir en coche de Palma a Sóller	tiene tele e Internet.
6. Siempre había mucha gente	afuera.
7. La gente tenía que tener cuidado	catalán.
8. La mayoría de la gente	llenas de turistas.
9. La gente no tenía coche	en menos de media hora.

b Tú dices una frase del ejercicio **1a**, tu compañero/-a dice la época.

Hoy en día   Antes

ESCRIBIR

2 Alberto le pregunta a Adrián por su vida en Salamanca. ¿Qué cuenta el chico? Escribe el texto en tu cuaderno.

¿A qué juegas? ¿Qué haces con tus amigos? ¿Qué hacéis para divertiros?

. los fines de semana   todos los lunes/martes/___
cuando tengo tiempo   después de las clases
por la tarde / por la noche   a veces   en el recreo
una vez por semana   siempre

hacer deporte / jugar al ___   ir al cine ___ ___

DESCUBRIR

3 a Busca las formas del pretérito imperfecto en el texto (p. 15) y apúntalas con el infinitivo y el pronombre personal. Después completa las tablas con estas formas.

vivía (yo) → vivir

b Wie bildest du das *pretérito imperfecto*? Welche Formen sind unregelmäßig?
▶ Resumen 1

Mallorca – antes y hoy | Antes todo era diferente   **1A**

PRACTICAR

4 ¿Cómo era la vida de Alberto cuando tenía catorce años? Cuenta y usa el pretérito imperfecto.

| En los años cincuenta … En aquellos años … | Alberto sus amigos su familia | *vivir* en Sóller. *ayudar* mucho en casa. siempre *jugar* afuera. le *gustar* mucho ir a observar animales. *tener* un perro que *llamarse* Pipo. *estar* todos los sábados en el mercado de Sóller. *comer* en el patio de su casa. a veces *ir* con sus amigos a la montaña. *ir* mucho en bici. en verano *pasarse* el día en la playa. *ir* en tren a la capital. no *tener* tele. no *ver* la tele. |

5 Busca a dos compañeros/-as de clase que piensan como tú. Discutid y usad **más … que** y **(no) tan … como**. ▶ Resumen 3

ver la tele – hacer deporte
esquiar – hacer senderismo
jugar afuera – jugar en casa
ir a la playa – ir a la montaña
ir al cine – ir al teatro
hablar catalán – hablar español
ir en tren – ir en coche
ver la tele – hablar en el chat
leer libros – ver las películas
escuchar música – escuchar música clásica   de rock

Ejemplo:

Para mí, ver la tele no es **tan divertido como** hacer deporte. ¿Qué piensas tú?

Para mí, sí.   Para mí tampoco.

sencillo/-a   interesante   tranquilo/-a
bueno/-a   malo/-a   bonito/-a   aburrido/-a
moderno/-a   agotador/-a   famoso/-a
divertido/-a   aburrido/-a   importante
fácil   difícil

VOCABULARIO

6 ¿En qué piensas cuando lees las palabras «vacaciones» y «turista»? Busca más palabras como en el ejemplo.

diecisiete **17**

1A

ESCUCHAR

7 a Luna va a hablar de sus vacaciones en Andalucía cuando era pequeña. ¿Qué piensas? ¿Qué va a contar?

b Escucha y cuenta: ¿cómo pasaba Luna las vacaciones?

¿dónde?	¿con quién?	¿qué hacía(n)?

HABLAR

8 ¿Cómo era la vida antes? Imagina qué dice la señora. ▶ Erzählen, S. 162

Hoy en día
▶ Palma es una ciudad moderna
▶ el tren de Sóller es para turistas
▶ hay muchas carreteras
▶ en todas las casas hay tele e Internet
▶ la mitad de los mallorquines vive en la región de Palma
▶ hay más de 1.300 hoteles en la isla
▶ la mayoría de los habitantes vive del turismo

Antes, la vida en la isla era más difícil, pero me gustaba más que ahora.

MEDIACIÓN

9 a Estás con tus padres en la oficina de turismo de Sóller. Tus padres tienen algunas preguntas, pero no saben hablar español. Ayúdalos. ▶ Dolmetschen, S. 170

Deine Eltern wollen wissen,
– wo man etwas über Mallorcas Pflanzenwelt erfahren kann.
– ob man von Sóller aus auf den Puig de Massanella klettern kann und wie lange das dauert.
– ob ein Bus nach Palma de Mallorca fährt und wie teuer die Fahrt ist.

METHODEN ▶ S. 154
Wenn du ein Wort nicht weißt, umschreibe es oder benutze ein Synonym.

b Escucha el diálogo y compara las preguntas de la chica con tus preguntas.

c Escucha otra vez el diálogo y apunta las informaciones que necesitan tus padres. Después explícales en alemán.

YA LO SÉ

10 ¿Qué (no) te gustaba cuando eras pequeño/-a? ¿Qué (no) hacías? Haz apuntes y cuéntale a tu compañero/-a. ▶ Erzählen, S. 162

Antes   En aquellos años   Normalmente
Entonces   Siempre   Nunca

Ejemplo: Cuando yo era pequeño, no me gustaba estar en casa. Normalmente jugaba con mis amigos en el parque. En mi barrio siempre …

1B ENCUENTROS DE VERANO

HIER LERNST DU:
- über Erlebnisse und Situationen in der Vergangenheit zu berichten.
- besondere Eigenschaften auszudrücken.

ACTIVIDAD DE PRELECTURA

1 Überfliege den Text in zwei Minuten. Was hast du verstanden?

Clara habla de unas vacaciones que pasó en Mallorca cuando tenía quince años:

Cuando iba al instituto, esperaba las vacaciones con mucha impaciencia. A veces iba de camping con mis padres y siempre me encontraba con gente divertida. Cuando tenía 15 años, fui con mis abuelos a Alcudia, Mallorca. Yo quiero mucho a mis abuelos, pero la idea de estar dos meses allí con ellos, no
5 me gustaba demasiado. Entre las siestas de tres horas y las telenovelas que veíamos todos los días, a la misma hora en la tele, no pasaba nada. Así que las vacaciones empezaron un poco mal para mí … ¡Pero yo quería pasarlo bomba!

ENTRE CULTURAS

En España, tradicionalmente muchas tiendas cierran entre las dos y las cinco de la tarde. Son las horas de **la siesta**.

Después de dos semanas aburridas, vino mi prima Luna, ¡menos mal! Tenemos la misma edad y nos llevábamos muy bien. Una tar-
10 de, fuimos a la playa para conocer gente. ¡Pero éramos las chicas más tímidas del mundo! No nos podíamos imaginar hablar con gente que no conocíamos. Pero bueno, paseábamos un poco por la playa y de repente, vimos un grupo que jugaba en el mar. Los chicos se reían mucho y jugaban como locos, pero no hablaban
15 español sino … ¡alemán! Queríamos hablar con ellos, pero no sabíamos hablar alemán. Menos mal que Leonie, la única chica del grupo, nos propuso jugar con ellos. Bueno, Luna y yo nos pusimos rojas como tomates, pero nos acercamos al grupo y empezamos a jugar y a hablar con ellos. Además de Leonie, había tres chicos:
20 Tim, Florian y Niklas. Tenían 16 años y eran amigos desde hace muchos años. Hablaban español con un acento muy gracioso … Desde aquel día fuimos inseparables. Nos llevábamos superbién, hablábamos en español, en inglés y con las manos y hacíamos todo juntos: por la mañana, paseábamos por el campo o
25 íbamos a la ciudad y por la tarde, pasábamos horas en la playa. ¡Era superdivertido!
Por la noche jugábamos a la petanca[1] y ahí, Luna y Florian se enamoraron … Así que teníamos una pareja en el grupo …
Después de tres semanas, llegó la hora de la despedida. Aquel día estuvimos
30 muy tristes. Fuimos con el grupo al puerto y allí llegó el peor momento: ellos se fueron y nosotras nos quedamos. Lloramos todos, pero prometimos escribirnos y llamarnos …

¡Qué guapos son! Pero el chico que más me gusta es Florian. Tiene los ojos más bonitos …

Wow! Gegen ein Mädchen hab ich noch nie verloren!

¡Fueron las vacaciones más divertidas de mi vida! Los chicos alemanes son superguáy, pero para mí, la más interesante del grupo es Leonie. Sabe tantas cosas …

© según: Okapi No. 86, 2009 (texto adaptado) **1** jugar a la petanca *Boule spielen*

Asunto:

… sois las chicas más simpáticas de toda España.

… Eres la chica más deportista de todo el mundo, pero sobre todo, ¡la más guapa ;-)!

¿… sabes que pienso mucho en ti? Pero soy el chico más tímido de toda Alemania, por eso no dije nada …

¡Os echo tanto de menos! ¡Sois las mejores del mundo!

diecinueve **19**

1B

COMPRENDER EL TEXTO

2 a Busca las informaciones en el texto (p. 19) que corresponden a los seis dibujos. Después ordena los dibujos.

b Relaciona los mensajes que están al final del texto con los chicos. ¿Quién escribió a quién? ¿Por qué lo piensas?

DESCUBRIR

3 a Relaciona las frases con los dibujos.

1. Leonie, la única chica del grupo, nos propuso jugar con ellos.
2. Paseábamos un poco por la playa.
3. De repente, vimos un grupo que jugaba en el mar.
4. Luna y yo nos pusimos rojas como tomates, pero nos acercamos al grupo.

b In welchen der Sätze passiert etwas? In welchem wird etwas beschrieben?   ▶ Resumen 2

1B

Mallorca – antes y hoy | Encuentros de verano

APRENDER MEJOR

4 Mit Merkhilfen arbeiten

a Suche weitere Sätze im Text, S. 19, in denen entweder etwas passiert oder eine Situation beschrieben wird. Ordne die Sätze in einer Tabelle.

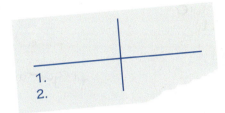

> **METHODEN** ▶ S. 155
>
> Trage in die Tabelle Symbole ein, die an die Zeichnungen von **3a** erinnern:
> – in die Spalte von *pretérito imperfecto* einen Fotorahmen
> – und in die Spalte von *pretérito indefinido* einen Filmstreifen.
> Das hilft dir beim Zuordnen der Sätze.

b Mira los dibujos. ¿Qué pasó el día en que Luna llegó a Mallorca? Cuenta y usa el pretérito indefinido y el pretérito imperfecto. Usa también: todos los días, siempre, de repente, después, luego y entonces.

ESCUCHAR

5 Escucha las historias de Luna: ¿cómo era la situación? ¿Qué pasó? Haz una tabla como en el ejercicio 4, toma apuntes y luego cuenta.

PRACTICAR

6 ¿Pretérito imperfecto o pretérito indefinido? Clara cuenta una historia. Completa las frases con los verbos. ▶ Resumen 2

1. [¿] un sábado por la tarde y [¿] mucho calor. 2. En la playa [¿] todavía muchos chicos: [¿] por ahí, [¿] y [¿] en el mar o [¿] al voleibol. 3. Yo también [¿] allí con mis amigos alemanes. 4. De repente [¿] una chica y [¿] algo en una lengua que yo no [¿]. 5. Pero siempre [¿] a Niklas. 6. Niklas [¿] rojo y le [¿] algo en la misma lengua y le [¿] un beso. 7. Los dos [¿] a reírse y a charlar en esa lengua, y después, Niklas – por fin! – [¿] a la chica. 8. ¡[¿] Ewa, una amiga de él que [¿] en Polonia[1] hace dos años!

*ser, hacer, hay
pasear, charlar, jugar
estar, acercarse
decir, entender, mirar
ponerse, contestar, dar
empezar
presentar[2], ser, conocer*

1 Polonia *Polen* 2 presentar *vorstellen*

1B

ESPAÑA EN DIRECTO

7 a Mira los folletos. Son de España pero no están en español. ¿Qué información comprendes? Explica en alemán por qué la puedes comprender. ▶ Texte über ihre Gestaltung erschließen, S. 159

b Relaciona las fotos con las lenguas siguientes:
– gallego
– vasco
– catalán

Las páginas 28 y 29 te pueden ayudar.

HABLAR

8 ¿Cómo pasabas tú las vacaciones cuando tenías 10 años? ¿Cómo era? ¿Qué pasó? Elige una situación y cuenta a tu compañero/-a.
DELE

con los abuelos   en un campamento   con los padres
con los hermanos   en ___

METHODEN ▶ S. 162 ✓
Verwende in deiner Erzählung verschiedene stilistische Mittel, z. B. Ausrufe.

9 Un chico español viene a verte a Alemania. Está por primera vez aquí y va a ir contigo al instituto durante dos semanas. Quiere saber muchas cosas de tu vida. Haced el diálogo y usad **el/la más** + adjetivo y **el/la … que más me gusta**. ▶ Resumen 4

la asignatura   el deporte   el/la profesor/a   el libro
el grupo de música   la lengua   la serie de televisión
la película   el estilo de música   el día de la semana   ___/___

bueno/-a   fácil   divertido/-a   difícil   importante
malo/-a   estricto/-a   interesante

¿Cuál es la asignatura más difícil para ti?

Para mí, la asignatura más difícil es Biología (porque ___).

Mallorca – antes y hoy | Encuentros de verano | **1B**

ESCRIBIR

10 «Lloramos todos, pero prometimos escribirnos y llamarnos ...» (p. 19, l. 31/32): Escribe una carta o un e-mail después de las vacaciones. ▶ Einen Brief schreiben, S. 166

COMPRENSIÓN AUDIOVISUAL

11 Mira la escena del DVD.

YA LO SÉ

12 a Elige una situación y cuenta la historia en clase.

mi mejor/peor día de la semana pasada

las mejores/peores vacaciones de mi vida

> **METHODEN** ▶ S. 162
> Gliedere deine Erzählung durch Zeitadverbien und Signalwörter.

b Para ti, ¿cuál es la historia más divertida? ¿Por qué?

> Para mí, la historia más divertida es la de Alex, porque ...

1 PUNTO FINAL

Hacer un álbum

1 a ¿Cómo era la vida antes? Preguntad a vuestros abuelos o vecinos: ¿qué hacían? ¿Cómo vivían? Presentad su historia a un instituto en España en un álbum.

> Tus apuntes del ejercicio 10, p. 18, te pueden ayudar.

1. Pensad a quién podéis preguntar y en las preguntas que podéis hacer.

   el barrio   los amigos   la escuela

   la ciudad / el pueblo   la familia

2. Haz las preguntas a tus abuelos/padres/vecinos en alemán. Pregúntales también si tienen fotos, postales u otros recuerdos que te pueden dar.

b Escribid un texto con ayuda de las respuestas.

c Intercambiad vuestros textos en clase y corregid los errores. ▶ Fehler selbst korrigieren, S. 169

2 Ahora haced el álbum. Usad todos los textos, fotos, postales, mapas que tenéis.

RESUMEN

ERZÄHLEN, WIE FRÜHER ETWAS WAR

1 Cuando **tenía** 12 años **vivía** en Sóller.
Siempre **jugábamos** en la calle.
A veces **veíamos** a algunos turistas en la playa.
Entonces no **teníamos** coche.

En aquellos años **había** muy pocos turistas aquí.

Antes, mi abuelo **iba** a la ciudad en tren.
En aquellos años, todo **era** diferente.

DAS BENÖTIGST DU

Konjunktion und Zeitadverbien: **cuando**, **siempre**, **entonces**, **en aquellos años**, **a veces** sowie das **pretérito imperfecto**
▶ GH 5|1, ▶ GH 6|3

	jugar		tener/venir	
Singular	jug-	aba abas aba	ten- ven-	ía ías ía
Plural		ábamos abais aban		íamos íais ían

⚠ hay → había

⚠ Die Verben **ser** und **ir** haben unregelmäßige Formen. ▶ Los verbos, p. 185

ÜBER ETWAS VERGANGENES BERICHTEN

2 Cuando Adrián **era** niño, **vivía** en Barcelona.
Siempre **pasaba** las vacaciones en Mallorca.
Entonces **estaba** muy feliz.
Cuando **tenía** 14 años, su familia se **fue** a vivir a Salamanca.
Al principio le **fue** difícil hacer amigos, pero entonces **conoció** a Pablo, un chico muy simpático.
Adrián **pasaba** por la calle, cuando, de repente, vio a una chica muy guapa.
Primero no **dijo** nada, pero después le **preguntó** algo.

DAS BENÖTIGST DU

das **pretérito indefinido** und das **pretérito imperfecto** ▶ GH 8|5

Pretérito imperfecto: ¿Cómo era? (Situation)

Pretérito indefinido: ¿Qué pasó? (Aktion)

⚠ Nach **entonces** und **cuando** können – je nach Kontext – beide Vergangenheitsformen folgen.

| **entonces** | dann | **entonces** | damals |
| **cuando** | als | **cuando** | als |

ETWAS VERGLEICHEN

3 Mallorca es **más** grande **que** Menorca.
Leer es **tan** interesante **como** ver una peli.
Ir al cine **no** es **tan** caro **como** ir al teatro.
Adrián habla **más** despacio **que** Pablo.

Entonces las frutas eran **mejores que** hoy.
Leonie es **mejor** en Español **que** Tim.
Clara sabe cantar **mejor que** Luna.
En la época de Franco, la vida era **peor que** hoy.

DAS BENÖTIGST DU

den Komparativ ▶ GH 5|2

| **más**
menos | + Adjektiv/Adverb | **que** ___ |

| **tan**
no tan | + Adjektiv/Adverb | **como** ___ |

die unregelmäßigen Steigerungen von **bueno** (→ **mejor/es que**) bzw. **malo** (→ **peor/es que**)

⚠ Die Form **menos** + Adjektiv + **que** wird in der Alltagssprache selten gebraucht.

ETWAS BESONDERS HERVORHEBEN

4 Para mí, **el** deporte **más** interesante es el fútbol.
Barcelona es **la** ciudad **más** grande **de** las ciudades catalanas.

En el bar «El Valenciano» hay **las mejores** tapas de Mallorca.
Mis mejores amigas viven en Salamanca.

La asignatura **que más me gusta** es Español.

DAS BENÖTIGST DU

den Superlativ ▶ GH 7|4

| el/la los/las | + Subst. | más menos | + Adjektiv (de) |

⚠ bueno → **el/la mejor**
   malo → **el/la peor** + Subst.

oder
eine Konstruktion mit Relativpronomen:

| el/la los/las | + Subst. | que más | me te … | gusta gustan |

TESTE DEINE GRAMMATIKKENNTNISSE ▶ Lösungen, S. 150

1 Completa con las formas del pretérito imperfecto. ▶ GH 5|1

1. En verano siempre *(pasar / nosotros)* las vacaciones en casa de mis abuelos.
2. Todos los días *(ir / yo)* a la playa con mis primos.
3. En aquellos años no *(haber)* muchos turistas en la playa.
4. Nos *(gustar)* mucho jugar a la petanca.

2 Compara. Usa: **más … que** (+) / **tan … como** (=) / **no … tan … como** (–). ▶ GH 5|2

1. Barcelona es (+) grande / Palma de Mallorca.
2. Madrid es (=) interesante / Barcelona.
3. El español es (–) difícil / el alemán.
4. Pasar las vacaciones en casa es (–) divertido / pasarlas en Mallorca.

3 Completa con las formas del pretérito indefinido o del pretérito imperfecto. ▶ GH 8|5

1. Antes, cuando *(ir / nosotros)* a la montaña, siempre *(ir)* con mi abuelo, porque *(conocer)* muy bien la región.
2. Siempre *(llevar)* algo para comer y beber. Pero un día mi abuelo *(olvidar)* la mochila, así que en toda la mañana no *(poder)* comer ni beber nada.
3. A mediodía, de repente *(ver / nosotros)* una casa pequeña. Allí *(vivir)* un hombre que nos *(dar)* de comer y beber. Después *(seguir)* el camino. A las ocho de la tarde *(volver)* a casa muy contentos.

DAS KANN ICH JETZT! ▶ Para comunicarse, p. 197

▶ Wie war dein Leben, als du fünf Jahre alt warst? Beschreibe einen typischen Tagesablauf.
▶ Erzähle drei Dinge über dein Bundesland. Sage, wie viele Einwohner es hat, welche die größte/kleinste/bekannteste/schönste Stadt ist, wo der höchste Berg steht etc.
▶ Vergleiche die Schulfächer Mathe, Deutsch, Spanisch, Biologie und Geschichte miteinander.
▶ Sage, welches Schulfach du am leichtesten und welches du am schwersten findest.
▶ Erzähle, wie das letzte Wochenende war und was du gemacht hast.

REPASO 1

¿TE ACUERDAS?

1 Ana llama a Jorge. Lee lo que le cuenta del domingo pasado y usa los verbos en el pretérito indefinido.

1 raro *seltsam*

Ayer *(ser)* un domingo un poco raro¹: *(estar)* en casa y no *(ir)* a ver a mis amigos y tampoco no *(venir)* nadie a visitarme. Por la mañana *(hacer)* muy mal tiempo. Además me *(doler)* mucho la cabeza y por eso no *(poder)* levantarme. Entonces *(quedarse)* en la cama para escuchar música. A las dos *(venir)* mis abuelos a almorzar con nosotros pero yo no *(querer)* salir de mi habitación y *(poner)* la música a todo volumen. Entonces mi madre y yo *(tener)* una bronca. Por suerte *(entrar)* mi abuelo y *(preguntar)*: «¿Quién canta esta canción? La escucho todos los días en la radio y me gusta mucho.» Después (él / *empezar*) a bailar. ¡Oye! No te imaginas la fiesta …

2 ¿Qué hiciste ayer? Cuenta tu día y usa el pretérito indefinido.

| por la mañana   por la tarde   por la noche   a mediodía   primero   después   al final   de repente |

| *despertarse* a las ___   *ducharse*   *salir* de casa a las ___   *ir* a ___ en ___   *llegar* a las ___
charlar con ___   *comer* ___   *escribir* un examen   *jugar* al ___   *ir* de compras con ___
volver a casa a las ___   *hacer* los deberes ___   *acostarse* a las ___ ___ |

VOCABULARIO

3 a Busca los intrusos.

1. irse por ahí   ayudar en casa   no hacer nada   ver la tele   estar con amigos
2. ir al cine   ver la tele   ver una peli   escuchar música
3. chatear   escribir e-mails   estar en Internet   escribir para la revista del instituto
4. ir al estadio   jugar al fútbol   ir al teatro   jugar al voleibol   hacer deporte
5. ensayar con un grupo de música   actuar¹ en un grupo de teatro   tocar la guitarra   cantar

1 actuar *spielen (Theater)*

b ¿Qué haces tú en tu tiempo libre? ¿Cuáles son tus actividades favoritas? ¿Qué no te gusta hacer? Escribe ocho frases con ayuda de las palabras del ejercicio **3a**.

¿dónde?   ¿con quién?   ¿cuándo?   ¿cuántas veces por semana?   ¿por qué?

PRACTICAR

4 Jugad con un dado. **A** dice un verbo de la lista. **B** echa el dado¹ y dice la forma conjugada en el pretérito imperfecto. ▶ Resumen 1

⚀ yo   ⚃ nostros/-as
⚁ tú   ⚄ vosotros/-as
⚂ él/ella   ⚅ ellos/-las

1 echar el dado *würfeln*

| tomar   vivir   tener   ir   estar   ser   comer   hacer   jugar   ver
venir   divertirse   levantarse   poder   querer   hablar   pasear |

5
¿Cómo pasaba Clara sus vacaciones cuando era pequeña? Lee el texto y complétalo con cuando (2x), siempre (2x), a veces (2x), de repente. ▶ Resumen 2

[¿] Clara era pequeña, [¿] iba de vacaciones con sus padres. [¿] iban de camping, [¿] iban a Mallorca para ver a los abuelos. Clara [¿] encontraba a otros niños simpáticos para jugar y pasarlo bien. Pero una vez, [¿] hacían camping en el sur de España, pasó algo raro: un grupo de chicos llegó al camping. [¿] un chico se acercó a Clara que jugaba por allí y le preguntó: «¿Dónde puedo esquiar por aquí?» ¡Pero hacía por lo menos 30°!

6
Haz una encuesta en clase con cinco compañeros/-as según el modelo de p. 22/9. Apunta los resultados en una tabla.

	Anna	Alex	Luise
la asignatura más fácil			
el deporte más importante			
—			

¿Cuál es la asignatura más fácil para ti? ¿Por qué?

ESCRIBIR

7
Tú eres Florian o Luna. ¿Qué hiciste ayer? ¿Qué te pasó? Escribe en tu diario. ▶ Resumen 2

> cuando   como todos los días   a veces
> muchas veces   siempre

> de repente   después   luego   entonces
> al final

HABLAR

8
¿Qué tal las vacaciones? Tú (A) te encuentras con un/a amigo/-a (B, p. 148) en la calle y hablas con él/ella sobre tus vacaciones. B empieza el diálogo.

A
- Du sagst, dass du auf Mallorca warst.
- Du sagst, dass du Menorca nicht kennst, aber dass du glaubst, dass Mallorca genau so schön ist wie Menorca und dass du hier gerade die besten Ferien deines Lebens verbracht hast.
- Du erzählst, dass die ganze Zeit gutes Wetter war, du neue Freunde kennengelernt hast und ihr jeden Tag gemeinsam etwas unternommen habt (z. B. Radtouren, Volleyball am Strand spielen, in den Bergen wandern, durch einen bestimmten Ort bummeln etc.). Dann fragst du B, was er/sie in den Ferien gemacht hat.
- Du sagst, dass auf Mallorca auch Katalanisch gesprochen wird, aber dass du fast alles verstanden hast.
- Das findest du eine gute Idee und verabschiedest dich.

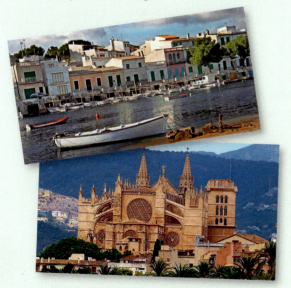

¡ANÍMATE! 1

LA ESPAÑA BILINGÜE

EL VASCO (EL EUSKERA)

Nadie conoce el origen de esta lengua. Desde el año 1979 el vasco es lengua oficial de la Comunidad Autónoma Vasca. Se enseña en las escuelas, y hay programas de radio y televisión en vasco. Pero sólo aproximadamente 700.000 personas, o sea un 25% de los habitantes del País Vasco, se comunica en esta lengua.

Egun on	Buenos días
Kaixo	Hola
Esker	Gracias
Ongi etorri	Bienvenido
Nola zaude?	¿Cómo estás?

EL GALLEGO

El gallego es una de las lenguas oficiales de España. Hay más de 3 millones de personas que lo hablan. Se parece mucho al portugués. Por eso, en gallego puedes comunicarte fácilmente con los 11 millones de portugueses y más de 170 millones de brasileños.

Bos días	Buenos días
Ola	Hola
Gracias	Gracias
Benvido	Bienvenido
¿Como estás?	¿Cómo estás?
Ata logo	Hasta luego
¿Falas galego?	¿Hablas gallego?

castellano
gallego
vasco
catalán

EL CATALÁN

El catalán es la lengua cooficial en Cataluña, las Islas Baleares y la Comunidad Valenciana. Parece ser una mezcla entre el español y el francés y es la lengua más hablada en España después del español: ¡Unos 10 millones de personas la hablan! El gobierno de Cataluña fomenta mucho el uso de esta lengua: en casi todas las escuelas las clases son en catalán. Para la mayoría de los catalanes el catalán es la primera, y el español sólo es la segunda lengua.

Bon dia _____ Buenos días
Hola _____ Hola
Gaciès _____ Gracias
Benvingut _____ Bienvenido
¿Com estàs? _____ ¿Cómo estás?
Fins després _____ Hasta luego
¿Parles català? _____ ¿Hablas catalán?

En Cataluña se hablan dos lenguas: ¿Crees que este hecho es un enriquecimiento[1] o hay desventajas[2] también?

«Para mí, es muy importante el catalán, porque es mi lengua, pero también veo importante el castellano, aunque no sé hablarlo muy bien.» — alumno, 15 años

«El catalán es mi lengua materna, es la lengua en la que hablo. El castellano sólo me sirve para escribir o entenderme con gente de otros países que estudia español. Para mí es más importante hablar el catalán que el castellano.» — alumno, 16 años

«Creo que es un enriquecimiento porque si sabes dos lenguas te es más fácil aprender otras. Para mí la más importante es el catalán, pero para hablar en otras zonas del país es importante saber castellano.» — Joan, 15 años

«Creo que dos lenguas enriquecen, pero también hay desventajas: conflictos entre las dos lenguas y los que las hablan. Pero hay diversidad entre dos lenguas y eso es bueno en un país. Por un lado una lengua, el catalán, es la que yo hablo y es la principal para mí y la otra define mi país.» — Montse, 19 años

En España, bajo la dictadura de Franco (1939–1975), la única lengua oficial era el español. El gallego, el catalán y el vasco, las otras lenguas históricas de España, estaban prohibidas. La gente no podía hablarlas en la calle ni las aprendía en los colegios. La constitución democrática de 1978 da derecho a todos los españoles a hablar su propia lengua. Desde aquel año, Galicia, el País Vasco (Euskadi) y Cataluña son Comunidades bilingües.

1 el enriquecimiento *die Bereicherung*
2 la desventaja *der Nachteil*

1 a ¿En qué Comunidades Autónomas de España se hablan dos lenguas?

b Escucha. ¿Qué palabras puedes entender?

2 a ¿Qué piensas de las opiniones de los estudiantes? ¿Con qué opinión estás de acuerdo?

b ¿Conoces regiones en Alemania u otros países donde la gente habla dos lenguas? ¿Cuántas lenguas hablas tú? ¿Cuáles?

 Generalitat de Catalunya
Department de Comerç, Consum i Turisme
Direcció General de Turisme

Us donem la més cordial benvinguida a Catalunya
Catalunya és un país de 6 millions d'habitants, amb més de mil anys d'historia i una cultura i una llengua pròpies. (...)

Le damos la más cordial bienvenida a Cataluña
Cataluña es un país de 6 millones de habitantes, con más de mil años de historia, y una cultura y lengua propias. (...)

2 ENTRE JÓVENES

¡ACÉRCATE!

HIER LERNST DU:
- jdn aufzufordern, etwas nicht zu tun.
- jdn zu beruhigen.

COMPRENDER Y COMENTAR EL TEXTO

1 a ¿Qué sabes de la vida de Adrián y de Javi? Haz dos asociogramas y describe a los chicos.

b Con ayuda de tus asociogramas, formula hipótesis:
1. ¿Por qué los amigos de Adrián están tristes?
2. ¿Por qué Javi tiene muy poco tiempo libre?

VOCABULARIO

2 a Busca en el texto las expresiones correspondientes.

jemanden auffordern, etwas nicht zu tun	jemanden beruhigen

b Escucha: ¿Cómo reaccionas en estas situaciones? Usa las expresiones del ejercicio **2a**.

2

DESCUBRIR Y PRACTICAR

3 a Apunta para cada verbo de tu lista (ejercicio 2) la primera persona singular del presente.

b Jemanden auffordern, etwas nicht zu tun: Welche Verbformen benötigst du? Wie werden sie gebildet? ▶ Resumen 1

4 Javi está enfermo y todo el mundo le da consejos y órdenes. ¿Qué le dicen? Usa el imperativo negativo. ▶ Resumen 1

¡No salgas de casa!

levantarse   pensar en el examen   *hablar* mucho
ver la televisión   *salir* de casa   *salir* sin chaqueta
entrenar hoy   *ir* al instituto   *preocuparse*
acostarse tarde   *tener* miedo
escuchar música a todo volumen   *jugar* al fútbol
ir a la fiesta de hoy   *quedar* con amigos hoy
pasar muchas horas en el ordenador

5 ¿Qué dice la guía del museo a la clase? Formula cinco reglas más como en el ejemplo. ▶ Resumen 1

No hagáis fotos por favor …

YA LO SÉ

6 ¿Qué consejos le das en estas situaciones a tu mejor amigo/-a? Usa el imperativo afirmativo y negativo. Haced diálogos y presentadlas en clase.

Tu mejor amigo/amiga …

… va a vivir en otra ciudad.

… está enamorada de un chico que no quiere saber nada de ella.

Allí no conozco a nadie. Pero mis padres dicen que aquí no hay trabajo, por eso nos tenemos que ir.

Tú, ¿qué piensas? ¿Lo llamo o no?

… quiere comprarse un jersey que no le va nada.

… se pone muy nervioso cuando tiene que hablar delante de la clase.

Mira, este jersey, es genial, ¿no?

¿Mañana? Me quedo en casa, no voy a clase …

2A PARA MÍ NO ES SÓLO UN OBJETO

> **HIER LERNST DU:**
> ▶ Erwartungen und Wünsche auszudrücken.
> ▶ Gefühle und Vorlieben zu äußern und zu begründen.

ESCUCHAR

1 a Escucha a Soledad, una chica argentina. ¿Qué es su objeto favorito? ¿Qué dice sobre él?

b Escucha otra vez y elige la información correcta:

1. Soledad tiene un palo / dos palos de hockey.
2. El hockey es el deporte favorito de Soledad / de Soledad y su hermana.
3. El fútbol es más popular / menos popular que el hockey.

> **METHODEN** ▶ S. 158
> Lies vor dem zweiten Hören erst die Aufgaben und achte dann genau auf diese Details.

el césped — el palo de hockey

17–19 Todos tenemos objetos que queremos mucho porque significan algo en nuestra vida o porque son especiales para nosotros, ¿no? A veces son regalos de nuestros amigos y los llevamos prácticamente a todos lados. Otras veces son objetos que todavía no tenemos y por eso
5 ahorramos toda la paga para comprarlos. Cuatro chicos nos hablan de sus objetos favoritos, ¿cuál es el tuyo?

Maribel, 14 años (España)
¿Un objeto importante para mí? Mi cadena. La tengo desde hace dos meses. Es muy especial para mí, siempre la llevo. Es un regalo
10 de Adrián, mi mejor amigo. Nos conocimos cuando éramos niños y desde entonces somos amigos. Él se fue a vivir a Madrid y la cadena fue un regalo de despedida. Espero que pueda venir pronto.

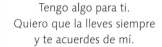
Tengo algo para ti. Quiero que la lleves siempre y te acuerdes de mí.

Miguel, 14 años (México)
Mi objeto favorito es el acordeón que me regaló mi abuelo, antes
15 era suyo. A mí me encanta la música, y me gusta que haya música para todo: para bailar, para cantar con los amigos, para descansar. Por eso, empecé a aprender a tocar el acordeón. Me gusta este instrumento porque no es como la guitarra o el bajo: todos aprenden estos instrumentos; pero el acordeón nadie lo espera, ¿no?
20 Bueno, me gusta porque mi cantante favorita, Julieta Venegas, lo toca. ¡Quiero aprender a tocar todas sus canciones!

Carlos, 15 años (México)
Yo estoy loco por tener una cámara de vídeo. ¡Me encanta el cine! Quiero ser director. A veces grabo vídeos del barrio o hago
25 reportajes. Después, en casa, hago tranquilamente un montaje y pongo los vídeos en Internet. Pero casi siempre uso la cámara de una amiga mía porque la suya es más moderna. Además la mía no es buena, por eso estoy ahorrando para comprarme otra. No me importa que sea de segunda mano. En tres semanas es mi cumple,
30 y este año no quiero regalos. Prefiero que mis padres me ayuden a comprar una cámara.

2A

Ana, 15 años (España)
Yo colecciono abanicos. Empecé hace un año y ya tengo ¡un montón! Normalmente los compro yo pero también me gusta que mis
35 amigos me traigan abanicos de sus viajes. Bueno, no soy una fanática, pero tengo uno que es muy especial. Siempre lo llevo cuando voy al club y simplemente creo que me da buena suerte ... es que desde hace dos años voy a un club de flamenco. A mis padres no les gusta mucho que vaya
40 más de dos veces a la semana, quieren que haga mis deberes y que tenga buenas notas. Bueno, es verdad, actualmente ensayamos mucho para la fiesta del instituto, en junio. Espero que mis padres vengan para verme bailar.

COMPRENDER EL TEXTO

2 Copia la tabla en tu cuaderno y complétala con la información del texto (p. 33–34).

	Maribel	Miguel	Carlos	Ana
¿Cuál es su objeto especial? ¿Por qué?				

ESCUCHAR

3 a Actividad de preaudición: ¿Qué recuerdas de Roberto y Sandra de *Encuentros 1*?

b Escucha lo que dicen Roberto y Sandra y toma apuntes: ¿De qué objetos hablan? ¿Cuál de ellos es su objeto favorito?

MÉTODOS ▶ S. 158
Bereite eine Tabelle vor, um die Informationen einzutragen.

c Escucha otra vez. ¿Qué cuentan de su objeto favorito? Apunta dos cosas más.

VOCABULARIO

4 a ¿Cuáles son vuestros objetos favoritos? Haced una encuesta en clase y apuntad los resultados.

b Presenta tu objeto favorito: ¿Qué significa para ti?

> Es muy especial/importante para mí.   Casi siempre lo/la llevo.   Los/las colecciono.
> Soy un/a fanático/-a de ___   Estoy loco/-a por ___   Para mí (no) es sólo un objeto.
> Creo que me da/n buena suerte.   ___ me encanta/n.   Yo, sin ___ ¡no soy nada!

Entre jóvenes | Para mí no es sólo un objeto **2A**

c Busca en clase a tres compañeros que tienen el mismo objeto favorito que tú.
▶ Gespräche führen, S. 161

Pues, para mí, las cadenas no son importantes. Yo soy una fanática del móvil.

Yo tengo una cadena que es muy importante para mí. Estoy segura de que me da buena suerte.

DESCUBRIR Y PRACTICAR

5 a Busca en el texto (p. 33–34) los verbos que van con estas expresiones y compara sus formas. ▶ Resumen 4

espero que   quiero que   me gusta que
no me importa que   prefiero que
no les gusta que   quieren que

b Vergleiche die Verben von **a** mit der Konjugation des Indikativ Präsens und formuliere eine Regel: Von welcher Form wird der *subjuntivo* abgeleitet?

6 a Hoy es el cumple de Carlos. ¿Qué espera? Usa el subjuntivo.

Espero que …

1. mis abuelos *poder* venir.
2. *poder* pasar / nosotros la tarde juntos.
3. mis amigos *querer* venir también.
4. *hacer* / nosotros muchos reportajes juntos.
5. el regalo de mis padres *ser* una cámara nueva.
6. los chicos de mi clase *ver* mis reportajes en Internet.

b Y tú, ¿qué esperas? ¿La nota de un examen o la visita de alguien? Cuéntale a tu clase.

¡Espero que mi equipo de fútbol gane el partido del sábado!

7 a Ana ensaya mucho para la fiesta del instituto. ¿Qué le dicen su padre y sus hermanos?
▶ Resumen 4

Espero que
Quiero que
Prefiero que

tener buenas notas.
estudiar más.
no *ir* tanto al club.
pasarlo bomba en la fiesta.
no *llover* el día de la fiesta.
divertirse mucho.
poder venir mañana.
venir después a mi casa.
conocer gente.
hacer buen tiempo.
no *ensayar* demasiado.
quedarse en casa.

¡Quiero que estudies más!

b Y tú, ¿a veces tienes poco tiempo para hacer tus actividades favoritas? ¿Qué piensan tus amigos?

Ejemplo: A veces tengo muchos exámenes y no puedo ir a mis clases de teatro. Y a mis amigos no les gusta que no vaya con ellos.

2A

8 Completa con el pronombre posesivo adecuado. ▶ Resumen 2

HABLAR

9 Y a ti, ¿qué (no) te gusta? ¿Qué (no) te importa? Piensa en tu día y da ejemplos. Usa:
a mí (no) me gusta que … /
a mí no me importa que …

¡En el cine no me gusta que la gente llame por el móvil!

A mí tampoco. / Pues a mí no me importa.

YA LO SÉ

DELE 10 Presenta un objeto importante para ti. Explica:
- qué significa en tu vida,
- por qué te importa,
- qué piensan tus padres y/o tus amigos de este objeto.

METHODEN ▶ S. 164 ✓
Notiere deine Ideen zunächst in einem Stichwortgeländer.

2B Y TÚ, ¿PASAS?

HIER LERNST DU:
- deine Meinung zu äußern.
- auf Diskussionsbeiträge zu reagieren.

Moderadora: Bienvenidos a nuestro programa «¿Qué opinas?». Nuestro tema de hoy: «¿Son nuestros jóvenes unos pasotas?» Queremos saber qué opinan los chicos. Por eso, nuestros invitados de hoy son cuatro jóvenes. ¡Gracias por venir! A ver … Para muchos adultos, los jóvenes son consumistas y no son solidarios. Mucha gente opina que los jóvenes pasan de los problemas de su barrio. Vosotros, ¿estáis de acuerdo? Ana, tú ¿cómo lo ves?

Ana: Hola, bueno, pues yo no estoy de acuerdo. No creo que todos pasen. Mira, a mucha gente no le importa que haya injusticias sociales, pero pienso que a muchos jóvenes sí nos importa. Y seguro que hay muchos chicos que participan en proyectos.

María: A ver si me explico: yo voy al instituto, ayudo en casa, y los sábados trabajo en la tienda de mi padre. Por eso, en mi tiempo libre prefiero salir con mis amigos, divertirme, y, ¿por qué no?, a veces me gusta comprar un montón de cosas … No me gusta pensar «en los problemas del mundo». A mí me parece que está todo como muy «lejos». Y por eso …

Javi: Perdona que te interrumpa, María, pero para ayudar no es necesario que busques un proyecto … Por ejemplo, tú ayudas a tus padres, ¿no? Pues no eres la única. El día a día de un montón de chicos es así.

Moderadora: Te entiendo, Javi, lo que quieres decir es que «ser solidario y no pasar» no siempre significa participar en un proyecto. También

Moderadora: Sí, es verdad. Según una encuesta actual, el 65% de los colaboradores en proyectos son jóvenes. La mayoría de ellos ayuda porque se siente útil.

Adrián: Yo no creo que sean muchos chicos porque la mayoría pasa de temas «importantes». Además, para que cambie algo, es importante que todos participen ¡y no sólo nosotros los jóvenes! Yo paso porque sé que solos no vamos a cambiar NADA.

Moderadora: Y tú, María, ¿crees que es posible cambiar algo?

María: Yo creo que sí podemos cambiar las cosas, a lo mejor no en un día o en un año … Pero también pienso un poco como Adrián, muy pocos jóvenes participan en proyectos. Yo, por ejemplo, no participo, pero no soy pasota. Es que simplemente no puedo estar en todos lados.

Moderadora: No te entiendo muy bien. ¿Qué quieres decir con eso?

significa ayudar a nuestras familias, ¿no? Y tú, ¿participas en proyectos?

Javi: Sí, estoy en un proyecto de mi instituto, se llama «Desayuno solidario». Nos vamos por las calles del barrio, y a las personas sin hogar les damos un desayuno caliente y charlamos un poco con ellas …

Moderadora: Ah, me parece muy interesante. Oye, ¿y cuándo hacéis esa actividad?

Javi: Pues, los fines de semana o antes de Navidad también.

Moderadora: Y ¿por qué lo haces? No creo que sea por el dinero, pues no recibís nada, ¿no?

Javi: Bueno, lo hago porque me siento útil. Es … mi granito de arena. Y claro, es mejor que pasar, ¿no?

Moderadora: Eso es lo que le vamos a preguntar a nuestro público …

2B

ESCUCHAR

1 a Escucha las respuestas de dos chicos del público y apunta un argumento de cada uno. ▶ Selektives Hörverstehen, S. 158

Daniel   Laura

b Escucha otra vez: ¿qué frase corresponde a lo que dicen Daniel y Laura?
▶ Detailgenaues Hörverstehen, S. 158

1. Nuestros padres antes
   a ayudaban mucho en casa.
   b tenían que estudiar mucho.

2. Daniel piensa que
   a Javi no tiene razón.
   b a los jóvenes les gusta ayudar.

3. Muchos amigos de Laura
   a participan en proyectos.
   b dicen que es una moda.

4. Laura participa en un proyecto
   a con su hermano.
   b con un amigo.

METHODEN ▶ S. 158
Versuche auch bei einem längeren Redebeitrag möglichst viele Einzelheiten zu verstehen.

COMPRENDER EL TEXTO

2 Busca en el texto (p. 37) expresiones para participar en una discusión:
– preguntar su opinión a alguien
– dar tu opinión
– interrumpir a alguien

3 ¿Qué opinan Ana, Adrián, María y Javi? Busca los argumentos en el texto (p. 37).

[¿] piensa que
- «ser solidario» significa también ayudar en casa.
- los jóvenes no pueden cambiar el mundo.
- hay muchos jóvenes que participan en proyectos.
- los «problemas del mundo» no les interesan mucho a los jóvenes.
- participar en proyectos sociales es mejor que no hacer nada.
- muy pocos jóvenes participan en proyectos.
- para ser solidario no es necesario participar en proyectos sociales.
- a muchos jóvenes les importan las injusticias sociales.

VOCABULARIO

4 Elige una palabra y explícala (¡sin decirla!) con ejemplos, sinónimos o antónimos. Tu compañero/-a adivina cuál es. ▶ Wörter umschreiben, S. 154

un/a pasota   un/a consumista   los adultos   un tema   una moderadora   el público   el tiempo libre   Navidad   pasar de todo   la injusticia social   ser solidario   personas sin hogar

HABLAR

5 Y tú, ¿qué opinas? ¿Con qué argumentos del ejercicio **1** estás de acuerdo? Apunta dos o tres afirmaciones. Puedes usar las siguientes expresiones. ▶ Diskutieren, S. 161

Yo también creo que   Me parece que   Pienso que   Opino que   Sé que

Entre jóvenes | Y tú, ¿pasas? **2B**

6 Y tú, ¿cómo ves tu barrio? Cuenta a tus compañeros lo que (no) te gusta.

Ejemplo: Lo que me gusta en mi ciudad son los parques, porque siempre hay mucha gente.

| Lo que (no) me gusta | de mi ciudad
de mi pueblo
de mi barrio
de mi calle
___ | es
son | los parques
las casas
los coches
las tiendas
___ | porque ___. |

7

a Piensa: Apunta en tu cuaderno tres argumentos a favor[1] o en contra para cada tema.

¿Es el inglés más útil que el español en el mundo?

ENTRE CULTURAS
El español es la tercera lengua más hablada en el mundo. En los Estados Unidos el 15 % de los habitantes (47 millones) hablan español.

1 a favor
für

¿Es bueno que las vacaciones de verano sean tan largas?

ENTRE CULTURAS
Las vacaciones de verano en España son las más largas de Europa: tres meses, de junio a septiembre.

b Discute: Compara tus argumentos con tu compañero/-a y elegid tres para cada tema.

c Comparte: Presentad vuestros argumentos en clase y elegid los mejores argumentos de cada tema. ▶ Diskutieren, S. 161

ESPAÑA EN DIRECTO

8

a Actividad de preaudición: Describe los afiches. ¿Qué tipo de proyectos son? ¿A quiénes ayudan? ¿Cómo?

b La moderadora de «¿Qué opinas?» entrevista a dos chicas: Mercedes y Sara. ¿Quién participa en qué proyecto? Escucha a las chicas y apunta la información en tu cuaderno.

c Escucha a las chicas otra vez. Apunta dos informaciones de cada proyecto.

d ¿Conoces proyectos como estos en tu ciudad o país? Cuenta y da ejemplos.

2B

PRACTICAR

9 **a** ¿Qué piensas del proyecto «Desayuno solidario»? ▶ Resumen 5

Es necesario que
Es importante que
Es bueno que

| los jóvenes *sentirse* útiles.
también los institutos *organizar* proyectos.
las personas sin hogar *recibir* un desayuno caliente.
haber proyectos como «Desayuno solidario».
mucha gente *dar* dinero para el proyecto.
mucha gente *participar* en este proyecto.
el proyecto no sólo *funcionar* en Navidad.

b ¿Qué piensan tus amigos/padres/profesores?
▶ Resumen 5

Mis padres / Mis amigos / Mi profesor/a | también / no | dice/n / piensa/n / cree/n | que ___.

- La mayoría de los jóvenes de hoy es solidaria.
- Ayudar en casa también es solidario.
- También un «granito de arena» puede cambiar algo.
- Salir y divertirse es más importante que estudiar.
- Los problemas del mundo están muy lejos de nosotros
- Es necesario participar en proyectos.

10 Y tú, ¿qué piensas? Termina las frases. ▶ Resumen 6

Para que | *cambiar* algo
los jóvenes *sentirse* útiles
los jóvenes no *pasar* de los problemas de su barrio
la gente *pensar* mejor de los jóvenes
no *olvidar* / nosotros los temas «importantes»

es necesario + *infinitivo*.
es necesario que + *subjuntivo*

ESCRIBIR

11 Después de la discusión, Javi, Adrián, Ana y María se quedan un rato en la plaza para charlar: Inventa el diálogo entre los chicos y escríbelo en tu cuaderno:

– Ana quiere saber algo más sobre el proyecto de Javi.
– Adrián quiere conocer un poco más a los chicos y les hace muchas preguntas.
– María está un poco en las nubes porque mañana tiene un examen de Historia.
– A Javi le gusta mucho hablar de «su» proyecto.

2B Entre jóvenes | Y tú, ¿pasas?

COMPRENSIÓN AUDIOVISUAL

12 Mira la escena del DVD.

APRENDER MEJOR

13 Eine Diskussion vorbereiten

a Después de la discusión en la radio, Javi y María vuelven a casa juntos. Javi quiere que María participe en el proyecto «Desayuno solidario». Pero, ¿cómo convencerla¹? Ayuda a Javi a preparar la discusión con la chica.

> **METHODEN** ▶ S. 161
> Notiere zunächst dein Diskussionsziel, dann Schritt für Schritt die Argumente und Gegenargumente. Überlege auch, welche Redemittel passen könnten.

1. Imagina los argumentos de Javi y apúntalos en tu cuaderno.
2. ¿Qué piensa María? Imagina sus argumentos y apúntalos también.
3. María no va a estar de acuerdo con los argumentos de Javi. ¿Qué puede contestar?
4. Para convencer a María, Javi tiene que negociar². ¿Qué puede decir?

1 convencer a alg. *jdn überzeugen* **2** negociar *verhandeln*

b Preparad la discusión entre Javi y María y representadla en clase.

2 PUNTO FINAL

Organizar una discusión en clase

a Formad dos grupos y elegid uno de estos temas para cada grupo.

- Los jóvenes de hoy, ¿son pasotas?
- ¿Pagar (mucho) dinero para coleccionar algo?
- ¿Participar o no en proyectos solidarios?

b Cada grupo prepara la discusión. ▶ Diskutieren, S. 161

- Buscad juntos vocabulario para el tema y expresiones para discutir.
- Buscad argumentos a favor y en contra y ordenadlos.
- Repartid los papeles (personas a favor y en contra).
- Después cada uno prepara su tarjeta para la discusión:

> Antes de empezar, piensa cuál es tu posición sobre el tema según tu papel.

```
Tu papel:
Tu opinión sobre el tema (en una frase): ____
Tus argumentos en detalle: ____
Tus experiencias (ejemplos concretos): ____
```

c Discutid el tema en clase. Los demás escuchan y después dan su opinión y evalúan la discusión. ▶ Evaluation, S. 164

RESUMEN

JDN AUFFORDERN, ETWAS NICHT ZU TUN

1 No me llames.
No bebas en clase.
No escribáis SMS en clase.

No vuelvas muy tarde.
No volváis tarde.
No te vayas.

DAS BENÖTIGST DU

den negativen Imperativ: ▶ GH 10|6

	-ar	-er	-ir
(tú)	no llames	no bebas	no escribas
(vosotros)	no llaméis	no bebáis	no escribáis

⚠ Die Imperativformen von Diphthongverben und unregelmäßigen Verben findest du in der Verbliste ab S. 185.

BESITZ ANGEBEN

2 Hago vídeos con la cámara de una amiga mía.

– Esta cadena, ¿es tuya?
– La mía no es tan especial como la tuya.

– Miguel, este acordeón, ¿es tuyo o de tu abuelo?
– Antes era suyo, pero ahora es mío.

DAS BENÖTIGST DU

die Possessivpronomen: ▶ GH 14|9

	♂		♀
(el/los)	mío/s tuyo/s suyo/s nuestro/s vuestro/s suyo/s	(la/las)	mía/s tuya/s suya/s nuestra/s vuestra/s suya/s

EINE TÄTIGKEIT NÄHER BESCHREIBEN

3 Prácticamente siempre llevo mi cadena favorita.
En casa hago tranquilamente un montaje.
Normalmente toco el acordeón una hora al día.

DAS BENÖTIGST DU

ein Adverb. ▶ GH 13|8

Adjektiv → Adverb
tranquilo/-a → tranquilamente
normal → normalmente
simple → simplemente

⚠ bueno → bien   ⚠ malo → mal

GEFÜHLE UND WÜNSCHE ÄUSSERN

4 Espero que pueda venir pronto.
Prefiero que mis padres me ayuden.
Quiero que lleves esta cadena siempre.
A mis padres les gusta mucho que entrenemos y hagamos deporte todos los días.

DAS BENÖTIGST DU

Espero que, prefiero que, quiero que, (no) me gusta que, me importa que + *presente de subjuntivo* ▶ GH 11|7

	pasar	aprender	abrir
Singular	pase pases pase	aprenda aprendas aprenda	abra abras abra
Plural	pasemos paséis pasen	aprendamos aprendáis aprendan	abramos abráis abran

Resumen 2

Me gusta que **haya** música para todo.
No <u>me importa que</u> mi cámara **sea** de segunda mano.

⚠ traer: traiga   poder: pueda
tener: tenga   querer: quiera
hacer: haga   venir: venga

Die *Subjuntivo*-Formen der Diphthongverben und unregelmäßigen Verben findest du ab S. 185.

EINE MEINUNG ÄUSSERN

5 <u>No creo que</u> todos **pasen**.
<u>No pienso que</u> **venga**.
<u>No es seguro</u> que **ayuden**.
(Para mí) <u>es importante que</u>
<u>Es necesario que</u> | todos **participen**.

<u>Creo que</u> sí **podemos** cambiar las cosas.
<u>Pienso que</u> **vienen** pronto.
<u>Es seguro</u> que **quieren** ayudar.

6 Javi habla con María **para que** ella vaya con él.

7 **Lo que** tenemos que hacer es participar más.

DAS BENÖTIGST DU

Es importante que
Es necesario que
Es posible que
No pienso que   + *subjuntivo* ▶ GH 15|10
No creo que
No es seguro que

⚠ Creo que
Pienso que   + Indikativ
Es seguro que

para que + *subjuntivo* ▶ GH 15|10

das Relativpronomen **lo que**. ▶ GH 16|11

TESTE DEINE GRAMMATIKKENNTNISSE   ▶ Lösungen, S. 150

1 Pon los verbos en el presente de subjuntivo. ▶ GH 11|7

1. Esperamos que *(llegar / vosotros)* temprano.
2. No quiero que me *(interrumpir / vosotros)*.
3. El profe prefiere que *(hacer / nosotros)* los deberes ahora.
4. ¿Os gusta que *(haber)* tanta música en la tele?
5. No le importa a Carlos que María no lo *(llamar)*.

2 Completa con los verbos en indicativo o subjuntivo. ▶ GH 15|10

1. Te lo digo para que lo *(hacer / tú)*.
2. Él cree que su novia lo *(querer)*.
3. Su novia no cree que él la *(querer)*.
4. Mi padre piensa que *(ser / nosotros)* responsables.
5. Mi profe no piensa que *(estudiar / nosotros)* suficiente.
6. Para mí es seguro que Juan *(volver)* a tiempo.
7. No es seguro que nos *(querer / ellos)* ayudar.

DAS KANN ICH JETZT!   ▶ Para comunicarse, p. 201

▶ Dein kleiner Bruder ist in deinem Zimmer. Was darf er nicht machen? Formuliere fünf Verbote.
▶ Beschreibe deine Klasse und ihre Aktivitäten: Mädchen, Jungen, Lieblingsband, Lieblingsfach etc. Verwende dabei Adverbien und Prozentzahlen.
▶ Schulen nur für Mädchen/Jungen? Was denkst du darüber?

REPASO 2

¿TE ACUERDAS?

1 a ¿Qué dicen las personas? Usa el imperativo singular de los verbos reflexivos.

ponerse la gorra • *levantarse* • *acordarse* • *imaginarse* • *irse* • *sentarse* • *despertarse* • *llevarse* bien con Andrés

b Forma el plural del imperativo de los verbos reflexivos del ejercicio **1a**.

DELE **2** ¿Qué dice Javi? Usa la primera forma del indicativo presente.

Por la mañana siempre *(salir)* temprano de casa y *(volver)* tarde por la tarde. Por eso a veces tengo bronca en casa: no *(traer)* el pan, no *(poner)* la mesa … Me dicen que *(ir)* y *(venir)* como me da la gana[1], pero, ¿qué *(hacer)*? Les *(decir)* que *(tener que)* hacer un montón de cosas, es que *(conocer)* mucha gente en el proyecto y no *(tener)* tiempo para hacer otras cosas.

[1] como me da la gana *wie ich Lust habe*

PRACTICAR

3 El subjuntivo: jugad en parejas con un dado:

Las reglas del juego:
– Echa dos veces el dado, primero para elegir el verbo, segundo para saber en qué forma del subjuntivo tienes que conjugar el verbo.
– Conjuga el verbo y termina con él la frase: Espero que ___ . Tu compañero/-a compara con la lista de los verbos, p. 185.

Ronda	⚀ = yo	⚁ = tú	⚂ = él/ella	⚃ = nosotros/-as	⚄ = vosotros/-as	⚅ = ellos/ellas
1	estudiar	poner	conocer	escuchar	escribir	comprar
2	volver	pensar	tener	entender	decir	cantar
3	soñar	venir	traer	empezar	cerrar	ser
4	sentirse	salir	llegar	sentarse	comer	aprender
5	probar	hacer	irse	abrir	poder	querer

4 Mañana Javi y sus amigos quieren preparar un desayuno caliente. Todavía tienen mucho que hacer. ¿Qué espera Javi? Usa el subjuntivo.
▶ Resumen 4

Espero que

mañana *(despertarme)* temprano.
(pensar / yo) en comprar el pan.
los chicos *(empezar)* a las diez.
esta noche no *(soñar / yo)* con el proyecto.
no *(llover)* mañana.
Pedro *(acordarse)* de traer también los platos.
la cocina no *(convertirse)* en un caos.
(venir) también María.
(encontrar) la dirección del proyecto.
(divertirse / ella) también.

5 Los padres de Adrián no siempre están de acuerdo con su hijo. ¿Qué cuenta Adrián? ▶ Resumen 4

A mí me gusta ir a fiestas pero a mis padres no les gusta que vuelva tarde.

1. gustar: *beber* zumo por las mañanas – *salir* de casa sin comer
2. preferir: *ir* en bici al instituto – *ir* en bus
3. gustar: *escuchar* música – no *escuchar* música a todo volumen
4. encantar: *tocar* el bajo – *tocar* el bajo por la noche
5. importar: *pasar* mucho tiempo con mi grupo – *pasar* tiempo en casa con la familia
6. gustar: ___
7. querer: ___

6 Ana ensaya para la fiesta del instituto. Sus amigos y sus padres le dan consejos. ¿Qué le dicen?

1. Estudia para que no [¿] malas notas y [¿] ensayar sin problemas.
2. No olvides tu abanico favorito, para que te [¿] buena suerte.
3. Llama a los abuelos para que [¿] también.
4. Ensaya mucho para que no [¿] nerviosa en la fiesta.
5. Prepara tus cosas un día antes, para que no [¿] nada en casa.
6. Ve al cine un día antes para que no [¿] tanto en la fiesta.
7. Come muy bien para que no [¿] hambre en la fiesta.
8. Habla con tus profesores sobre los exámenes próximos para que ___ .
9. Baila con muchas ganas para que ___ .

sacar   ponerse
venir   olvidar
poder   pensar
traer
tener
estar   dar
___

ESCRIBIR

7 Al día siguiente Ana cuenta en su diario sobre la fiesta del instituto. Escribe el texto en tu cuaderno. Puedes contar por ejemplo:

– ¿Quiénes vinieron?
– ¿Qué ropa llevó Ana?
– ¿Cómo se sintió Ana antes y después de la fiesta?
– ¿Salió todo bien o pasó algo?

¡ANÍMATE! 2

MÚSICA DE ESPAÑA

CURSOS DE BAILE FLAMENCO
Nivel inicial: Lunes, viernes (todo el año)
Nivel intermedio: Miércoles (a partir de septiembre)
Horario: 16:00 – 17:30 o 17:45 – 19:00
Profesor: Juan Paredes
Precio: 60 €/mes
Clases sueltas: 15 €/hora

las castañuelas

hacer palmas

el traje flamenco

ENTRE CULTURAS

El flamenco nació en Andalucía hace unos 200 años. En aquel tiempo, los gitanos bailaban y cantaban flamenco, primero en fiestas de familia, después pasó a los teatros y cafés de Cádiz, Jerez de la Frontera y Sevilla. Los elementos importantes del flamenco son el cante, el baile, la guitarra y las palmas. Actualmente muchos grupos en España mezclan elementos del flamenco con música pop, jazz o ritmos latinoamericanos.

1 Escucha dos ejemplos de flamenco: ¿Cuál prefieres? ¿Por qué?

2 Una amiga que no habla español quiere hacer un curso de baile flamenco. Dale la información en alemán: ¿qué curso puede hacer? ¿Cuándo? ¿Cuánto cuesta?

MÚSICA DE MÉXICO

Hay tanto que quiero contarte,
hay tanto que quiero saber de ti,
ya podemos empezar poco a poco.
¡Cuéntame qué te trae por aquí!

5 No te asustes de decirme la verdad,
eso nunca puede estar así tan mal.
Yo también tengo secretos para darte,
y que sepas que ya no me sirven más.
Hay tantos caminos por andar ...

10 (estribillo)

Dime si tú quisieras andar conmigo
Cuéntame si quisieras andar conmigo
Dime si tú quisieras andar conmigo
Cuéntame si quisieras andar conmigo

15 Estoy ansiosa por soltarlo todo,
desde el principio hasta llegar al día de hoy.
Una historia tengo en mí para entregarte,
una historia todavía sin final.

Podríamos decirnos cualquier cosa,
20 incluso darnos para siempre un «siempre no».
Pero ahora frente a frente aquí sentados,
festejemos que la vida nos cruzó.
Hay tantos caminos por andar ...

(estribillo)

Julieta Venegas, Andar conmigo
© Doble Acuarela Songs / Lolein Music, EMI Songs
Musikverlag, Hamburg, Neue Welt Musikverlag
GmbH Hamburg

5 *asustarse* sich erschrecken **11** *si quisieras* wenn du wolltest **11** *andar con alguien* mit jdm. gehen **15** *estar ansioso/-a* hier: tener ganas de algo **22** *festejar* feiern

3 Lee la letra de la canción: ¿De qué tema trata?

4 Escucha la música: ¿cómo es? ¿Qué te parece?

A mí (no) me gusta | el ritmo porque (no) es ___
 | la letra

> triste   alegre   divertido/-a   muy especial
> lento/-a   marchoso/-a   ___

ENTRE CULTURAS

El acordeón es muy típico para la «música norteña», así se llama la música del norte de México. Otros instrumentos populares son la guitarra, la tuba y la trompeta. También en México muchos grupos de música mezclan ritmos tradicionales con ritmos modernos.

3 ¡SIENTE MÉXICO!

HIER LERNST DU:
- Ratschläge zu geben und Vorschläge zu machen.
- zu sagen, was du gern unternehmen würdest.

¡ACÉRCATE!

ACTIVIDAD DE PRELECTURA

1 Cierra los ojos y escucha los sonidos. ¿Qué crees? ¿Qué es?

Nombre oficial	Estados Unidos Mexicanos
Capital	Ciudad de México
Habitantes	103 263 388
Superficie	1 972 550 km² (cuatro veces más grande que España)
Independencia de España	27 de septiembre de 1821
Lengua oficial	Español

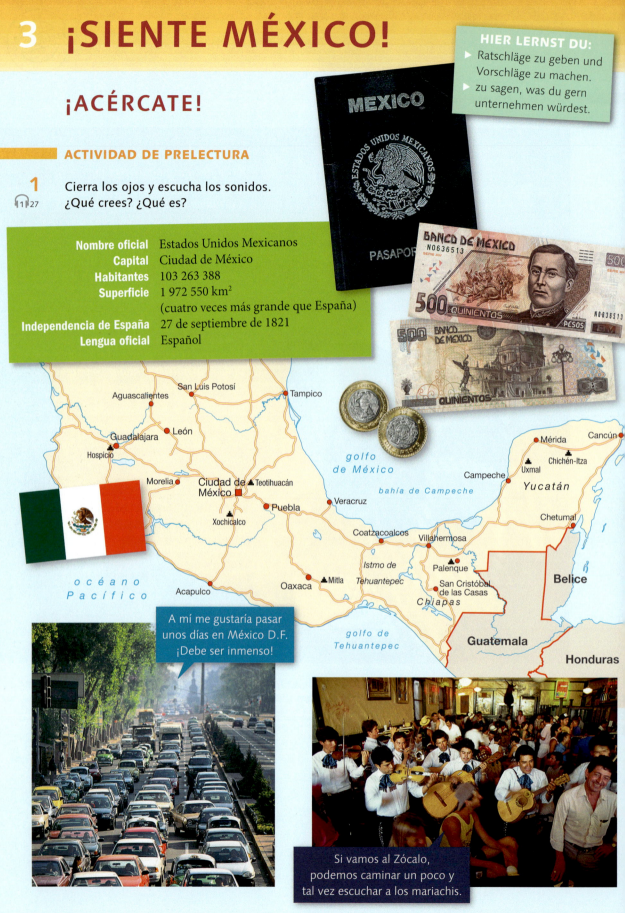

A mí me gustaría pasar unos días en México D.F. ¡Debe ser inmenso!

Si vamos al Zócalo, podemos caminar un poco y tal vez escuchar a los mariachis.

3

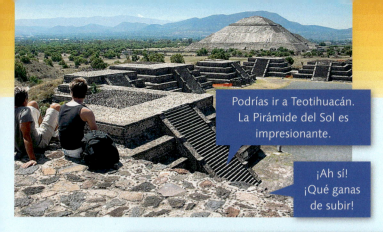

Podrías ir a Teotihuacán. La Pirámide del Sol es impresionante.

¡Y en México D.F. hay que ir a Coyoacán para ver la Casa Azul de Frida Kahlo y el mercado de artesanías!

¡Ah sí! ¡Qué ganas de subir!

Si tengo tiempo, voy a pasar unos días en un pueblo indígena. Quiero ver cómo viven allí. ¿Sabías que los indígenas hablan otras lenguas?

¡No se pierdan las playas de Oaxaca! Son superlindas … ¡y perfectas para hacer surf!

También tengo muchas ganas de dar un paseo en barca por los canales de Xochimilco.

Podríamos ir a Chichén-Itzá o a Palenque … Imagínate, ruinas mayas en medio de la selva, ¡qué pasada!

ENTRE CULTURAS

En México viven unos 13 millones indígenas. Son descendientes p. ej. de los Mayas y Aztecas. Su lengua materna no es el español, sino una de las lenguas que hablaron antes de la conquista española. En México existen 60 lenguas indígenas.

3

ESCUCHAR

2 a Escucha los sonidos y relaciónalos con las fotos de las páginas 48 y 49.

b Escucha ahora las soluciones y compáralas con tus resultados del ejercicio **2a**.

COMPRENDER EL TEXTO

3 Elige cuatro fotos y dile a tu compañero/-a lo que ves sin decir el lugar. Él/ella adivina dónde estás.

> Veo una casa muy bonita.

> Estás en Coyoacán, en la Casa Azul.

HABLAR

4 a Mira las fotos en las p. 48–49 y el mapa de México. ¿Dónde te gustaría pasar unos días? ¿Qué te gustaría hacer? ¿Adónde no te gustaría ir? Cuéntale a tu compañero/-a.

Me gustaría pasar unos días en ___ Me gustaría ir a / ver ___ / visitar ___ Podríamos ir a ___ También tengo muchas ganas de ___ Si tengo tiempo voy a ir a ___	porque ___ .
¡Qué ganas de ver ___ !	Es que ___ .

> Me gustaría visitar la Casa Azul de Frida Kahlo porque me interesa su vida.

b (DELE) Mira el mapa de América Latina. ¿Adónde te gustaría ir? ¿Por qué? Cuéntale a tu compañero/-a y usa las expresiones del ejercicio **4a**.

5 Un chico mexicano visita tu ciudad. ¿Qué puede hacer? Haz propuestas y dale consejos.

> Podrías ir al museo ___ .

> Si tienes ganas, ve a la piscina.

> No te pierdas el parque porque ___ .

Si	*tener* tiempo/ganas *hacer* buen/mal tiempo *querer* comprar ___ / ver ___ / ___ *quedar* dinero / tiempo *interesar* la historia / ___

VOCABULARIO

6 a Cerrad el libro. ¿Qué palabras y lugares recordáis? **A** dice una palabra, **B** y **C** siguen. Escribid en un papel todas las palabras que encontréis.

b Comparad los resultados con los otros grupos y completad vuestros resultados del ejercicio **6a**.

3A DIARIO DE VIAJE

HIER LERNST DU:
▸ Reiseeindrücke zu schildern (Erlebnisse, Sehenswürdigkeiten, Menschen, Essen, kulturelle Unterschiede, ...).

ACTIVIDAD DE PRELECTURA

1 ¿Qué blogs conoces? ¿De qué tratan?

29–30 Sergio, un chico español de 18 años, se interesa mucho por América Latina. Está haciendo un viaje por México con su prima Marina y con Miguel, un amigo mexicano que conoció el año pasado. En su blog habla de sus impresiones.

---

sergio-en-mexico/blog

11/9/2010
¡Hola a tod@s!
¡México D.F. es GI-GAN-TE! Aquí viven más de 20 millones de personas. Es como cinco veces Madrid, ¿os imagináis? Pasamos no sé
5 cuánto tiempo en el «micro» para ir de un lugar a otro. Además, tienes que avisar al chófer cuando quieres bajar porque los «micros» no tienen paradas. Por suerte, Miguel está con nosotros y nos puede ayudar. Aquí, en la calle, siempre escuchas a personas que gritan: un chico que te quiere limpiar los zapatos, un vendedor que quiere que le compres helados o frutas … Y en el «micro» ponen la música
10 tan alta que la gente tiene que gritar cuando habla …
Además, en todas partes te llega el olor a comida caliente de los puestos que hay en la calle: tortillas, tacos, tamales … ¡La comida mexicana es buenísima y yo quiero probar todo! Si sigo así, voy a volver «cuadrado».
Sergio

15 13/9/2010
Hoy escribo yo porque Sergio está un poco malo. Le duele mucho la barriga. No creáis que la comida era mala. La verdad es que estaba riquísima y ¡por eso comió demasiado! … Es que ayer, la madre de Miguel preparó un plato mexicano muy típico: el *mole poblano*. Es
20 pollo con una salsa ¡de chocolate! ¿Pero sabéis cuál fue la sorpresa más grande? Esta salsa pica mucho – ¡porque tiene chile! Primero, nos pusimos rojos y nos quemamos la lengua, pero después nos acostumbramos – y la verdad es que ¡es superbueno! Después, Miguel nos mostró fotos del Día de Muertos. Es un día de fiesta muy popular aquí. Os voy a hablar más tarde de eso …

25 Dice Miguel que nos quiere llevar al Popocatépetl. Es la montaña más famosa de México. Todavía no sé decir bien este nombre. Dice Miguel que es de origen azteca …
Marina
P. D.: ¡Gracias por todos los e-mails!

30 18/9/2010
Ayer cogimos un «camión» en Oaxaca que estaba muy lleno. Cada vez que el bus paraba, subían chicos para vender agua, quesadillas, tamales y otras cosas ricas. Dice Miguel que, en México, hay muchos chicos que trabajan para ayudar a sus familias … ¡Qué duro!, ¿no?
Marina ya no quiere irse de México y le pregunta a Miguel todo el tiempo por la vida aquí … Para mí que
35 no es sólo el país lo que le interesa … ;-)
Sergio

3A

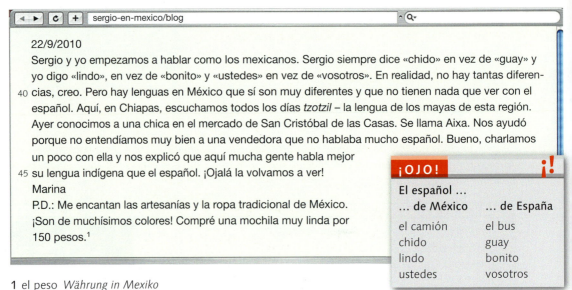

22/9/2010

Sergio y yo empezamos a hablar como los mexicanos. Sergio siempre dice «chido» en vez de «guay» y yo digo «lindo», en vez de «bonito» y «ustedes» en vez de «vosotros». En realidad, no hay tantas diferen-
40 cias, creo. Pero hay lenguas en México que sí son muy diferentes y que no tienen nada que ver con el español. Aquí, en Chiapas, escuchamos todos los días *tzotzil* – la lengua de los mayas de esta región. Ayer conocimos a una chica en el mercado de San Cristóbal de las Casas. Se llama Aixa. Nos ayudó porque no entendíamos muy bien a una vendedora que no hablaba mucho español. Bueno, charlamos un poco con ella y nos explicó que aquí mucha gente habla mejor
45 su lengua indígena que el español. ¡Ojalá la volvamos a ver!
Marina
P.D.: Me encantan las artesanías y la ropa tradicional de México. ¡Son de muchísimos colores! Compré una mochila muy linda por 150 pesos.[1]

¡OJO!

El español …

… de México	… de España
el camión	el bus
chido	guay
lindo	bonito
ustedes	vosotros

[1] el peso *Währung in Mexiko*

COMPRENDER Y COMENTAR EL TEXTO

2 ¿De qué cosas hablan Marina y Sergio en su blog? Describe los dibujos y busca los párrafos en el texto. ▶ Selektives Leseverstehen, S. 159

3 ¿Qué situaciones del texto no te puedes imaginar en Alemania? ¿Por qué?

VOCABULARIO

4 ¿Qué quieren decir Marina y Sergio con las siguientes expresiones? Explícalas con otras palabras.
▶ Wörter umschreiben, S. 154

1. Si sigo así, voy a volver «cuadrado». (l. 12–13)
2. La comida estaba riquísima. (l. 17–18)
3. Marina le pregunta todo el tiempo por la vida aquí en México. Para mí que no es sólo el país lo que le interesa. (l. 34–35)
4. Las lenguas en México no tienen nada que ver con el español. (l. 40–41)
5. ¡Ojalá la volvamos a ver! (l. 45)

¡Siente México! | Diario de viaje **3A**

5 **a** Muchas palabras del español tienen su origen en el náhuatl, la lengua de los aztecas. Relaciona las palabras con las fotos. ▶ Ein Wörterbuch benutzen, S. 156

el aguacate   el cacahuete   el chicle
el chile   el chocolate   el tamal
el guacamole   el coyote   el papalote
la tiza   el tomate   el guajalote

b ¿Cuáles de las palabras de **a** existen también en alemán e inglés?

BÚSQUEDA DE INFORMACIÓN

6 El Día de Muertos es un día de fiesta muy popular en México. Busca informaciones en Internet y en el Pequeño Diccionario sobre este día. ▶ Informationen sammeln, S. 165

1. ¿Qué día es el Día de Muertos?
2. ¿Adónde van los mexicanos el Día de Muertos?
3. ¿Qué son «calaveras» y el «pan de muerto»? Explica en alemán.

ESCUCHAR

7 **a** Escucha el reportaje y mira las fotos. ¿Qué dicen de estas cosas?

el origen de la fiesta   los altares   la familia   el cementerio   la comida

b ¿Correcto o falso? Escucha otra vez el reportaje y corrige las frases si es necesario.

1. El Día de Muertos es una fiesta como Halloween.
2. El Día de Muertos hay clase.
3. En los altares, los mexicanos ponen fotos de toda la familia y de los amigos.
4. Por la noche, los mexicanos cenan en un restaurante.

3A

MÉXICO EN DIRECTO

8 **a** Mira la foto y lee la receta. ¿Qué información entiendes? ▶ Texte über ihre Gestaltung erschließen, S. 159

b En grupos de cuatro intercambiad vuestras informaciones.

c Si os faltan palabras, usad el diccionario. Después preparad el guacamole.
▶ Das Wörterbuch benutzen, S. 156, Detailgenaues Leseverstehen, S. 160

Puedes comer el guacamole con nachos.

El Guacamole

Ingredientes
(3 porciones)
2 aguacates maduros
chile fresco al gusto
cilantro fresco al gusto
media cebolla
un poco de ajo
2 tomates
zumo de un limón
sal

Elaboración
- Cortar y pelar el aguacate y machacar su pulpa con un tenedor hasta tener una crema
- Picar finamente la cebolla, el ajo, el chile y el cilantro
- Cortar los tomates en trozos pequeños
- Añadir todos los ingredientes a la crema junto con el zumo de limón
- Poner sal a la crema

DESCUBRIR

9 **a** ¿En qué situación usas estas expresiones? Relaciónalas con los dibujos. ▶ Resumen 2

Hoy está un poco malo.   Es muy rico.   ¡Eres muy buena!
¡Qué malo eres!   La quesadilla está mala.   ¡Todo está riquísimo!

1

2

3

4

5

6

b Escucha las soluciones y compáralas con tus resultados del ejercicio **9a**.

c Ordena las expresiones del ejercicio **9a** en una tabla. ¿Cómo las dices en alemán?

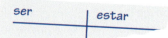

¡Siente México! | Diario de viaje   **3A**

HABLAR

10 a Aixa, la chica maya, habla con su primo Pablo sobre el encuentro con Sergio y Marina. ¿Qué le cuenta? ¿Y qué le pregunta Pablo? Apunta tus ideas con ayuda del texto, p. 51/52. Usa al menos tres veces el superlativo absoluto. ▶ Resumen 3

– ¿Dónde y en qué situación?
– ¿Cómo se llaman? ¿Cómo son?
– ¿Qué hacen en México?
– ¿Qué impresiones tienen de México?
– ¿Qué piensa Aixa de los chicos y de sus impresiones?

¡Los dos son simpatiquísimos!

b Representa el diálogo dos veces con dos compañeros/-as de clas[e]. La primera vez, tú eres Aixa, la segunda vez tú eres Pablo.

MEDIACIÓN

11 a ¿Cómo dices estas expresiones en español? ▶ Resumen 2, 3, 4, 6

- Danke für das Geschenk.
- etwas für 5 Euro kaufen
- Das gefällt mir total gut!
- Das ist superlecker!
- sich für etwas interessieren
- Hoffentlich sehen wir uns wieder!

b Sergio le mandó un cedé con música mexicana a Lisa, tu hermana mayor. Ella quiere darle las gracias, pero no sabe hablar español. Ayúdale a escribir un e-mail. ▶ Sprachmittlung, S. 170

> Sag' Sergio tausend Dank für die CD und dass sie mir total gut gefällt! Du kannst ihm auch sagen, dass ich mich seit einigen Monaten für die mexikanische Küche interessiere. Letzte Woche habe ich ein Kochbuch mit mexikanischen Rezepten für nur 5 Euro gekauft! Die Guacamole habe ich schon ausprobiert, die war superlecker! Hoffentlich sehen wir uns noch in diesem Jahr wieder! Frag' ihn mal, ob er nicht Lust hat, im Sommer nach Berlin zu kommen. Und ganz liebe Grüße noch mal!

YA LO SÉ

12 a ¿Qué pueden preguntar los padres de Miguel a los chicos (**B**, p. 148)? Preparad las preguntas de **A** en grupos de cuatro con ayuda de los textos, p. 51 y p. 52 y del ejercicio **5**, p. 53.

> **A**
> Du bist die Mutter / der Vater von Miguel. Frage Sergio und Marina nach ihren Erlebnissen.

> Usa el pretérito indefinido, el pretérito imperfecto y el superlativo absoluto.

b Preparad la escena con vuestro/-a compañero/-a y representadla. ▶ Gespräche führen, S. 161

3B UN DÍA MÁS ...

HIER LERNST DU:
- deinen Alltag zu beschreiben (Gewohnheiten, Aufgaben, Tätigkeiten).
- Wortwiederholungen zu vermeiden.

ACTIVIDAD DE PRELECTURA

1 Tienes dos minutos para mirar el texto. ¿Qué temas hay en el texto? ▶ Globales Leseverstehen, S. 159

Mi abuela me despierta todos los días a las 6 de la mañana. Yo me levanto y me voy al cuarto de baño para calentar el agua para mí y para mis hermanitos.

Mi abuelita y mi mamá se levantan a las 4 y media y preparan las tortillas y la comida para el día. En el desayuno, casi siempre hay quesadillas o frijoles y algunas frutas. Después, mi mamá y mi
5 abuelita se van al mercado de San Cristóbal de las Casas para vender allí la ropa que hacen a mano – como muchas mujeres indígenas en Chiapas. Antes se la vendían a los turistas por muy poco dinero, pero ahora están en una cooperativa de mujeres tejedoras[1] y el precio es un poco mejor ...

A mí me toca llevar a mis hermanitos a la escuela ... No siempre es fácil. Algu-
10 nas veces no quieren llevar sus libros y se los tengo que llevar yo. Otras veces no encuentran sus cosas en ningún lugar y se las tengo que buscar. Y nunca se van de casa sin pelearse por algún juguete. Yo después
15 se lo tengo que quitar y eso no le gusta a ninguno de los dos ... No sé si tiene algo de bueno ser la mayor ...

Nosotros vivimos en el campo y vamos a la escuela a San Cristóbal, pero como
20 no hay bus, vamos a pie. Normalmente tardamos unos 40 minutos. En el camino me divierto con Luci, una amiga. Platicamos de nuestras cosas y nos contamos todo ... Así, el camino no se nos hace tan largo ...

Después de las clases, voy con mis hermanitos al mercado, al puesto de mamá y de abuelita.
25 Comemos con ellas y yo las ayudo un poco. A veces los turistas no entienden a mi abuela. Es que ella habla tzotzil pero muy poco español ... entonces yo se lo traduzco. Yo hablo las dos lenguas porque en la escuela tenemos clases en español y en tzotzil, nuestra lengua.

Como a las 5 de la tarde vuelvo a casa, hago la tarea para la escuela y después ayudo a mi mamá con la casa y los animales (¡tenemos gallinas y guajolotes!). Por la noche, casi siempre llama mi papá. Él
30 trabaja en una fábrica en los Estados Unidos desde hace dos años. Todos nos ponemos muy contentos cuando llama. Siempre me dice que tengo que estudiar mucho para poder ir a la universidad. Y como yo quiero ser doctora algún día, yo sí quiero estudiar. Así voy a poder ayudar a mi familia ...

Mi abuelita dice que no hace falta medicina porque la tierra nos lo da todo. Es que ella sabe mucho de plantas para curar y
35 aprendo mucho con ella. Cuando alguno de nosotros está enfermo, ella va a buscar unas plantas y prepara un té. Así nos curamos sin ir al hospital ... Pero yo quiero estudiar Medicina porque a veces las plantas no bastan. ¡Espero que se cumpla este sueño algún día!

Aixa, 15 años, México

ENTRE CULTURAS
En América Latina se usa mucho el diminutivo.
Ejemplo:
la abuela → la abuelita;
los hermanos → los hermanitos

[1] la mujer tejedora *die Weberin*

3B

¡Siente México! | Un día más ...

APRENDER MEJOR / COMPRENDER EL TEXTO

Texte in Sinnabschnitte einteilen

2 a Lee el texto y relaciona los párrafos con los títulos.

> **METHODEN** ▶ S. 160
> Du verstehst einen Text besser, wenn du dir klar machst, aus welchen Sinnabschnitten er besteht.

- e Mi sueño
- a Mis hermanos son un rollo
- d Mi madre y mi abuela
- c El camino
- b Mi padre
- g Es bueno hablar dos lenguas
- f Por la mañana

b Elige un título y presenta la información del párrafo correspondiente a tu compañero/-a sin decir el título. Él/Ella dice el título correcto.

VOCABULARIO

3 a Busca en el texto, p. 56, los antónimos de estas palabras y expresiones y apúntalos.

Ejemplo: acostarse → levantarse

> acostarse   comprar ropa   aburrirse con Luci
> vivir en la ciudad   no hacer nada en casa
> estudiar poco   mucho dinero   ponerse enfermo/-a

b Con ayuda del texto cuenta un día de la vida de la madre, de la abuela o de los hermanos de Aixa. Usa los antónimos del ejercicio **3a**. ▶ Kreatives Schreiben, S. 168

ESCUCHAR

4 a Escucha a María, la profesora de Aixa. ¿De qué habla? Resume el contenido en una o dos frases.

b Escucha otra vez a María y contesta las preguntas.

1. ¿De dónde es María?
2. ¿Cuántos alumnos hay en una clase?
3. ¿En qué lengua son las clases?
4. ¿Cuáles son los problemas principales en la escuela?

DESCUBRIR

5 a Wofür steht das Pronomen **se** in den folgenden Sätzen? ▶ Resumen 5

1. Algunas veces no quieren llevar sus libros y **se los** tengo que llevar yo. (p. 56, l. 9–11)
2. Otras veces no encuentran sus cosas en ningún lugar y **se las** tengo que buscar. (p. 56, l. 11–13)

b Wann verwendest du das Pronomen **se**? ▶ Resumen 5

c Suche weitere Sätze im Text, in denen Objekte durch Pronomen ersetzt werden und vergleiche sie mit dem Deutschen. Was fällt dir bei der Stellung der Objektpronomen auf? (l. 4–5, l. 14–15, l. 25–26)

cincuenta y siete **57**

3B

PRACTICAR

6 Haced el diálogo. Después de cuatro preguntas cambiad los roles. ▶ Resumen 5

¿Cuándo les explicas los deberes a tus hermanitos?

Se los expliqué hace una hora.

¿Cuándo …
1. … le explicas las tareas a tus hermanitos?
2. … le mandas el regalo a tu tía en México D.F.?
3. … le llevas la comida a la vecina?
4. … le llevas los frijoles al señor García?
5. … le llevas una gallina a Marisa?
6. … le das la carta a tu profesora?
7. … le mandas las fotos a tu tío?
8. … le cuentas a tu padre la historia de los chicos españoles en el mercado?

Hace una hora / media hora / ___
Ayer   La semana pasada   El fin de semana
En una hora   Mañana

HABLAR

7 a Sergio pregunta a Aixa por España. Usad las formas correctas de **alguno** y **ninguno**. ▶ Resumen 7

¿Conoces a algún actor[1] español?

No, no conozco a ninguno.

Sí, conozco a algunos, por ejemplo a Penélope Cruz y Antonio Banderas.

conocer (a)	otros chicos de España una comida española una persona famosa de España una película española una ciudad en España ___
tener	amigos en España ___

[1] el actor / la actriz
der/die Schauspieler/in

b ¿Y tú? ¿Qué quieres saber de tu compañero/-a? Prepara cinco preguntas. Después representad un diálogo como en el ejercicio **7a**.

¿Tienes un actor favorito?

Sí, tengo algunos, por ejemplo …

YA LO SÉ / ESCRIBIR

8 a ¿Qué haces antes y después del instituto? Haz apuntes y cuéntale a tu compañero/-a.

b Aixa quiere saber cómo es un día normal de un chico alemán / una chica alemana. Escribe un texto como en la página 56 con ayuda de tus apuntes del ejercicio **8a**. Cuenta también lo que más te gusta y lo que no te gusta nada. ▶ Kreatives Schreiben, S. 168

> Por la mañana/tarde/noche
> Al mediodía
> A la una / A las dos / ___
> Antes de ___ / después de ___

METHODEN ▶ S. 165
- Notiere erst in Stichpunkten, was du erzählen möchtest.
- Überlege dir vor dem Schreiben, welche Redemittel und Konnektoren du brauchst, um von deinem Tagesablauf zu berichten.

> A veces   Casi todos los días   Casi siempre   Normalmente   Otras veces

c Intercambiad vuestros textos y evaluadlos. ▶ Einen Text bewerten, S. 168

COMPRENSIÓN AUDIOVISUAL

9 Mira la escena del DVD.

3 PUNTO FINAL

1 Sergio y Marina acaban de volver a España. Están cenando con sus padres y todos se ponen a hablar sobre el viaje. Preparad la escena. ▶ Gespräche führen, S. 161

> Lo que os puede ayudar para preparar la escena:
> – los textos de la Unidad 3
> – el Pequeño diccionario, p. 174 y el mapa de México

a Formad grupos de seis y trabajad juntos. Apuntad vuestras ideas.
- ¿Qué preguntas hacen los padres? Usad también las preguntas de p. 55/12.
- ¿Qué contestan los chicos? ¿De qué y de quién hablan?
- ¿Qué (no) les gustó a los chicos del viaje? ¿Qué les sorprendió?
- ¿Qué más dicen los chicos y los padres?

b Ahora repartid los papeles y preparad la escena. ▶ Rollenspiele, S. 162

> **Ideas para acotaciones**
> ¿Cómo empieza la escena?
> ¿Qué están cenando?
> ¿Qué pasa durante la cena?
> ¿De qué se ríen?
> ___

- Decidid quién va a interpretar a qué personaje.
- Escribid un guión[1] de la escena. No olvidéis las acotaciones.[2]
- Aprended vuestros papeles de memoria y apuntad sólo las palabras/expresiones que os parezcan muy difíciles.
- Ensayad la escena.

1 el guión *das Drehbuch*   2 la acotación *die Regieanweisung*

2 Presentad la escena en clase y evaluad las escenas de los otros grupos. ▶ Evaluation, S. 164

3

RESUMEN

SAGEN, WAS DU GERN UNTERNEHMEN WÜRDEST

DAS BENÖTIGST DU

1 **Si vamos** al centro **podemos** caminar un poco y tal vez escuchar a los mariachis.
Si tengo tiempo **voy a pasar** unos días en un pueblo indígena.

einen realen Bedingungssatz mit **si** + Verb im Präsens sowie einen Hauptsatz + Verb im Präsens oder im Futur
▶ GH 17|12

EINDRÜCKE SCHILDERN

DAS BENÖTIGST DU

2 ¡**Está** todo tan rico!
¡Este mole **está** superbueno!
Este guacamole **está** malo.

estar + bueno/rico/malo
Das Essen, das *gerade* gegessen wird, schmeckt gut/schlecht (verdorben).

En este restaurante, la comida **es** mala.
El chile **es** bueno.

ser + bueno/malo
Die Qualität / der Zustand des Essens ist *allgemein* gut/schlecht.
▶ GH 18|14

3 ¡Las quesadillas están **super**buenas!

Adjektive mit vorangestelltem **super-**

¡Este tamal está **buenísimo**!
¡México D.F. es una ciudad **interesantísima**!
¡La ropa de aquí es de **muchísimos** colores!
¡México me gusta **muchísimo**!

den absoluten Superlativ: ▶ GH 17|13
bueno → buenísimo
interesante → interesantísimo
mucho → muchísimo

¡Todo está **riquísimo**!

⚠ rico → riquísimo, fácil → facilísimo

DAS DEUTSCHE „FÜR" WIEDERGEBEN

DAS BENÖTIGST DU

4 El regalo es **para** ti.

Du kennst bereits die Präposition **para**, um das deutsche „für" auszudrücken.

Sergio **se interesa por** América Latina.
Gracias por los e-mails.
Compré una gorra **por** 60 pesos.

Die folgenden Wendungen werden jedoch immer mit **por** wiedergegeben: ▶ GH 18|15
interesarse por: sich **für** etw. interessieren
gracias por: danke **für** …
comprar algo **por**: etw. **für** (60 Pesos) kaufen

WIEDERHOLUNGEN VERMEIDEN

DAS BENÖTIGST DU

5 Algunas veces **mis hermanos** no quieren llevar **los libros** y **se los** tengo que llevar yo.
Otras veces **ellos** no encuentran **sus cosas** en ningún lugar y **se las** tengo que buscar.

zwei aufeinanderfolgende Objektpronomen:
▶ GH 19|17

indirektes	direktes	
me		
te	lo	da
⚠ ~~le~~ → se	la	dicen
nos	los	cuentan
os	las	escribe
⚠ ~~les~~ → se		

Mis hermanos nunca se van de casa sin pelearse por **algún juguete**. Yo después **se lo** tengo que quitar.
Cuando **la abuela de Aixa** no tiene **leche** en casa, Aixa **se la** lleva.

SICH ETWAS SEHR WÜNSCHEN

6 ¡Ojalá la **volvamos** a ver!
¡**Ojalá que** podamos ir a México!

DAS BENÖTIGST DU

ojalá (+ **que**) + ein Verb im **subjuntivo**
▶ GH 19|16

7 Por la mañana como **algunas** frutas.
Yo les quito el juguete y esto no les gusta a **ninguno** de los dos.
Cuando **alguno** de nosotros está enfermo, mi abuela prepara un té.

Mis hermanos no encuentran sus cosas en **ningún** lugar y siempre se pelean por **algún** juguete.
Algún día voy a ser médica.

die unbestimmten Begleiter bzw. Pronomen
▶ GH 20|18

	♂	♀
Singular	algún/alguno ningún/ninguno	algun**a** ningun**a**
Plural	algun**os** ningun**os**	algun**as** ningun**as**

alg~~uno~~ → **algún**   + männl. Substantiv
ning~~uno~~ → **ningún**   im Singular

TESTE DEINE GRAMMATIKKENNTNISSE   ▶ Lösungen, S. 150

1 Forma frases con si.   ▶ GH 17|12

1. (Yo / *tener*) dinero (yo / *ir*) al cine.
2. (Tú / *tener*) tiempo (tú / *poder*) llamarme.
3. Nuestro profe *(ir)* a ir con nosotros a España, (nosotros / *estudiar*) mucho para la clase de español.

2 Completa con las formas de ser o estar.   ▶ GH 18|14

1. El mole que prepara la madre de Miguel, siempre [¿] muy bueno.
2. No puedo comer este tamal. [¿] malo.
3. Esta tortilla [¿] muy buena.
4. En este restaurante la tortilla siempre [¿] muy rica.

3 Contesta las preguntas. Sustituye los objetos por pronombres de objeto.   ▶ GH 19|17

1. – ¿Cuándo le mandas el mensaje a Pablo? – Mañana ___ .
2. – ¿Manu os da el regalo esta tarde? – Sí, ___ .
3. – ¿Qué día les da el profe los exámenes a los alumnos? – El lunes, ___ .
4. – ¿Cuándo me cuentas la historia? – ___ hoy.

4 Completa con las formas de alguno (+) o ninguno (–).   ▶ GH 20|18

1. ¿Conoces (+) ciudad en México?
2. En mi clase, (–) chico juega al fútbol.
3. (+) chicas de mi clase conocen a Messi.
4. (+) día Aixa va a ser doctora.
5. (–) de ellos tiene tiempo esta semana.
6. No encuentro el juguete en (–) lugar.

DAS KANN ICH JETZT!   ▶ Para comunicarse, p. 207–208

▶ Gib drei Empfehlungen, was ein Gast in deinem Ort unbedingt besuchen sollte.
▶ Sage, dass du dir sehr wünschst, nächstes Jahr Spanien oder Mexiko zu besuchen.
▶ Erzähle, was du dir dort gern anschauen würdest.
▶ Erzähle jemandem, wofür du dich interessierst.

REPASO 3

¿TE ACUERDAS?

DELE 1 Una chica de Chiapas presenta a su profesor. Lee lo que cuenta de él y completa con las formas de ser y estar.

1 la alcaldía
hier: das Rathaus
2 la profesión
der Beruf

Este [¿] Rubén. [¿] de Chiapas y [¿] profesor de español. Desde hace un año [¿] en San Cristóbal de las Casas. Trabaja en el colegio de allí. Normalmente, Rubén [¿] muy alegre. Sólo a veces [¿] triste. Por ejemplo cuando una de sus alumnas deja de ir al colegio porque tiene que trabajar en casa. Hoy, él y los padres de muchos alumnos [¿] en la alcaldía[1]. Quieren pedir un comedor para el colegio. Después, Rubén quiere ir a casa de las alumnas que ya no van a sus clases para hablar con los padres. Dice que [¿] muy importante terminar el colegio y aprender una profesión[2] después – ¡sobre todo para las chicas! Seguro que esta noche, Rubén va a [¿] muy cansado. ¡Yo [¿] muy contenta de tener un profesor como él!

2 Y en tu casa, ¿cómo es? Pregunta a tu compañero/-a. Él/Ella contesta como en el ejemplo. En las respuestas, usad los pronombres de objeto indirecto o directo.

> ¿Quién prepara el desayuno en tu casa?

> Siempre mi padre lo prepara. Y en tu casa, ¿quién …?

¿Quién	*preparar* el desayuno / la cena /___? *poner* la mesa? *llevar* a los hermanos al colegio / al ___? *hacer* las compras[1]? *preguntar* a los vecinos cuando falta algo en tu casa? *ayudar* a la madre / a tu hermano / ___ con ___? *ver* todas las series[2] de ___ / todos los campeonatos de fútbol/___? *escuchar* la radio por la mañana?
¿A qué hora (tú) ¿Cuándo (tú)	*escuchar* música / *ver* la tele? *escribir* e-mails? *hacer* los deberes? *ver* a tus amigos / ___ ?

1 hacer las compras *einkaufen gehen* 2 la serie *die Serie*

Objektpronomen 3. Pers.
	indirekt	direkt
Sg.	le	lo la
Pl.	les	los las

ESCRIBIR

3 Acuérdate de una situación importante de tu vida. ¿Qué hiciste? ¿Qué pasó? ¿Cómo era el día? ¿Qué llevabas? Escribe un pequeño texto y usa el pretérito indefinido y el pretérito imperfecto.

tu primer día de clase en tu colegio / instituto

tu primer día en tu equipo de ___

tu primer día en tu grupo de música / de teatro / ___

Aquel día   Por la mañana / al mediodía / ___
Primero/después   Al principio / al final   De repente
Todo el día / todo el tiempo   Entonces   Cuando   Como siempre

Aquel día me desperté muy temprano. Estaba muy nervioso. …

PRACTICAR

4 a ¿Qué frase corresponde a qué dibujo? Relaciona.

a Para ir al Zócalo tienes que tomar el micro.
b Vine para ayudarte.
c ¡Gracias por el regalo!
d ¡Esto no es para ti!
e ¡Me lo puse por ti!
f Me intereso mucho por México.
g Las compré por 20 pesos.
h ¿Qué hay para comer?

b Haz una tabla y ordena las frases del ejercicio **4a**. ¿Cómo las dices en alemán?

por	para

5 a Forma siete frases. Tu compañero/-a las repite usando los pronombres de los objetos. ▶ Resumen 5

Ejemplo:

> Yo le doy **el libro al profe**.

> Yo **se lo** doy.

Yo	dar	la historia	a mí.
Tú	llevar	los deberes	a ti.
Miguel/Aixa/___	explicar	la comida	a Miguel / a la abuela / a mi amiga.
Nosotros	contar	la gorra	a nosotros.
Vosotros	enseñar	las gafas	a vosotros.
Miguel y Aixa / mis amigos / ___	preparar	el libro	a los padres / a los amigos / a los hermanos.
	vender	___	___ .

b Decid las frases de **5a** en el futuro inmediato. Tu compañero/-a las repite usando los pronombres de los objetos.

Ejemplo:

> Yo le voy a dar **el libro al profe**.

> Yo **se lo** voy a dar. / Voy a dár**selo**.

Bei allen Infinitivkonstruktionen gibt es zwei Möglichkeiten.

VOCABULARIO

6 Tu compañero/-a dice una palabra, tú dices el antónimo.

> Lo contrario de «bueno».

> malo

7 ¿Cómo dices estas frases en español?
1. Juan spielt Gitarre.
2. Marisa spielt gern am Computer.
3. Miguel spielt ziemlich gut Fußball.
4. Julio spielt Akkordeon in einer Band.

¡ANÍMATE! 3

Jugadores de Pok-ta-pok

El **Pok-ta-pok** (o el **Tlachtli** en náhuatl) era un juego en las culturas maya y azteca que nació hace 3000 años. En el juego había dos equipos de cuatro personas. Los jugadores podían pegar[1] la pelota con todas partes del cuerpo, menos los pies y las manos. Si un jugador tocaba la pelota con otra parte del cuerpo, o la tiraba hasta la pared, el otro equipo ganaba un punto. Para ganar, los jugadores tenían que hacer pasar la pelota por el aro. En los campeonatos, los espectadores se sentaban en lo alto de las murallas y apostaban[2] por sus equipos favoritos.

Campo de juego de Pok-ta-pok en Monte Albán

1 pegar *schlagen* 2 apostar *wetten*

Frida Kahlo

(1907–1954), fue una pintora mexicana muy famosa. Vivió y trabajó hasta su muerte en la Casa Azul en Coyacán, Ciudad de México. Hoy en día, la Casa Azul es un museo que alberga objetos de su vida.

En 2010 hubo una exposición espectacular con su obra en Berlín. 250.000 personas fueron a visitarla.

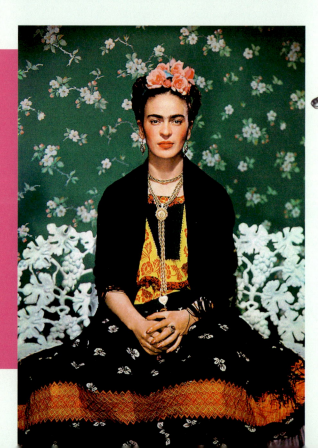

Lila Downs
Cumbia del mole

[...] Se muele con cacahuate,
se muele también el pan,
se muele la almendra seca,
se muele el chile también la sal
Se muele ese chocolate
se muele la canela,
se muele pimienta y clavo,
se mueve la molendera
se muele, se muele, se muele, se
muele, se muele, se muele, se muele

Se muele ese chocolate,
se muele también el pan,
se muele la almendra seca,
se muele el chile también la sal
Se muele ese chocolate
se muele la canela,
se muele pimienta y clavo,
se mueve la molendera
se mueve la molendera
se mueve la molendera [...]

© Cloud People Music / Nara Music Inc.,
EMI Music Publishing Germany, Hamburg

← la semilla

Cómo nace el cacao

cac: en lengua maya quiere decir rojo
(como la cáscara[1] del fruto del cacao)
cau: en lengua maya quiere decir fuerza[2]
o fuego[3].
Los mayas empezaron a cultivar el cacao
hace más de 2500 años. Los aztecas aprendieron de los mayas el cultivo y el uso del
cacao. Llamaban «cacahuat» al cacao.
A la bebida aromática que hacían de sus
frutos la llamaban «xocolatl». Los aztecas
y mayas usaban también las semillas de
cacao como monedas de cambio.

1 la cáscara *die Schale* **2** la fuerza *die Kraft*
3 el fuego *das Feuer*

Quesadillas

Para 6 personas	Preparación
1 paquete de 12 tortillas	Calentar las tortillas en una sartén. Poner en cada tortilla una rebanada de queso y doblar la tortilla dos veces. Calentar a fuego lento dando vueltas hasta que el queso se gratine. Servir con guacamole.
12 rebanadas de queso Gouda	

1 a Mira los dibujos y las fotos. ¿Cuál de los temas en estas páginas te parece el más interesante? ¿Por qué? Ahora lee la información.

b Busca más información sobre este tema en Internet.

2 Escucha y canta la Cumbia del Mole.

BALANCE 1

Hier kannst du überprüfen, was du in den Unidades 1–3 gelernt hast.

COMPRENSIÓN AUDITIVA

1 a Escucha la entrevista. ¿Qué sabes de las chicas y de Amor, la señora?
▶ Selektives Hörverstehen, S. 158

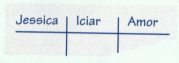

pintar malern, renovieren

b Escucha otra vez la entrevista y contesta las preguntas. ▶ Detailgenaues Hörverstehen, S. 158

1. En otoño, ¿cuántas casas van a pintar los voluntarios en toda España?
   a 30
   b 80
   c 300

2. ¿Cuál es el número de teléfono al que pueden llamar las personas que quieren que los voluntarios les pinten la casa?
   a 914356807
   b 914357086

COMPRENSIÓN LECTORA

2 a Lee el texto «El chocolate conquista el planeta» dos minutos. Luego trata de explicar el título.
▶ Globales Leseverstehen, S. 159

El chocolate conquista el planeta

La historia del chocolate empieza en México, hace mucho tiempo. Los monos[1] comen las semillas[2] del árbol de cacao que crece en el campo. Los humanos los observan y deciden tostar las semillas para ver si se pueden comer. Así descubren que los granos[3] de cacao sirven para hacer el chocolate.

Ya 300 años antes de Cristo, los mayas cultivan cacao. Luego, los aztecas empiezan también a cultivarlo. Esos pueblos tuestan y muelen los granos de cacao y los mezclan con agua, harina de maíz y especias[4]. Es una bebida para los jefes que les permite comunicarse con los dioses. Los aztecas la llaman xocoatl.

En el siglo[5] XVI, los españoles conquistan México y descubren el cacao. Lo cultivan y lo envían a España. Los españoles cambian la receta de los aztecas y echan azúcar a la bebida. La sirven en una chocolatera. Así nace el chocolate caliente,[6] que le encanta a los españoles. Mucha gente lo toma para tener más energía.

En los siglos XVII y XVIII, el chocolate se pone de moda en Francia, Inglaterra y Alemania. Es una bebida reservada para los reyes y para la gente rica. Los confiteros fabrican bombones de chocolate, y los médicos recetan el cacao como medicamento. En 1777, se produce en Barcelona por primera vez chocolate de forma mecánica.

En el siglo XIX, la elaboración del chocolate se industrializa poco a poco. Máquinas convierten los granos de cacao en polvo. En Suiza[7] inventan el chocolate con leche.

La primera tableta de chocolate se produce en Inglaterra. Luego, miles de tabletas salen de las fábricas. En esa época, también los niños empiezan a comer chocolate.

Hoy, los mayores consumidores de chocolate del mundo somos los europeos. Los suizos son los primeros: un suizo come unos 10 kilos por año. Los gustos son diferentes en los países, pero en todos ellos, el chocolate es un regalo. En Europa, la mayoría de chocolate se vende en Navidad y en Pascua.

1 el mono *der Affe* **2** la semilla *der Samen* **3** el grano *die Bohne, das Korn* **4** la especia *das Gewürz* **5** el siglo *das Jahrhundert* **6** caliente *heiß* **7** Suiza *die Schweiz*

© según: Reportero Doc (texto adaptado)

b Lee el texto y relaciona los párrafos con los títulos. ▶ Selektives Leseverstehen, S. 159

La industria del chocolate   Aprender de los monos   Una bebida para comunicarse con los dioses
El chocolate caliente   Un regalo para las fiestas   Una moda europea

EXPRESIÓN ORAL

3 En grupos de tres leed la carta de Jorge e imaginad una discusión entre él y sus padres. Repartid los roles y apuntad argumentos para cada persona. Luego ensayad la discusión y presentadla en clase. ▶ Diskutieren, S. 161, Rollenspiele, S. 162

> ¿El objeto más importante para mí? ¡El móvil! ¡Yo sin el móvil no soy nada! Lo necesito para hablar con mis amigos, para quedar, para hacer fotos, para escuchar música, para buscar información. ¡Para todo! Nunca salgo sin él. A mis padres no les gusta que esté llamando todo el tiempo y que gaste toda la paga en llamadas[1] y accesorios[2] para el móvil. Pero bueno, a mí no me importa, soy un fanático del móvil.
>
> **Jorge, 15 años**

1 la llamada *der Anruf* 2 el accesorio *das Accessoire*

EXPRESIÓN ESCRITA

4 Piensa en un lugar (p. ej. un país, una región, una ciudad) que conoces muy bien o que te gustaría conocer. Imagina que estás allí. Piensa qué puedes hacer allí y describe tus aventuras en un blog o en una carta. ▶ Den Schreibprozess organisieren, S. 165

> El texto «Diario de viaje», p. 51/52, te puede ayudar.

> ¿Dónde estás? ¿Con quién? ¿Qué tiempo hace? ¿Qué vas a hacer en los próximos días? ¿Qué te llama la atención? ¿Cómo es la gente / la comida / ___?

MEDIACIÓN

5 Estás en una oficina de turismo en Berlín. Allí hay muchos turistas españoles que quieren comprar la BerlinCard, pero no entienden todas las informaciones. Lee el folleto y contesta sus preguntas en español. Haz el diálogo con tu compañero/-a. Después de tres preguntas, cambiad los roles.

Berlin WelcomeCard ABC (Berlin & Potsdam) mit Reiseführer
- freie Nutzung der öffentlichen Verkehrsmittel in Berlin und Potsdam für 48 Stunden, 72 Stunden oder sogar 5 Tage.
- gültig für einen Erwachsenen mit bis zu drei Kindern unter 15 Jahre
- Zusätzlich Preisnachlässe zwischen 25 % und 50 % für mehr als 160 touristische Höhepunkte, z. B. Stadtführungen, Spreefahrten, Museen, Theater, Clubs, Restaurants und andere Attraktionen.
- Reiseführer auf Deutsch und Englisch mit Besichtigungsvorschlägen und Insidertipps
- Stadtkarte für Berlin und Potsdam mit einem Netzplan für die öffentlichen Verkehrsmittel
- wechselnde Monatsangebote

Berlin WelcomeCard ABC
- 48 Std: 18,90 €
- 72 Std: 24,90 €
- 5 Tage: 34,90 €

¿Cuántas personas pueden usar una BerlinCard?

Hay una BerlinCard para tres días? ¿Cuánto cuesta?

¿Qué puedo hacer con la BerlinCard?

¿Recibo un regalo si compro la BerlinCard?

¿Le hace falta una BerlinCard a mi hijo?

4 UN PASEO POR MADRID

¡ACÉRCATE!

> **HIER LERNST DU:**
> ▸ Wege mit öffentlichen Verkehrsmitteln zu beschreiben.
> ▸ Erwachsenen höflich Auskunft zu geben.

ACTIVIDAD DE PRELECTURA

1 ¿Adónde vas en bus, metro, avión[1], tren, bici o a pie?

- ¿Cómo vas a casa de tus tíos?
- A casa de mis tíos voy en bus.

a casa de los tíos   al instituto   a España
a Berlín   al cine   al parque   ___

1 ir en avión
fliegen

Museo del Prado

Estadio Bernabéu

🎧 2|38

¿Cuánto cuesta un billete para ir al Museo del Prado? Creo que es la estación Banco de España.

Depende. Un billete sencillo de la zona A cuesta un euro, pero si compra un abono de diez, es más barato.

¿Cómo voy de aquí al estadio?

Coja la línea 1 en dirección a Plaza de Castilla y ahí tiene que cambiar de línea. Siga en la línea azul en dirección a Puerta del Sur. Tiene que bajarse en Bernabéu. Me parece que es la línea 10.

Metro de Madrid en números:
Estaciones: 294
Líneas: 13
Kilómetros de red: 284
Viajeros por año: 649.977.853

Hay un plano de metro en la p. 246

ta de Sol

ue del Retiro

Aeropuerto de Barajas

Entonces vamos al Retiro …
¿Tienes monedas para la máquina? …
¿Sabes cómo funciona?

A ver, mira, dale a «Estación Retiro» y después a «billete combinado».

Oiga, para ir al aeropuerto, ¿qué es mejor, ir en taxi o coger el metro?

Pues ahora seguro que hay atasco, mejor vaya en metro.

4

COMPRENDER EL TEXTO

2 ¿Adónde van las personas del texto, p. 68–69?

3 a Busca en el texto las expresiones que necesitas si quieres coger el metro.

| pedir información | dar información |

b Welche Verbformen verwendest du für die höfliche Anrede? ▶ Resumen 1

ESCUCHAR

4 a Escucha las dos llamadas. ¿Dónde están las personas? ¿Adónde quieren ir? Busca las estaciones en el plano del metro (p. 246). Después explica el camino a tu compañero/-a.

b Escucha otra vez las llamadas. Mira el plano (p. 246) y sigue el camino con el dedo.

ESPAÑA EN DIRECTO

5 a Llegas con tu familia al aeropuerto de Barajas. Queréis ir de la Terminal 4 a la Terminal 1. Escucha qué te dicen en la oficina de información y lee el folleto. Después explícales a tus padres cómo ir. ▶ Dolmetschen, S. 170

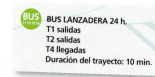

BUS LANZADERA 24 h.
T1 salidas
T2 salidas
T4 llegadas
Duración del trayecto: 10 min.

b Estáis en la estación Nuevos Ministerios (línea 8). Ayuda a tus padres. Mira el folleto de información y contesta sus preguntas.

Cómo llegar.

 En autobús.

- Línea 101 desde Canillejas (T1, T2 y T3).
- Línea 200 desde Avda. de América (T1, T2 y T3).
- Línea 204 desde Avda. de América (T4).
- Línea interurbana 822
  Coslada - Aeropuerto (T1).
- Línea interurbana 827
  Madrid (Canillejas) - Aeropuerto (T4).
- Línea interurbana 828
  Madrid (Campo de las Naciones) - Aeropuerto (T4).

 En metro.

Línea 8 Nuevos Ministerios - Aeropuerto T4.
- Estación Aeropuerto T1 - T2 - T3.
- Estación Aeropuerto - T4.

Duración del trayecto desde Nuevos Ministerios:
15 minutos a "Aeropuerto T1 - T2 - T3" y 21 minutos a "Aeropuerto - T4".

Frecuencia de trenes: entre 3,5 y 5 minutos.

Para estas estaciones, los billetes requieren un suplemento que no afecta a los usuarios del abono anual, mensual o turístico. Por favor, consulte con el Consorcio de Transportes de Madrid las condiciones y tarifas. Teléfono 91 580 45 40.

También existen oficinas de información de Metro en las Terminales del Aeropuerto.

In welchen Abständen fährt die U-Bahn zum Flughafen?

Wie lange brauchen wir bis zum Flughafen?

Puedes mostrarles a tus padres cómo vais en metro con el plano de la página 246.

BÚSQUEDA DE INFORMACIÓN

6 Busca en Internet o en el Pequeño diccionario (p. 175) dos lugares de Madrid que te gustaría visitar. Usa el plano del metro y explica a un/a compañero/-a cómo va de la estación Sol a tus sitios favoritos y qué puede ver allí. ▶ Informationen sammeln, S. 165, ▶ Para hablar de los medios de transporte, p. 213

YA LO SÉ

7 En la Plaza de San Francisco una señora[1] te pide información. Explícale el camino para ir a pie a la estación La Latina y cómo va en metro de allí al Parque del Retiro. Usa el plano del metro, p. 246 y el plano de Madrid, p. 247. ▶ Para hablar de los medios de transporte, p. 213
1 una señora *eine Frau*

4A ¡ME HE QUEDADO A CUADROS!

HIER LERNST DU:
- zu erzählen, was du erlebt hast.
- etwas zu erläutern.
- etwas in einer Cafeteria zu bestellen.

ACTIVIDAD DE PRELECTURA

1 ¿Qué es típico de España y de los españoles para ti? Pon ejemplos.

Esta semana, los chicos españoles del Instituto Miguel de Cervantes de Madrid han recibido en su casa y en su instituto a sus compañeros alemanes del Instituto Heinrich Heine de Hamburgo. Y los han llevado por todo Madrid. Adrián participa en el intercambio y además escribe un reportaje para la revista del instituto. Esta noche ha entrevistado a Toño y a Ismael para su reportaje «Y tú, ¿qué has hecho con tu intercambio?».

Toño (3°A)
Yo me estoy divirtiendo mucho, además estos días he aprendido mogollón de cosas de mi ciudad. Ya hemos visto muchos museos. Esta tarde hemos ido al Museo del Prado para ver cuadros de Goya y Velázquez. Mi intercambio dice que el cuadro «Las Meninas» de Velázquez no es tan famoso en Alemania. Hemos estado toda la tarde allí. Para Tobias, mi intercambio, ha sido demasiado. Todavía no se ha acostumbrado a cenar tarde. Resulta que en Alemania cenan más temprano y no a las nueve o diez. Ya en la Plaza Mayor, hemos comido tapas en una cafetería y se ha calmado un poco. Como siempre, todos hemos puesto fondo. Jan se ha quedado a cuadros. Pero ya le he explicado que aquí nosotros lo pagamos todos todo juntos. Lo que pasa es que en Alemania cada uno paga lo que pide. Mira, no lo sabía.

Museo del Prado

Ismael (3°B)
Esta semana nos lo hemos pasado genial con los chicos alemanes. Sobre todo Sonja es una tía muy maja y mola mucho hablar con ella. Madrid le gusta mucho, pero hay cosas que le llaman la atención, por ejemplo, Toño siempre le dice «guapa» y a veces la agarra del brazo. Ella dice que los españoles nos tocamos mucho y que en Alemania no es así. Además le da corte llamar de «tú» a mis padres o a los profes. Dice que en Alemania es imposible llamar de «tú» a todo el mundo.

Hoy hemos visto juntos el partido Real-Barça y como algunos chicos también son aficionados al fútbol, todo ha sido muy divertido.

También hemos dado un paseo por el Palacio Real para hacer fotos. Por la tarde en la calle, hemos visto un póster de una corrida de toros. Los chicos nos han preguntado por los toros. Se han quedado alucinados porque nunca hemos estado en una corrida. Muchos alemanes a lo mejor creen que a todos los españoles nos gustan las corridas. Les hemos preguntado: «Pero, ¿qué imagen tenéis de nosotros? ¿Cómo nos veis vosotros los alemanes?» … Pero bueno, aquí mucha gente también tiene una imagen un poco rara de los alemanes …

¿Habéis visto? ¡Qué gol!

¿Me pones unas tapas de tortilla, por favor?

¡La cuenta por favor!

ENTRE CULTURAS
Antes de comer o cenar, muchos españoles van a una cafetería o a un bar para comer tapas.

setenta y uno **71**

4A

COMPRENDER EL TEXTO

2 ¿A quién se refieren las frases? Relaciónalas con Tobias, Jan o Sonja.

Sonja   Tobias   Jan

1. Han estado en la Plaza Mayor con Toño.
2. Ha pasado mucha hambre en el museo.
3. Le ha dado corte llamar de «tú» a mis padres.
4. Después de comer se ha calmado.
5. No sabía que aquí todos lo pagamos todo juntos.
6. Toño la ha agarrado del brazo.
7. Algunas veces se ha sentido rara con los chicos del intercambio.
8. Toño le ha dicho «guapa».

3 ¿Qué les ha llamado la atención a los chicos alemanes (texto, p. 71)? Pon tres ejemplos.

VOCABULARIO

4 En las dos columnas hay frases que dicen lo mismo. ¿Qué frases usas cuando hablas con amigos hispanohablantes? ¿Qué frases usas en situaciones más formales? Une las frases.

Me he aburrido como una ostra en el cine. 1
Esa tía de allí parece muy guay, ¿quién es? 2
Este finde ha sido súperaburrido. 3
Las canciones de Chambao molan mucho. 4
A Jan no le da corte hablar español con Toño. 5
Siento que me pongo como un flan. 6

a Me gustan mucho las canciones de Chambao.
b Este fin de semana ha sido muy aburrido.
c ¿Quién es esa chica? Me parece muy simpática.
d Jan no se pone nervioso si tiene que hablar español con Toño.
e La peli no ha sido muy divertida.
f Estoy muy nervioso/-a.

5 a Mira el menú. ¿Qué palabras entiendes? ▶ Wörter erschließen, S. 152

 b Estás con tus padres en una cafetería en España. Ellos no hablan español. Escucha al camarero, mira el menú y explícales a tus padres lo que pregunta el camarero. ▶ Dolmetschen, S. 170

```
CAFETERÍA
DON QUIJOTE
Gran Vía, 2327
Madrid
```

BOCADILLOS
Hamburguesa .... 2,90 €
Tortilla .... 3,10 €
Jamón .... 3,40 €
Queso .... 3,25 €
Chorizo .... 3,00 €

TAPAS
Croquetas .... 4,30 €
Tortilla de patatas .... 3,15 €
Champiñones .... 3,70 €
Pinchos .... 3,25 €
Queso .... 3,50 €
Chorizo .... 3,35 €
Jamón .... 4,70 €
Ensalada de verano .... 3,45 €

REFRESCOS
Zumo naranja .... 2,30 €
Agua mineral .... 2,30 €
Café .... 2,30 €

Un paseo por Madrid | ¡Me he quedado a cuadros!

4A

ESPAÑA EN DIRECTO

6 a Lee el folleto. Explícale a un amigo alemán qué pueden hacer los jóvenes madrileños en verano.

> **METHODEN** ▶ S. 170
> Überlege dir, welche Informationen deinen Gesprächspartner interessieren könnten.

b Visita la página de Inforjoven y escribe en el buscador[1] «Oficina joven». Ahí entra en la sección «Carnets[2]». ¿Qué tipos de carnets hay? Si vas a Madrid, ¿cuál te sirve más a ti? ¿Por qué?

1 el buscador *die Suchmaschine*
2 los carnets *hier: Ermäßigungskarte*

MEDIACIÓN

7 a Haces una visita guiada[1] por Madrid. Una turista alemana no entiende muy bien qué está diciendo el guía. Escucha y lee. Después, ayuda a la turista. ▶ Sprachmittlung, S. 170

> ¡Atención! Yo soy Miguel, todos los turistas que entiendan español, por favor, vengan conmigo. Robert, el guía que hace el recorrido en inglés, ya viene. Llega en 10 minutos.

> Alles wird auf Spanisch erklärt? Aber in der Broschüre steht, dass es auch eine Gruppe auf Englisch gibt!

> Nein, er sagt, …

1 una visita guiada *eine Stadtrundfahrt*

b Escucha el resto de la conversación. Explica a la turista lo que dice el guía.

> 1 Man darf keinen Rucksack mitnehmen?

> 2 Wozu sind die Aufkleber?

> 3 Wo gehen jetzt alle hin? Was soll ich machen?

> **METHODEN** ▶ S. 170
> Gehe nur auf die gefragten Informationen ein.

setenta y tres **73**

4A

DESCUBRIR Y PRACTICAR

8 a Copia la tabla en tu cuaderno. Después complétala con las formas del pretérito perfecto que hay en el texto (p. 71). | Wie bildest du die Partizipien der regelmäßigen Verben? ▶ Resumen 2

-ar	-er/-ir	irregulares
[...]	han recibido	

b Wie wird das Perfekt im Spanischen gebildet? Vergleiche mit anderen Sprachen.

9 ¿Qué dicen los chicos? Usa el pretérito perfecto. ▶ Resumen 2

- Hoy *(ir / yo)* al Retiro.
- ¿Ya *(probar / tú)* las tapas de chorizo?
- ¿Todavía no *(comer / vosotros)*?
- Esta tarde Sonja *(visitar)* el barrio La Latina.
- Hoy Sonja y yo *(hacer)* una tortilla juntos.
- Esta mañana Jan y Vega *(levantarse)* muy temprano.

HABLAR

10 Piensa en cuatro actividades que ya has hecho esta semana y cuatro que todavía no. Cuéntale a tu compañero/-a.

- ¿Qué has hecho esta semana?
- Esta mañana ya he hecho mucho deporte, pero todavía no he tenido clase de Inglés ...

☐ *enviar* mensajes por móvil
☒ *leer* tus mensajes
☐ *estudiar* para los exámenes
☒ *hacer* deporte
☐ *tener* clase de Inglés
☐ *escribir* mensajes a tus amigos
☐ ___

ESCRIBIR

11 Después del Museo del Prado (texto, p. 71) Tobias y Toño quedan con Ana y Jan. Tobias le cuenta a Ana qué ha hecho y cómo lo ha pasado. Escribe un pequeño texto.

YA LO SÉ

12 Cuenta a tu compañero/-a tres actividades importantes que has hecho esta mañana / esta semana / este fin de semana / este mes / este año.

> en mi tiempo libre   con la familia   con los amigos   en el instituto

4B GUÍA DE MADRID

> **HIER LERNST DU:**
> ▸ historische Daten vorzustellen.
> ▸ Erstaunen auszudrücken.

ACTIVIDAD DE PRELECTURA

1 Mira el texto: ¿qué tipo de texto es? ▸ Textsorten erkennen, S. 159

MADRID

Nadie sabe de dónde viene su nombre, algunos piensan que es de origen árabe (*maǧrid* – «río» o «fuente»). Lo que sí es seguro es que es una ciudad muy interesante. Eso es lo bueno de la capital, hay muchas cosas que ver. Lo malo es que no da tiempo a descubrir todo en un viaje. Aquí presentamos algunos lugares importantes.

> ¡Estoy de acuerdo! Esta semana hemos visto muchísimo y todavía nos falta mucho …

◀ **La Puerta del Sol** o **Sol** – como dicen los madrileños – es el centro de Madrid. De aquí salen las carreteras importantes de España, pues aquí está el «kilómetro cero». El reloj de esta plaza es el más famoso del país. Aquí el 31 de diciembre los españoles dan la bienvenida al Año Nuevo. A las doce comen las doce uvas, una por cada campanada del reloj.

> ¡Todos dicen Sol! La semana pasada llegué tarde a una cita porque no lo sabía.

El rey Felipe III construyó esta plaza en el año 1615 y desde entonces ◀ **la Plaza Mayor** ha sido un lugar para celebrar espectáculos. Por ejemplo, hasta el siglo XIX fue plaza de toros.

> ¿¿Corridas?! ¡Qué fuerte, tío!

◀ **El Museo del Real Madrid** (Puerta 40 del Estadio Bernabéu) abrió en 2004, y desde entonces lo han visitado miles de aficionados de todo el mundo. El museo tiene trofeos, fotos y camisetas del Real Madrid. Además puedes bajar al césped del estadio.

> Jan, ¿alguna vez has estado ahí? Yo una vez fui con mi hermano.

◀ Al principio el **Reina Sofía** fue un museo para exposiciones temporales, pero en el año 1990 llevaron allí obras del Museo de Arte Contemporáneo y más tarde también llevaron el «Guernica», por eso el Reina Sofía se ha convertido en un museo muy importante en Madrid. Cuenta con 16 000 obras, sobre todo del siglo XX. Además organiza talleres para alumnos y, como otros museos, cada año participa en «la Noche en Blanco». En esa noche ofrece actividades culturales y sesiones de música electrónica.

> ¿Qué dice del Reina Sofía? Ayer fui y vi cuadros de Picasso.

◀ **El Retiro** fue al principio un parque para los reyes. Pero en 1868 se convirtió en un parque público. En el Retiro hay espectáculos, estatuas vivas y músicos todos los días. También es un buen lugar para dar un paseo en barca por el estanque.

> Pues ya hemos visto los lugares importantes, pero todavía no hemos ido al lugar más divertido. Hey, Jan, Sonja. ¿Qué tal una carrera al estanque? ¿Qué decís? ¡El último paga las pipas!

4B

COMPRENDER EL TEXTO Y HABLAR

2 ¿Qué pasó en esos años? Busca la información en el texto (p. 75).

1615   1868   2004   1990

3 a Piensa: Elige tres lugares de Madrid que te gustaría visitar. Explica por qué los has elegido.

b Discute: Elegid juntos qué lugares os gustaría visitar.

> mola mucho ___   tengo muchas ganas de ir a ___   el lugar más divertido
> Para mí este lugar es más interesante que ___   a mí me gusta   me encanta/n
> Me gustaría ir a ___ porque ___   Quiero ver ___

c Comparte: Presentad en clase vuestro plan y explicad por qué habéis elegido esos lugares.

4 a Busca argumentos para hacer o no un intercambio o un viaje con la clase a Madrid.
▶ Das Wörterbuch benutzen, S. 156

b Cuéntale a un/a compañero/-a por qué (no) te gustaría participar en un intercambio.

> (No) me gustaría participar en un intercambio porque …

> lo bueno / lo malo es ___
> me gusta(n)/quiero
> me parece interesante/aburrido que + *subjuntivo*

DESCUBRIR Y PRACTICAR

5 a Suche folgende Zeitangaben im Text und notiere sie in einer Liste: Nach welchen steht das *pretérito indefinido*, nach welchen das *pretérito perfecto*? ▶ Resumen 3

> la semana pasada   ya   esta semana
> alguna vez   todavía no   al principio
> en el año 1615   una vez   ayer
> hasta el siglo XIX   desde entonces

pretérito indefinido	pretérito perfecto

DELE

b ¿En qué frase usas el pretérito indefinido y en qué frase el pretérito perfecto? ▶ Resumen 3

1. Esta semana las chicas [¿] muchos lugares de Madrid.
   La semana pasada las chicas [¿] muchos lugares de Madrid.
2. Esta mañana Jan me [¿] un mensaje al móvil.
   Ayer Jan me [¿] un mensaje al móvil.
3. Este mes nosotros [¿] mucho de Madrid.
   El mes pasado [¿] mucho de México.
4. Hace tres días Jan y Tobias [¿] al Reina Sofía.
   Jan y Tobias todavía no [¿] al museo del Real.

vieron   han visto
ha mandado   mandó
aprendimos   hemos aprendido
han ido   fueron

6 ¿Qué ha pasado este mes en tu casa?
¿Qué pasó la semana pasada en tu instituto?
Cuenta. Usa el pretérito indefinido y el pretérito perfecto. ▶ Resumen 3

> Este mes ha venido a casa un primo de Dortmund. La semana pasada estudiamos mucho para el examen de Inglés.

HABLAR

7 Inventa preguntas para tu compañero/-a como en el ejemplo. Él o ella te contesta.

> ¿Alguna vez te has subido y has olvidado el billete de metro?

> Sí, una vez me pasó y me puse muy nervioso.

> No, nunca lo he olvidado.

- en el metro
- en el instituto
- con tus amigos
- en el cine
- en otro país
- en una fiesta

este	verano / mes / año

ya
todavía no
nunca

hace	tres días / dos semanas / unos meses

el mes / el año	pasado

1 equivocado/-a *falsch*

VOCABULARIO

8 Estas palabras son de origen árabe. Encuentra el equivalente[1] árabe de cada palabra.

español
el alcalde[2]   el barrio   el dibujo   el arroz
el limón[3]   hasta   ojalá   el café
la guitarra   la taza   el azúcar

árabe
barrá   kitara   dibaj   hattá
qaid   roz   limun   qahua
tassa   súkkar   U xa Alá

1 el equivalente *die Entsprechung* 2 el alcalde *der Bürgermeister* 3 el limón *die Zitrone*

ENTRE CULTURAS

Los moros estuvieron casi ocho siglos en España (711–1492). Por eso hay en la lengua española muchas palabras de origen árabe.

ESCUCHAR

9 a Actividad de preaudición: busca información sobre Toledo en Internet o en el Pequeño diccionario.

b Adrián, sus padres y Jan quieren dar un paseo por Toledo. En la oficina de turismo piden información. Escucha qué les dicen y apunta al menos cuatro informaciones.

c Mira el folleto y escucha el resto de la conversación. ¿Qué paseo quieren hacer los chicos?

Paseos Nocturnos por Toledo
1. **Leyendas, anécdotas y curiosidades**
   Visita a la zona medieval
2. **Toledo desconocido: Mitos y Leyendas.**
   Visita a Cuevas de San Miguel y al Alcázar
3. **Un hidalgo en Toledo: El Quijote y Cervantes**
   Historia de Cervantes en Toledo, palacio islámico.
4. **Las tres culturas en Toledo.**
   Visita a los tres barrios toledanos: el judío, árabe y cristiano.
5. **Tulaytula: Toledo islámico**
   Recorrido por mezquitas toledanas. Opcional: paseo por la zona islámica amurallada.

4B

APRENDER MEJOR

10 Ein zweisprachiges Wörterbuch benutzen

a Welche unterschiedlichen Bedeutungen hat das deutsche Verb „gehen"?

b Übersetze die Sätze mit Hilfe des Wörterbuchs.

1. Willst du den Bus nehmen oder lieber gehen?
2. Es ist schon spät. Jan muss jetzt gehen.
3. Hier geht es um Spanien und nicht um Mexiko.
4. Geht es dir nicht gut?
5. Nein, das geht nicht!
6. Die Uhr geht nicht.

gehen <irr43; sein> 1. *vi* ir, andar; (*wandern*) caminar; (*aufbrechen*) marchar(se), salir, partir; despedirse; (*funktionieren*) funcionar, ir; *es geht gut* (*schlecht*) va bien (mal); *es geht mir gut* estoy bien; *wie geht's?* ¿qué tal?; *es ist ihm ebenso gegangen* le ha pasado lo mismo; *diese Ware geht gut* este artículo se da (*od* vende) bien; *das geht nicht* es imposible; no puede ser; *das wird schon ~* ya se arreglará; *das geht zu weit* esto pasa de la raya (*od* de castaño oscuro); *wir können gehen!* ¡Cuando Vd. quiera! 2. (*in Verbindungen*) **an ... ~**: *an die Arbeit ~* poner manos a la obra; **in ... ~** (*eintreten*) entrar en; (*besuchen*) ir a; *in sich ~* volver sobre sí; **nach ... ~** ir a; **über ... ~**: *über die Straße ~* atravesar la calle; *das geht über meine Kräfte* es superior a mis fuerzas, no puedo con esto; **um ... ~**; *es geht um ...* se trata de; **vor s. ~** occurir, pasar, tener lugar; **zu ... ~**; *zu j-m*; ir a casa de alg; *zum Militär ~* alistarse

> **METHODEN** ▶ S. 156 ✓
> Lies zuerst immer den ganzen Eintrag durch und entscheide dich erst dann für die passende Bedeutung.

YA LO SÉ

11 **a** Hoy es el último día de intercambio. Tobias, Sonja y Jan ya están en el aeropuerto de Barajas. ¿Qué les ha pasado hoy? ¿Qué hicieron ayer? Mira los dibujos y descríbelos (al menos tres frases para cada dibujo).
▶ Kreatives Schreiben, S. 168

DELE

> Apunta primero las palabras que necesitas para describir los dibujos.

por la mañana/tarde/noche   esta mañana/tarde/noche
Antes / Después / Entonces / De repente   Ya / Todavía no / Hasta ahora

Ayer

Hoy

b Usa tus apuntes del ejercicio **a** y escribe la historia de los dos últimos días de intercambio.
▶ Den Schreibprozess organisieren, S. 165

Un paseo por Madrid | Guía de Madrid   **4B**

COMPRENSIÓN AUDIOVISUAL

12 Mira la escena cuatro del DVD.

4 PUNTO FINAL

Queréis hacer un viaje a España con la familia o con la clase. Para «sobrevivir» en vuestro viaje, vais a preparar vuestra propia guía con expresiones útiles.

a Trabajad en grupos de tres o cuatro.

1. Cada grupo elige un tema y busca el vocabulario y las expresiones necesarias.

   Hablar en la clase de español / en el instituto

   Pedir información o confirmarla¹

   Ir en bus/metro/___

   Preguntar por el camino

   Hablar del tiempo

   Ir de compras

   Pedir algo en una cafetería

   Hablar de la zona que vamos a visitar

   1 confirmar algo *etwas bestätigen*

Preguntar por el camino	
– Wie komme ich zu ___ ?	– ¿Cómo voy a ___ ?
– Gibt es in der Nähe ___ ?	– ¿Hay ___ un/a ___ cerca?

   > Usad expresiones que ya conocéis y las listas «Para comunicarse» en la lista cronológica, p. 192.

2. Cambiad vuestra lista con otro grupo. Corregid y completad la lista del otro grupo.

3. Discutid juntos: ¿qué más vais a necesitar? ¿Qué otros temas os interesan? Buscad el vocabulario necesario para cada tema.

   > Usa el diccionario y el anexo del libro.

b ¿Hay temas que son importantes para ti y no están todavía en la guía? Prepara tu propia página.

c Preparad la guía con vuestro vocabulario. Si queréis también podéis poner vuestra página personal. Discutid en clase si vais a poner fotos o dibujos.

4

RESUMEN

FREMDEN PERSONEN AUSKUNFT GEBEN

1 **Coja** la línea 4 en dirección a Argüelles.
Siga en la línea 2 en dirección a Cuatro Caminos.
No **entren** en el museo con comida.

Mejor **vaya** en bus.
Pongan atención, por favor.

DAS BENÖTIGST DU

den Imperativ mit **usted**: ▶ *GH 25|19*

	-ar (hablar)	-er (beber)	-ir (subir)
[usted]	¡Hable!	¡Beba!	¡Suba!
[ustedes]	¡Hablen!	¡Beban!	¡Suban!

⚠ ir: ¡Vaya!
   tener: ¡Tenga!
   poner: ¡Ponga!

ERZÄHLEN, WAS DU ERLEBT HAST

2
Esta noche **han entrevistado** a Toño y a Ismael.
Esta tarde **hemos comido** tapas.
Esta semana, los chicos españoles **han recibido** a sus compañeros alemanes.
Hoy **hemos ido** al estadio.

Y tú, ¿qué **has hecho** esta mañana?
Todavía no **hemos visto** las Meninas.
Todos **hemos puesto** fondo.

¿Por qué **no** me **has llamado**?

DAS BENÖTIGST DU

das **pretérito perfecto** (*haber* + Partizip):
▶ *GH 26|20*

haber	probar	comer	recibir
he			
has			
ha	prob**ado**	com**ido**	recib**ido**
hemos			
habéis			
han			

⚠ Beachte die folgenden unregelmäßigen Partizipien:
   hacer: **hecho**   escribir: **escrito**
   ver: **visto**   decir: **dicho**
   poner: **puesto**   leer: **leído**

Die Verneinung und die Objektpronomen stehen jeweils vor der konjugierten Form von **haber**.

3 Hoy **hemos estado** en el Museo del Prado.
Ayer **fuimos** al Retiro.
Esta semana **hemos estado** en España.
El mes pasado **estudié** mucho.
Hasta el siglo pasado la Plaza Mayor **fue** plaza de toros.
Desde entonces **he aprendido** mucho.

¿Ya **has llamado** a Ana?
Todavía no **he ido** al museo del Real Madrid.
Al principio viajar solo **fue** difícil.
¿**Habéis estado** alguna vez en Barcelona?

El rey Felipe **construyó** la plaza en 1615.

ein Zeitadverb sowie, davon abhängig, ein Verb im **pretérito perfecto** oder **pretérito indefinido**. ▶ *GH 27|21*

pretérito perfecto: **pretérito indefinido**:
hoy   ayer
esta semana   la semana pasada
esta mañana   el mes pasado
todavía no   en (el año) 2010
ya   hasta (ayer / el siglo
desde entonces   XIX / …)
alguna vez   al principio

⚠ Beachte die orthografischen Besonderheiten bei der Konjugation von **construir**.
▶ Los verbos, p. 185

80 ochenta

4 **Lo bueno** del metro es que es muy barato y rápido.
Lo malo del viaje es que fue muy corto.
Lo mejor del intercambio fue que hicimos amigos.
Lo peor del día fue que perdí mi cámara.

den Artikel **lo** und ein Adjektiv.
Im Spanischen wird immer die männliche Form Singular verwendet.

⚠ lo bueno → lo mejor
⚠ lo malo → lo peor

TESTE DEINE GRAMMATIKKENNTNISSE ▶ Lösungen, S. 150

1 Forma frases con el imperativo de usted/ustedes. ▶ GH 25|19

1. *(Coger)* la línea 8 en dirección a Nuevos Ministerios.
2. *(Ir)* en metro.
3. *(Decir)* me.
4. Señores, *(pasar)* por favor.
5. Señor Rodríguez, *(empezar)* ahora, por favor.
6. Señores pasajeros, *(subir)* ya por favor.

2 Completa con las formas del pretérito perfecto. ▶ GH 26|20

Participios regulares:

1. Esta semana *(trabajar / yo)* mucho.
2. ¿Ya *(comer / vosotros)*?
3. Todavía no *(recibir / él)* ningún mensaje de Erika.
4. Esta tarde *(ir / ellas)* a una corrida de toros.
5. Hoy *(coger / yo)* el metro por primera vez.
6. Esta mañana *(visitar / nosotros)* Sol.

Participios irregulares:

1. Hoy *(ver / nosotros)* muchos cuadros interesantes.
2. Esta semana Juan y tú no *(hacer)* nada.
3. ¡Ya *(poner / yo)* la mesa!
4. ¿Ya *(volver)* los chicos alemanes?
5. Este mes *(escribir / ella)* muchos mensajes.
6. No nos *(decir / él)* nada.

3 Completa las frases con el pretérito perfecto o el pretérito indefinido. ▶ GH 27|21

1. Ayer *(ir / nosotros)* al cine.
2. Hoy los alemanes *(llegar)* a Madrid.
3. Hasta 2001 los españoles *(pagar)* con pesetas y no con euros.
4. Ayer no *(ver / yo)* nada interesante en la tele.
5. Este mes Adrián *(llamar)* muchas veces a Maribel.
6. El año pasado ella le *(escribir)* muchos mensajes.

DAS KANN ICH JETZT! ▶ Para comunicarse, p. 212

▶ Erkläre einem Spanier, wie er mit öffentlichen Verkehrsmitteln vom Hauptbahnhof zur Schule kommt.
▶ Erzähle, was du diese Woche gemacht hast.
▶ Erzähle, was du in der letzten Woche gemacht hast.

REPASO 4

¿TE ACUERDAS?

1 Perdiste estos objetos en el metro. Pregunta en la oficina de objetos perdidos si están allí. Describe los objetos. Da toda la información posible.

> Ayer perdí una mochila …

> No olvides de decir de qué color son.

2 Adrián prepara la comida y les pide ayuda a los chicos, ¿qué les dice? Usa el imperativo.

Ejemplo: Sonja, lleva la ensalada al comedor, por favor.

a Sonja	a Jan	a Sonja y Jan
llevar la ensalada al comedor *servir*¹ zumo de naranja en los vasos *llamar* a Tobias que está en mi habitación *poner* la mesa *llevar* el pan al comedor	*quitar* los cuadernos de la mesa *preguntar* a mi hermano si tiene hambre *traer* tenedores de la cocina *pasarme* la sal *ir* por una silla a mi habitación	*probar* la tortilla *sentarse* ya *hacer* fotos de nuestra comida para vuestros amigos *escoger*² un postre: hay helado o fruta *poner* el queso en el frigo³

1 servir *hier: einschenken* 2 escoger *auswählen* 3 el frigo *der Kühlschrank*

3 Mira el plano de Madrid (p. 247). **A** está en la Puerta de Alcalá y quiere ir a los siguientes lugares. **B** explica el camino. ▶ Para hablar de los medios de transporte, p. 213

| estación Chueca | Museo Reina Sofía | Plaza de Cánovas del Castillo | Plaza de Colón |

VOCABULARIO

4 a Busca los verbos que corresponden a los sustantivos. Si el verbo lleva preposición, no olvides anotarla.

el sueño   el estudiante   la entrevista
el entrenamiento   la entrada   la canción
el juego   la cena   la cuenta   el paseo

Ejemplo: el sueño … soñar con

b Lee los sustantivos y busca los verbos correspondientes en la lista alfabética, p. 225

la importancia   la ducha   la diversión
el sentimiento   el olvido   el conocimiento
la compra   la colección   el enamoramiento
la promesa   la construcción

METHODEN ▶ S. 152

Si no conoces una palabra, pero sí una de la misma familia, puedes entender más fácilmente su significado.

PRACTICAR

5 Hoy Adrián piensa que todo es igual … y por eso está un poco harto. ¿Qué dice? Usa el pretérito perfecto y el pretérito indefinido. ▶ Resumen 3

¡Siempre lo mismo! Ayer me desperté a las seis y hoy me he despertado a la seis … La semana pasada …

despertarse temprano   *tomar* el desayuno solo
ir al instituto a pie   *comer* en la cafetería del instituto
ver la tele   *pasar* las vacaciones sin ir a la playa
perder el partido de fútbol contra el 3°C   *ayudar* en casa

ayer (por la mañana/tarde/noche)   el año pasado
la semana pasada   en marzo   hace dos días/semanas
hace un año   esta mañana/tarde   este mes/año   hoy

6 Jan/Sonja (**A**) habla con Lucía/Adrián (**B**, p. 148). Preparad el diálogo y presentadlo.

A Jan/Sonja
– Erzähle **B**, wie dein Tag heute war:
Du hast heute einen schlechten Tag gehabt. Heute morgen bist du zu spät in die Schule gekommen und der Lehrer hat geschimpft. Heute Nachmittag hast du dein Handy im Englischraum vergessen und bist deswegen nochmal zur Schule zurück gegangen. Am Abend bist du zu spät zu deiner Verabredung mit Toño gekommen. Im Café hast du zu viel Saft getrunken und jetzt tut dir der Bauch weh.
– Sag **B**, dass sie/er einen tollen Tag verbracht hat!
– Du sagst, dass du nicht mehr so starke Bauchschmerzen hast und dass du gerne mit ihr/ihm ins Kino gehst.

ESCUCHAR

7 Escucha la conversación de Tobias, Adrián y el padre de Adrián y mira las fotos: ¿qué lugares menciona Adrián? ¿Cuál es, para Tobias, el lugar más interesante de Madrid?

Casa de campo
la Torre Picasso
El Rastro
la calle de Alcalá
Plaza de Cibeles

ESCRIBIR

8 ¿Quién ha ganado la carrera al estanque (texto, p. 75)? Imagina el final del texto. ¿Qué más han hecho los chicos ese día? Escribe el final (al menos 5 frases). ▶ Kreatives Schreiben, S. 168

¡ANÍMATE! 4

ARTE DE ESPAÑA

Francisco de Goya

Francisco de Goya (1746–1828) es uno de los pintores más importantes de España. Sus obras revolucionaron la pintura española. Entre sus cuadros hay escenas de guerra, retratos y paisajes con aristócratas.

Pablo Picasso

Pablo Picasso (1881–1973) es un pintor español que desarrolló muchos estilos en su vida de artista, sobre todo sus obras cubistas son muy conocidas. En la Guerra Civil Española pintó su famoso cuadro *Guernica*.

Los tres músicos, 1921

El pelele, 1791

Suso33

Suso33 es uno de los grafiteros más famosos del mundo. Ha pintado varios edificios de la capital y varias Comunidades. El grafitero participa en performances con bailarines y actores, sobre todo en la Noche en Blanco que organiza Madrid.

Entrevistador: ¿El graffiti es arte?
Suso33: Son debates absurdos, es como cuestionar si el flamenco es una música o no, ya no hay debate. Con el graffiti pasará igual, llegará un momento en el que no sea necesario cuestionarlo.

© El país, 2009

Acción, 2008

1 ¿Qué cuadro te gusta más? ¿Por qué? Preséntalo en clase. ▶ Ein Bild beschreiben, S. 163

2 Lee el fragmento de la entrevista a Suso33. ¿Estás de acuerdo con lo que piensa? ¿Por qué (no)?

LITERATURA DE ESPAÑA

«En un lugar de la Mancha, de cuyo nombre no quiero acordarme ...»

Don Quijote

Así comienza la obra más importante de la literatura española, «El ingenioso hidalgo Don Quijote de la Mancha», escrita por Miguel de Cervantes (1547–1616). Esta obra narra[1] las aventuras[2] de Alonso Quijano (Don Quijote), un hombre que, luego de leer muchos libros de caballerías[3], quiere vivir aventuras y ayudar a gente en peligro[4].

Lectura continuada del Quijote

En Madrid se organiza cada año la tradicional «lectura continuada del Quijote». La lectura dura 48 horas en las que escritores hispanohablantes y voluntarios leen la obra completa. Desde hace algunos años es posible seguir la lectura por Internet. Cada año se suman más países no hispanohablantes a la lectura, como Estados Unidos o China.

Don Quijote
caballero andante[5]

Sancho Panza
escudero[6]

1 narrar algo *etwas erzählen* **2** la aventura *das Abenteuer* **3** el libro de caballerías *der Ritterroman* **4** en peligro *in Gefahr* **5** el caballero andante *der Ritter* **6** el escudero *der Knappe*

3 a ¿Qué sabes del Quijote? Busca información en Internet o el Pequeño diccionario.

b ¿Dónde queda La Mancha? ¿Quiénes son «Dulcinea» y «Rocinante»?

4 Lee el cómic del Quijote, p. 134–136.

5 ¡COMUNÍCATE!

> **HIER LERNST DU:**
> ▶ über Medien zu sprechen.
> ▶ zu sagen, wie und wann du die einzelnen Medien nutzt.

¡ACÉRCATE!

ACTIVIDAD DE PRELECTURA

1 Mira la programación de los diferentes canales españoles. ¿Qué te llama la atención?

Veo la tele todos los días. Lo que más me gusta son las series para jóvenes y los programas de música.

A mí me encantan los programas de deporte y los documentales. Y veo las noticias con mi familia cuando estamos cenando.

Lo primero que hago cuando me levanto, es encender el ordenador y conectarme a la red. Miro mis correos y navego un rato.

5

Mis padres siempre compran «La Voz de Galicia», el periódico local. Y los domingos también «El País». Pero yo solo les echo un vistazo.

Yo suelo leer revistas de informática y de temas científicos como «Quo» o «Muy Interesante». Todas las semanas me compro alguna.

Yo siempre voy al cine los miércoles porque es el día del espectador y la entrada es un poco más barata. Además veo muchas pelis en el ordenador o en DVD.

ENTRE CULTURAS

En España hay muchos periódicos y emisoras de radio y televisión que informan en las lenguas regionales vasco, gallego y catalán.

¿La radio? Sólo la pongo para despertarme. Pero escucho música en el móvil.

5

VOCABULARIO

2 Y tú, ¿cómo usas los medios de comunicación? Prepara adivinanzas como en el ejemplo.

> Suelo ponerlo todos los días para escuchar música.

> ¿El MP3?

> No, el móvil.

> normalmente   los fines de semana
> todos los días   todas las noches   siempre
> nunca   dos veces por semana   suelo + *inf*.

BÚSQUEDA DE INFORMACIÓN

3 a Visita las páginas de Internet de los periódicos españoles «El País», «La Vanguardia» y «El Mundo». ¿Cuáles son las noticias más importantes?

ENTRE CULTURAS
Los españoles compran los periódicos siempre en el quiosco. No hay abonos.

b ¿Qué periódicos de deporte hay en España? Busca los títulos en Internet.

ESCUCHAR

4 a Escucha los programas. ¿De qué tipo de programa se trata?

> las noticias   el parte meteorológico[1]   una serie
> un programa de música   un documental

1 el parte meteorológico *der Wetterbericht*

b Escucha otra vez y apunta lo que entiendes.

HABLAR

5 a Piensa: ¿qué medio de comunicación no puedes dejar de usar? ¿Por qué? Apunta tus argumentos.

b Discute: intercambiad vuestros argumentos y comparadlos. ¿Qué medio de comunicación no podéis dejar de usar los dos?

c Comparte: presentad vuestro resultado a la clase.

YA LO SÉ

DELE 6 Presenta los siguientes temas en una charla de un minuto.
▶ Etwas präsentieren, S. 164

mis revistas favoritas

mis programas favoritos

mis actividades favoritas en Internet

Usa el vocabulario de «Para hablar de los medios de comunicación», p. 219.

5A LAS AULAS DEL FUTURO

HIER LERNST DU:
- Vermutungen aufzustellen.
- dich differenziert zu äußern.

53–54

Ana y Adrián tienen que preparar una presentación sobre el tema: «Las aulas del futuro: ¿Cómo serán las clases dentro de diez años»? Están buscando información en Internet.

¿Dónde estará mi boli?

5 **Adrián:** Seguro que vamos a encontrar mucha información en Internet, ya verás …
Ana: A ver … mira,
10 aquí dice «Aulas del futuro» …

> ¡Adiós a los libros, a los lápices y a las pizarras! En el futuro, los alumnos no usarán libros o cuadernos, en cambio tendrán su propia tableta
> 15 PC. En clase, todos estarán conectados a Internet y podrán interactuar con los compañeros y cuando salgan a la pizarra, no escribirán con tiza sino con un boli especial porque todas las pizarras serán interactivas y táctiles.

20 **Ana:** ¡Oye! Las pizarras interactivas ya existen, ¿verdad? Pero ya no usaremos libros, ¡menos mal! Así la mochila no pesará tanto, sin todos los libros …
Adrián: Sí, pero cuando llegue ese día, yo ya no
25 seré alumno, ¿no?
Ana: Pues, ¿quién sabe? Mira, lo que dicen aquí del trabajo.

> … en el futuro, cambiaremos de trabajo más de diez veces en nuestra vida. Por lo tanto, los
> 30 alumnos tendrán que aprender a ser más flexibles y a trabajar siempre de forma cooperativa. Como tendremos casi toda información a través de Internet, los alumnos aprenderán a ser más críticos todavía. No será importante saber
> 35 muchas cosas de memoria, lo más importante será ser creativo.

¿Quién será?

Adrián: ¡Eso es verdad! En Internet hay tanta información que yo a veces me pierdo …
40 **Ana:** Sí, a mí también me pasa y no es nada fácil saber qué está bien y qué está mal …

Bueno, seguimos buscando. ¿Tú crees que los institutos desaparecerán?

> 45 Las clases y los horarios serán más flexibles y aunque haya también clases virtuales, las escuelas o institutos no desaparecerán …

Adrián: Entonces, los alumnos no irán al instituto todos los días, ¿no? ¡Y no tendrán que
50 levantarse siempre temprano! ¡Vaya suerte!
Ana: Hala, pero si se quedan en casa, también se perderán los recreos y no verán a los compañeros, ¡qué rollo!
Adrián: Bueno, pero para eso están las redes
55 sociales, ¿no? Te metes en el Tuenti, y ya está.
Ana: ¡Anda! ¿Y qué pasará con los profes? Con tanta tecnología, a lo mejor ya no harán falta … A ver, mira lo que dice este profe:

> En el futuro los profesores no desaparecerán.
> 60 Los protagonistas de las clases serán los alumnos, eso sí. Pero aunque los chicos aprendan muchas cosas solos o con los compañeros, mientras haya escuelas e institutos, también necesitarán ayuda. Los profes seremos como tu-
> 65 tores o guías, estaremos ahí para ayudarlos a aprender.

Adrián: Vale, profes sí, pero ¿los exámenes? ¿Pasarán a la historia o no? Voy a ver si encuentro algo sobre los exámenes del futuro …

> 70 Los alumnos harán todos los exámenes online. Habrá muchos programas especiales para poder seguir el trabajo de los alumnos. Los padres también podrán conectarse para ver el progreso de sus hijos …

75 **Ana:** Huy, ¡qué control!, no te escapas … Estaremos atrapados en la red, ¿eh?
Adrián: Bueno, ya llevamos tres horas buscando información. Creo que con esto basta.
Ana: Claro, pero ahora viene lo más difícil:
80 tenemos que pensar cómo vamos a presentar lo que tenemos … ¿Tienes alguna idea?

ochenta y nueve **89**

5A

COMPRENDER Y COMENTAR

1 a Las aulas del futuro: busca las predicciones[1] más importantes en el texto.

1 la predicción *die Voraussage, die Vermutung*

– Los alumnos no usarán libros o cuadernos.
– ___.

b ¿Cómo es vuestra aula? Compara con las predicciones del ejercicio **1a**.

MÉXICO EN DIRECTO

2 a Mira el texto por 30 segundos. ¿Qué tipo de texto es? ¿De qué trata? ▶ Textsorten erkennen, S. 159

b ¿Qué es el «Programa HDT»? Describe el programa y su trabajo en cuatro frases.
▶ Selektives Leseverstehen, S. 159

c «El petróleo del siglo XXI es la habilidad de interacción en la red». ¿Qué quiere decir esta frase? ¿Estás de acuerdo? Discutid en clase.

Web y laptops, a todas las secundarias en México

24 de agosto de 2010. El proyecto «Programa de Habilidades[1] Digitales y Tecnológicas» (HDT), ofrecerá laptops a cada alumno y profesor de 40 mil escuelas secundarias en el país. Una gran ventaja[2] del proyecto es que las computadoras estarán conectadas de manera permanente con Internet.

HDT se basa en el programa «One Laptop Per Children» (OLPC), creado por el Instituto Tecnológico de Massachusetts (MIT). La meta[3] es equipar[4] a todos los alumnos y profesores de las 155 mil aulas de secundaria que hay en el país. El gobierno federal empezó con la concepción y el desarrollo de HDT desde 2007. Hasta ahora, como parte del programa piloto, se han equipado 9 mil secundarias en zonas marginadas[5].

Dicen los responsables que es indispensable que los chicos desarrollen sus habilidades tecnológicas porque «el petróleo[6] del siglo XXI es la habilidad de interacción en la red».

© según: Metro Distrito Federal, 2010 (texto adaptado)

Modelo de equipamiento secundaria
Componentes
1 PC del profesor
2 Pizarra interactiva
3 Proyector.
4 Equipo de sonido (bocinas y micrófono)
5 Impresora
6 Teléfono VoIP
7 Mobiliario y UPS
8 Antena Satelital
9 Kit de ruteadores para red inalámbrica[7]
10 Computadoras fijas.
11 Cámara documental.

1 la habilidad *die Fertigkeit* **2** la ventaja *der Vorteil* **3** la meta *das Ziel* **4** equipar *ausstatten* **5** la zona marginada *hier: das ländliche, schwer zugängliche Gebiet* **6** el petróleo *das Erdöl* **7** inalámbrico/-a *kabellos*

DESCUBRIR

3 a Busca en el texto (p. 89) las formas de los verbos para hacer predicciones y suposiciones[1].

1 la suposición *die Vermutung*

[yo]
[tú]
[él/ella]   verás, ___
[nosotros/-as] serán, ___
[vosotros/-as]
[ellos/ellas]

b Mira los verbos en la tabla del ejercicio **3a**. ¿Cuáles son irregulares en el futuro simple? ▶ Resumen 1

90 noventa

PRACTICAR

4 a Ana ha quedado con Adrián para ir al cine, pero este no llega. ¿Qué piensa Ana? Haz suposiciones y usa el futuro simple. ▶ Resumen 1

Ejemplo:
¿Estará en el metro?

b Inventa más suposiciones como en el ejercicio **4a**.

5 ¿Qué se pregunta Ana sobre el futuro? Formula sus preguntas. ▶ Resumen 1

Yo
Mis amigos y yo
Mis padres
Mi hermano
Adrián

tener hijos
vivir lejos de aquí
encontrar un buen trabajo
ir a la universidad
estar casado/-a[1] (con ___)
estudiar otras lenguas
ser feliz
___

1 estar casado/-a verheiratet sein

6 a ¿Cómo será el futuro? Usa **cuando** + subjuntivo y el futuro simple en la oración principal.

1. Cuando (ser) mayor, (ser) doctora.
   Cuando (ser) doctora, (volver) a mi pueblo.
   Cuando (volver) a mi pueblo, (curar) a la gente de allí.

2. Cuando (volver) a México, (ir) a Chiapas.
   Cuando (yo / estar) en Chiapas, (encontrarse) con Aixa.
   Cuando (encontrarse) con Aixa, (hacer / nosotros) un viaje juntos.

3. Cuando (yo / tener) 30 años, ya no (hay) institutos como hoy.
   Cuando ya no (hay) institutos como hoy, los alumnos (trabajar) en casa.
   Cuando los alumnos (trabajar) en casa, ya no (ver) todos los días a sus compañeros.

Cuando sea mayor, …

b En grupos haced cadenas de frases como en el ejercicio **6a**. ¿Qué grupo forma la cadena más larga?

5A

ESCUCHAR

7 a Escucha partes de la telenovela «El amor es más fuerte». ¿Qué pasará en el próximo capítulo? Formula hipótesis. ▶ Resumen 2

Ejemplo: ¿María se irá de su pueblo?

María, novia de José, muy enamorada[1] de él pero también muy celosa[2] …

José, el novio de María, enamorado de Rosario …

Rosario, chica muy guapa pero muy tímida …

Diego, un chico de la ciudad, enamorado de Rosario …

Mercedes, amiga de Rosario, muy moderna, no quiere novio …

1 estar enamorado/-a de alg. *in jdn verliebt sein*
2 celoso/-a *eifersüchtig*

b Tú eres el/la redactor/a de una revista de programación de la tele y tienes que anunciar el próximo capítulo de tu serie favorita. Apunta de qué va a tratar.

> **METHODEN** ▶ S. 165
> Notiere zuerst deine Ideen, z. B. den Namen der Serie und alles, was passieren wird. Formuliere dann Sätze im *futuro simple*.

c Escucha los anuncios de tus compañeros y adivina de qué serie se trata.

ESCRIBIR

8 a Elige a una persona. ¿Cómo ves su futuro en diez años? ¿Con qué sueña? Apunta tus ideas.

 Celia
Daniel
 Rubén

– vivir solo/-a
– trabajar en ___
– ___

b Escribe un artículo desde la perspectiva de tu persona elegida para una revista de jóvenes en España.

cuando
aunque | + *subj.*
mientras

En 10 años …
… viviré en España. Trabajaré en una escuela de idiomas. Aunque no tenga mucho dinero, viviré una vida muy divertida. Mientras …

> **METHODEN** ▶ S. 165
> Um den Text abwechslungsreicher zu gestalten, variiere den Satzbau.

por lo tanto
en cambio

c Intercambiad vuestros artículos y haced propuestas para mejorar el texto.
▶ Fehler selbst korrigieren, p. 169

5 B ¡NO TE LO PIERDAS!

HIER LERNST DU:
▶ Inhalte zusammenzufassen.
▶ eine Rezension zu schreiben.
▶ etwas zu präsentieren.
▶ etwas zu empfehlen / zu bewerten.

En la revista del Instituto Velázquez hay una sección para películas y libros: «Te recomiendo …»
Aquí puedes contar a tus compañeros qué libro vale la pena leer o qué película vale la pena ver …

DIRECCIÓN
Solveig Hoogesteijn
PAÍSES
España y Venezuela
DURACIÓN
102 minutos
GÉNERO
Drama
INTERPRETACIÓN Tristán Ulloa (Joaquín), Yorlis Domínguez (Maroa), Elba Escobar (Brígida), Luke Frande (Ezequiel), Enghel Alejo (Carlos)

El título de la película «Maroa» es el nombre de la protagonista, una chica que vive en un albergue para menores en Caracas porque sus padres han muerto. Allí, el profesor de música, descubre su talento para la música, le da un clarinete y le propone tocar en la orquesta. Para Maroa, es el comienzo de su pasión por la música. Entre ella y Joaquín, el profe, crece poco a poco una amistad bonita, pero complicada. Sin embargo, esa relación se interrumpe cuando de repente Joaquín tiene que regresar a España, su país …

Valoración ★★★ (Muy buena)

Vi la película porque un amigo me la había recomendado. Y la verdad es que me gustó mucho. Por una parte es triste porque ves mucha pobreza, por otra parte tiene sus lados positivos porque la chica es capaz de salir de ese mundo. La protagonista actúa muy bien ;-)

El libro narra la historia de Ronaldinho. El autor nos cuenta desde la infancia de Ronaldinho en Brasil hasta su gran éxito actual como jugador de fútbol. Ya desde pequeño, Ronaldo se pasaba todo el día jugando al fútbol en la calle. Cuando empezó a jugar, su hermano Roberto ya se había hecho famoso en el mundo del fútbol y él quería seguir su ejemplo. En este libro vemos cómo este niño luchará y conseguirá ser una estrella del fútbol internacional.

Valoración ★★ (Regular)

No es un mal libro, pero muchas cosas de Ronaldinho ya las sabía y no me han sorprendido mucho. He comprado este libro porque ya había leído otros libros del autor.

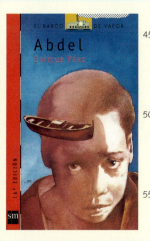

El libro de Enrique Páez es un relato contado como diario. Abdel es el narrador y también el protagonista de la historia. Se trata de un chico tuareg que vive con su padre en el desierto del Sáhara, en Marruecos. Allí tienen problemas económicos y políticos. Por lo cual quieren irse a España para buscar una vida mejor. Pasan muchos peligros en su viaje. No obstante, consiguen llegar a España. Antes de irse a España, Abdel siempre había soñado con este país: había aprendido castellano y había leído ya muchos libros. Sin embargo, la realidad en este país es muy diferente. Su vida en España está llena de problemas …

Valoración ★★★ (Muy bueno)

Este libro me impresionó mucho aunque antes ya había leído mucho sobre el tema. Creo que ahora entiendo mejor a muchos inmigrantes, por qué tienen que dejar su país y lo difícil que puede ser.

noventa y tres **93**

5B

COMPRENDER EL TEXTO

1 a Busca la información de cada obra en el texto. ▶ Para hablar de un texto, p. 171

el título	el género	los protagonistas	El tema es …	Trata de …

b Escribe una introducción de cuatro frases para cada una de las obras con ayuda del ejercicio **1a**.

c ¿Cuáles de las obras te gustaría leer o ver? ¿Por qué? Habla con tu compañero/-a.

2 Busca las expresiones en el texto que necesitas para hablar de un libro o de una película.

MEDIACIÓN

3 Un amigo español que no habla alemán descubre estos libros en tu casa y quiere saber de qué tratan. ¿Qué le dices? ▶ Sprachmittlung, S. 170

›Ich werde meinem Vater die Wahrheit sagen‹, dachte Arianna. ›Dass ich in einen Deutschen verliebt bin und mit ihm zusammen sein werde. Und dass er nichts daran ändern wird und mich so akzeptieren soll.‹

Wie lebt es sich zwischen zwei Kulturen? Die Geschichten und Gedichte in diesem Band erzählen von Jugendlichen, die allein oder mit ihrer Familie nach Deutschland kamen, um hier ein zweites Zuhause zu finden. Es sind traurige, nachdenkliche, aber auch ironische und komische Texte, in denen Gefühle der Fremdheit, Neugier, Sehnsucht und Wut oft nebeneinander stehen.

Neue Stadt, neue Freunde? Fehlanzeige.

Berlin ist riesig, und Greta kennt hier niemanden. *Es wird bestimmt gut*, hat ihre Mutter ihr versprochen. *Du wirst neue Freunde finden, und bis die Schule wieder anfängt, wirst du hier nicht mehr wegwollen.* Aber die einzige Freundin, die Greta findet, trifft sie in einem Chat. Na super, dafür muss man ja wohl nicht nach Berlin ziehen, die kann ja sonst wo wohnen ... Doch dann ist das Mädchen plötzlich wie vom Erdboden verschluckt. Und Greta hat das sichere Gefühl: Ihr ist etwas zugestoßen. Und zwar hier in der Nähe – irgendwo, nirgendwo in Berlin.

VOCABULARIO

4 a Busca en el texto, p. 93, palabras de la misma raíz[1]. Si conoces más palabras de la familia, apúntalas también.
▶ Wörter über Wortfamilien erschließen, S. 152

Ejemplo: jugar – el/la jugador/a

> jugar   el sueño   la sorpresa   narrar
> el actor   la propuesta   comenzar
> el amigo   pobre

[1] la raíz *die Wurzel*

b Forma los sustantivos o los verbos correspondientes de las siguientes palabras.

Ejemplo: interpretar → la interpretación

> decidir   interpretar   narrar   explicar
> participar   recomendar

> Consulta un diccionario para revisar si tus palabras son correctas.

> información   duración   educación
> organización   plantación

c ¿Qué género tienen los sustantivos que terminan en **-sión** o **-ción**? ▶ Die Bildung von Wörtern erkennen, S. 153

¡Comunícate! | ¡No te lo pierdas!

5B

DESCUBRIR Y PRACTICAR

5 a En cada frase pasan dos acciones. ¿Cuál acción pasa primero?

1. Vi la película porque un amigo me la había recomendado.
2. Me compré este libro porque ya había leído otros libros del autor.
3. Este libro me impresionó mucho aunque antes ya había leído mucho sobre el tema.

b ¿Cómo formas el pretérito pluscuamperfecto? ▶ Resumen 6

c Cuenta lo que había pasado antes.

Cuando
yo *conectarme* para chatear con Ana	nuestra profe ya *ver* la peli.
tú *empezar* a leer «Abdel»	las clases ya *empezar*, ¿verdad?
Adrián *entrar* en el cine	ella todavía no *conectarse*.
nosotros *ver* «Maroa»	la clase ya *leer* mucho sobre el tema.
vosotros *llegar* en el instituto	la película ya *empezar*.
Adrián y Ana *hacer* su presentación	Adrián ya *leerlo*.

6 ¿Qué había pasado antes? Usa el pretérito pluscuamperfecto. ▶ Resumen 6

Ejemplo: Cuando Ana entró en el aula, la clase ya había empezado.

1. *llegar* / ___ *irse*

2. yo *encender* ___ / ___ *empezar*

3. Ana y Adrián *llegar* a casa / *cenar*

4. Ana *encontrar* ___ / no *ver* desde hace años.

5. (Nosotros) *ir* a buscar a ___ / no *preparar* la maleta.

6. Ayer *estar* cansada[1] / *levantarse* muy ___ .

1 cansado/-a *müde*

5B

HABLAR

7 Tú (A) acabas de salir del cine y te encuentras con B (p. 149). Te hace preguntas sobre la película. Haced el diálogo. B empieza.

> Antes de preparar el diálogo pensad en un actor / una actriz que conocéis los dos de al menos dos películas.

A
- Du begrüßt B und bejahst.
- Du erzählst, welchen Film du gesehen hast und ob sie/er ihn auch kennt.
- Du beschreibst kurz die Handlung.
- Du bejahst und sagst, dass ___ dein Lieblingsschauspieler ist und in diesem Film super gespielt hat.
- Du bejahst und nennst einen weiteren Film.
- Du sagst, dass du dir den Film gern ein zweites Mal anschauen würdest und schlägst einen Termin vor.
- Du verabschiedest dich.

ESCRIBIR

8 a Apunta dos películas que (no) te gustan. Apunta para cada película el tema, los personajes y por qué te gusta o no. ▶ Para hablar del cine, p. 173

b Presenta estas películas a tres compañeros/-as. Diles si las puedes recomendar o no. Di también por qué (no) te gustan.

(No) vale la pena verla Te recomiendo que (no) la veas A mí (no) me ha gustado mucho esta película Me parece aburrida / muy interesante / ___ Esta película (no) me ha emocionado mucho ___	porque ___
No es una mala película No está mal ___	pero ___

APRENDER MEJOR

9 Escribir un resumen

a Piensa en tu libro favorito y contesta las siguientes preguntas. Toma apuntes.

¿Quiénes son los protagonistas?
¿Dónde tiene lugar la acción?
¿De qué trata?
¿Qué pasa y por qué?
¿Cómo termina?

> **METHODEN** ▶ S. 168
> Ein Resumen wird immer im Präsens verfasst und enthält keine persönliche Wertung.

b Con ayuda del ejercicio **9a** escribe el resumen de tu libro favorito. Usa enlaces.

> Puedes usar el vocabulario de «Para hablar de un texto», p. 171.

primero	después	entonces	al final	por eso
por lo tanto	sin embargo	no obstante	en cambio	

¡Comunícate! | ¡No te lo pierdas! **5B**

ESCRIBIR

10 a Con ayuda del ejercicio **9b** y las reseñas (p. 93) escribe la tuya sobre tu libro favorito.

> Partes de la reseña
> 1. introducción (título, tipo de obra, tema)
> 2. resumen de la obra
> 3. ¿Por qué has leído el libro?
> 4. tu valoración

METHODEN ▶ S. 165
Schreibe erst einen Entwurf und überarbeite ihn danach.

¡No cuentes el final del libro! Así tus compañeros/-as tendrán más ganas de leerlo.

b Presenta tu libro favorito en clase.

YA LO SÉ

11 a Trae el cartel o el DVD de tu película favorita a clase y recomiéndala a tus compañeros. ¿De qué trata? ¿Por qué vale la pena verla?

b Votad: ¿Cuál es la película favorita de toda la clase?

COMPRENSIÓN AUDIOVISUAL

12 Mira la escena del DVD.

5 PUNTO FINAL

Preparad una página para una revista española de jóvenes con artículos sobre los temas siguientes. Podéis elegir un tema y preparar una página sólo sobre este tema.

- El uso de los medios de comunicación en nuestra clase
- ¡No te pierdas estos libros!
- Nuestro futuro
- Nuestras aulas del futuro
- El mundo en diez años
- ¡Tienes que ver estas pelis!

a En grupos de cuatro mirad vuestros resultados de los ejercicios, p. 96/8, p. 96/9 y p. 97/10. Elegid los mejores artículos y redactadlos[1]. ▶ Den Schreibprozess organisieren, S. 165

1 redactar *überarbeiten*

b Ahora preparad la página. Poned también fotos, dibujos etc.

c Haced una exposición con las páginas en el aula y evaluadlas con ayuda de una ficha de evaluación. ▶ Einen Text bewerten, S. 168, Evaluation, S. 164

RESUMEN

ÜBER ZUKÜNFTIGES REDEN

1 ¿Qué **pasará** con los exámenes?
¿Qué **aprenderemos** en el futuro?
Ana y Jorge no **verán** a sus compañeros.
Escribirás en pizarras interactivas.
No **tendré** que levantarme temprano.
Podréis interactuar en Internet con los compañeros y profes.
Haremos proyectos que depués **publicaremos** en la red.

DAS BENÖTIGST DU

das *futuro simple*: ▶ GH 29|22
Inf.

	-é	⚠ Einige Verben haben einen unregelmäßigen Futurstamm:
pasar	-ás	
aprender	-á	hacer → **haré**
escribir	-emos	tener → **tendré**
	-éis	poder → **podré**
	-án	
		⚠ hay → **habrá**

VERMUTUNGEN ANSTELLEN

2 ¿Ha llegado alguien? ¿Quién **será**? ¿**Será** Ana?
¿Donde **estará** mi boli? ¿En la cocina?

DAS BENÖTIGST DU

das *futuro simple* ▶ Resumen 1 ▶ GH 29|22

GEDANKEN ÜBER DIE ZUKUNFT ÄUSSERN

3 <u>Cuando</u> **llegue** ese día, ¿ya no **veremos** a los compañeros?
<u>Mientras</u> **haya** exámenes, **tendremos** que aprender y estudiar.
<u>Aunque</u> **haya** tanta tecnología, **harán** falta los profesores.

DAS BENÖTIGST DU

einen Nebensatz mit: ▶ GH 30|23

cuando
mientras + *subjuntivo*
aunque

sowie einen Hauptsatz im *futuro simple*

ETWAS WEITERHIN TUN

4 Los profesores **siguen** <u>ayudando</u> a los alumnos.
Ya **llevamos** <u>tres horas</u> <u>navegando</u> en la red.
Carlos **se pasa** <u>todo el día</u> <u>leyendo</u>.

DAS BENÖTIGST DU

seguir
llevar   (+ Zeitangabe)   + Verb im *gerundio*
pasar(se)

▶ GH 31|24

ARGUMENTIEREN

5 En el futuro, los alumnos no irán cada día al instituto, **en cambio** estudiarán mucho en casa.
Hoy en día todavía usamos libros y cuadernos. **Por lo tanto**, las mochilas pesan mucho.
Por una parte el libro es un poco aburrido, **por otra parte** me gusta el autor.
Muchas personas tienen problemas en su país, **por lo cual** quieren emigrar a Europa.
El viaje es muy caro. **No obstante** queremos hacerlo.
Abdel y su padre tienen sus amigos en Marruecos. **Sin embargo** quieren emigrar a España.

DAS BENÖTIGST DU

Konjunktionen wie
en cambio
por lo tanto
por una parte … por otra parte
por lo cual
no obstante
sin embargo

Resumen **5**

VORVERGANGENES ERZÄHLEN

6 Cuando Ronaldhino era niño, Roberto **ya se había hecho famoso** en el mundo del fútbol.
Antes de emigrar a España, **ya había leído** muchos libros sobre el país.
Maroa vivía en un albergue para menores, porque sus padres **habían muerto**.

DAS BENÖTIGST DU

das *pretérito pluscuamperfecto:* ▶ *GH 32|25*

había	
habías	
había	soñado (-ar)
habíamos	aprendido (-er)
habíais	vivido (-ir)
habían	

⚠ Achte auf die unregelmäßigen Partizipien.
▶ S. 80, Resumen 2

TESTE DEINE GRAMMATIKKENNTNISSE ▶ Lösungen, S. 150

1 Completa con las formas del futuro simple. ▶ *GH 29|22*

1. En el futuro *(nosotros / escribir)* sólo en pizarras interactivas.
2. Yo no *(tener)* que ir todos los días al instituto.
3. Los alumnos *(hacer)* todas sus tareas *online*.
4. ¿Pero todavía *(vosotros / poder)* ver a vuestros compañeros?
5. En los institutos *(hay)* mucha tecnología nueva.
6. Y tú, ¿qué *(poder)* hacer con tu tableta PC?

2 Completa con las formas del subjuntivo y del futuro simple. ▶ *GH 29|22,* ▶ *GH 30|23*

1. Cuando *(nosotros / tener)* tabletas PC y pizarras interactivas, ¿todavía *(escribir)* con bolígrafos?
2. Mientras *(haber)* alumnos, también *(haber)* profesores para ayudarlos.
3. Aunque *(yo / poder)* encontrar mucho en Internet, *(aprender)* también con libros.
4. Cuando Abdel y su padre *(llegar)* a España, *(encontrar)* muchas dificultades en ese país.
5. Mientras Joaquín no *(regresar)* a España, le *(poder)* dar clase de clarinete a Maroa.
6. Cuando Ronaldinho *(ir)* a España a jugar al fútbol, *(tener)* que dejar a sus amigos y a su familia.

3 Completa con las formas del pretérito indefinido o imperfecto y del pretérito pluscuamperfecto.
▶ *GH 27|21,* ▶ *GH 32|25*

1. Cuando *(yo / llegar)* a casa, mi familia ya *(comer)*.
2. Abdel *(querer)* ir a España, porque *(soñar)* con este país.
3. Ayer *(yo / llamar)* a Ángel, porque me lo *(él / pedir)* la semana pasada.
4. Antes de comprar este cedé, ya *(nosotros / escuchar)* muchas canciones de él.
5. Ana *(ir)* a casa de Marta, a la que *(conocer)* el mes pasado.
6. Los chicos *(bailar)* en la discoteca donde ya *(estar)* el año pasado.

DAS KANN ICH JETZT! ▶ Para comunicarse, p. 218

▶ Erzähle einem Freund / einer Freundin, was du gestern gemacht hattest, bevor du nach Hause gekommen bist.
▶ Nenne fünf Aktivitäten, die du in zehn Jahren tun wirst.

noventa y nueve **99**

REPASO 5

¿TE ACUERDAS?

1 Ana va a Alemania. ¿Qué le dicen sus padres, su abuela y su hermano? Usa el subjuntivo.

Espero que …

Espero que
Ojalá que

llamar todos los días
no *tener* frío
no te *pasar* nada
Florian *llevarte* a muchos sitios
la gente *entenderte*
la comida *gustarte*
entender todo
aprender un poco de alemán
pasarlo bomba
llevarte bien con la familia de Florian
traerme muchos regalos
poder ir a Berlín
hacer muchas fotos
___

2 ¿Qué están haciendo las personas? Describe el dibujo y usa estar + gerundio.
▶ Ein Bild beschreiben, S. 163

PRACTICAR

3 ¿Cómo dices estas frases en español? Usa llevar/seguir/pasar + gerundio.
▶ Resumen 4

[1] Adrián spielt schon seit sieben Jahren Gitarre.

[2] Wir haben noch nicht viel Informationen gefunden. Suchen wir weiter?

[3] Ana liest schon stundenlang in diesem Buch!

[4] Wohnt Adrián immer noch in Salamanca?

[5] Seit fünf Stunden bin ich dabei, den Vortrag vorzubereiten!

[6] Wir rufen uns weiterhin an den Wochenenden an, oder?

4 Prepara seis frases como en el ejemplo para tu compañero/-a. Él/ella las completa con las formas del futuro que faltan. ▶ Resumen 1

> yo   mi hermano/-a   mis amigos y yo
> mi madre   mi padre   mis abuelos

> hay   tener
> poder   hacer   ___

Ejemplo:
1. En el futuro yo ya no (escribir) con bolígrafo. (Escribir) sólo en tabletas PC.
2. ___.

5 Formula tres preguntas con ¿cuándo? + futuro como en el ejemplo. Tu compañero/-a contesta con cuando + subjuntivo. ▶ Resumen 3

¿Cuándo irás a México?

¡Cuando tenga 18 años!

ESCRIBIR

6 a Haz un asociograma. Usa los textos, p. 86/87 y 89 y la lista alfabética, p. 225.

b Intercambiad los resultados de **6a** en grupos y completad vuestros asociogramas.

c Los medios de comunicación: Elige un título y escribe un pequeño texto o un poema o una canción. Usa un máximo de palabras de **6a**.

Tú también puedes inventar un título.

Ejemplo:

Atrapado en la red
Todos los días
Me levanto a las cinco
Para conectarme
Para comunicarme
Para no estar solo
Estoy ...
¡Atrapado en la red!
...

VOCABULARIO

7 a Apunta todas las expresiones que ya conoces con el verbo **pasar**. Puedes usar la lista alfabética.

b Escribe un pequeño texto con todas las expresiones que has encontrado.

¡ANÍMATE! 5

He conocido a un **chico** en internet

Desde hace unos meses me escribo con un chico, y hemos decidido quedar un día. Me da miedo que no le guste como soy… o que él no me guste a mí. ¿Qué debo hacer?

Angélica, 14 años

Cuando estás delante del ordenador, en casa, tranquilamente escribiéndote con alguien, todo resulta mucho más fácil. Pero, claro, encontrarte con ese chico en "vivo y en directo" ya es otra cosa… Seguro que te haces un montón de preguntas: ¿le vas a gustar?, ¿te va a gustar él a ti?, ¿será como tú te imaginabas?… En este sentido, nunca olvides que, en internet, no sabemos si la persona que está al otro lado de la pantalla es sincera con todo lo que nos cuenta; hay incluso algunos adultos que se hacen pasar por adolescentes.

Así que ¡mucho cuidado! Si, por casualidad, al final quedaras con ese chico para conoceros personalmente, ¡NUNCA LO HAGAS SOLA! El encuentro tiene que ser en un sitio público y, por favor, ante todo sé muy prudente.

© Okapi
No. 71, 2008

Estoy **enganchada** a la **TV**

Tengo un problema: estoy enviciada con la televisión y el ordenador. Por más que quiera, en vez de estudiar me engancho a la tele continuamente. No sé qué puedo hacer. Además, creo que voy a suspender. Necesito controlarme, ¡y no sé cómo!

Miriam, 13 años

1 a Leed la carta de Angélica y la respuesta. ¿Qué pensáis? Discutid en clase.

b Leed la carta de Miriam. En grupos de cuatro contestadla.

2 **a** Lee el cómic. ¿De qué trata?

b ¿Qué pasa al final? ¿Por qué las amigas de Ela la miran con caras enfadadas?

c Prepara una caricatura con el tema «La comunicación».

6 EUROPA Y ESPAÑA

HIER LERNST DU:
▶ die Aufforderung eines anderen wiederzugeben.

¡ACÉRCATE!

ACTIVIDAD DE PRELECTURA

1 Apunta por lo menos cinco palabras que asocias con Europa.

2 ¿Qué significan las siguientes palabras? ¿Por qué las entiendes? ▶ Wörter erschließen, S. 152

> el cruasán   el pan integral   el pasaporte
> la frontera   la gastronomía
> los Derechos Humanos   el producto
> el gobierno   el euro   la extensión
> el planeta   la Unión Europea   la condición

 2|58

EL EURO
Con el euro, moneda oficial en toda la Unión desde 2002, la gente ya no necesita cambiar dinero cuando viaja por Europa.

DEMOCRÁTICA
Un gobierno democrático y el respeto a los Derechos Humanos son condiciones necesarias para entrar en la Unión Europea.

¿Lo sabes? ▶ Soluciones, p. 151

1 ¿Cuál es el país con mayor extensión de la Unión Europea?
a Francia
b Alemania
c Suecia

2 ¿Cuál es la lengua materna más hablada de la Unión Europea?
a alemán
b inglés
c francés

3 ¿Cuándo celebramos el Día de Europa?
a el 9 de mayo
b el 5 de septiembre
c el 3 de octubre

¡SIN FRONTERAS!
Desde 1995 los europeos pueden viajar libremente de un país a otro. Ya no hay que enseñar el pasaporte en las fronteras.

	España
Capital	Madrid
Lengua oficial	español
Lenguas cooficiales	catalán, gallego, vasco y aranés
Forma de gobierno	monarquía parlamentaria
Habitantes	47 000 000
PIB	27 510 euros al año
Entrada en la Comunidad Económica Europea	1986
Introducción del euro	2002

Mi padre quiere que pase un año en Alemania en casa de mis tíos porque ellos se fueron a trabajar a Colonia hace muchos años.

6

INTERNACIONAL
En Europa cada país tiene su lengua propia. En algunos países hay varias lenguas oficiales. En total, hay más de veinte lenguas oficiales en la Unión.

BIEN ALIMENTADA
Un alemán come 85 kilos de pan al año.
Un irlandés consume 200 kilos de productos lácteos al año.
Un portugués come 57 kilos de pescado y un español 100 kilos de carne al año.

SOCIAL
Los países de la Unión cuidan de su población: la asistencia médica, la educación y la jubilación son para todos.

GRANDE Y PEQUEÑA
La distancia de Lisboa a Helsinki es de 4419 kilómetros. ¿Te parece mucho? Europa ocupa sólo el 7 % de la superficie del planeta.

GASTRONOMÍA
Su gastronomía es muy diversa: la comida de la UE va desde el cruasán francés o el pan integral alemán hasta el jamón ibérico español.

UN MUNDO MEJOR
Europa tiene leyes en el área de la salud, de la educación y del medio ambiente.

HABITANTES
En Europa viven 501 millones de personas.
China tiene 1330 millones, India 1166 millones.

DIVERSA
El gran lema de la Unión Europea es «Unida en la diversidad».

Mis padres siempre me dicen que aprenda otra lengua para poder estudiar fuera.

Yo siempre le digo a mi amiga Anne de Noruega que pase un verano aquí con mi familia. Así podrá aprender mejor español.

ciento cinco **105**

6

COMPRENDER Y COMENTAR

3 a Lee la información sobre Europa. ¿Cuáles son los datos más interesantes para ti? ¿Cuáles los más importantes? ¿Por qué?

b Explica con tus palabras o pon un ejemplo del lema de la Unión Europea «Unida en la diversidad».

4 Seguid con el concurso en clase. ¿Qué más sabéis sobre Europa?
Cada grupo prepara cinco preguntas. Los otros grupos las contestan.

VOCABULARIO

5 a Lee los adjetivos. ¿Cómo se llaman los países correspondientes? ▶ Los países de la Unión Europea, p. 183

> español/a   francés/-esa   inglés/-esa   portugués/-esa   sueco/-a   irlandés/-esa   alemán/-ana
> danés/-esa   italiano/-a   checo/-a   austriaco/-a   belga   polaco/-a

b Lee el principio y el final del poema y complétalo con al menos cinco frases más. Usa los adjetivos del ejercicio 5a.

1 atreverse *sich trauen*

> Tu pizza es italiana.
> Tu democracia griega.
> Tus vacaciones son españolas.
> ...
> ¿Cómo te atreves[1] a decir que tu vecino es extranjero?
>
> Autor anónimo

PRACTICAR

6 a Los padres de Adrián quieren que conozca y haga algo en algún país europeo. Adrián le cuenta a un amigo lo que le dicen sus padres. ¿Qué dice?
▶ Resumen 1

interesarse más por la política

invitar a jóvenes a nuestra casa

participar en un campamento de verano

hacer un intercambio con una escuela inglesa

ir a Francia con un grupo de jóvenes para trabajar en un proyecto europeo

conocer a más gente de otros países

pasar las vacaciones en algún país europeo

Me dicen que …

b Adrián pasa sus vacaciones en casa de Tobias en Hamburgo. Su madre lo llama por teléfono. Adrián le cuenta a Tobias lo que le dice su madre.
▶ Resumen 1

Cada vez que llama, mi madre me dice que no me levante tarde …

6A UN ACTOR EUROPEO

> **HIER LERNST DU:**
> ▶ Aussagen aus der Vergangenheit wiederzugeben.

ACTIVIDAD DE PRELECTURA

1 ¿Quién es Daniel Brühl? Busca información en Internet sobre él.

Hoy tenemos en nuestro encuentro digital a este actor de nombre larguísimo: Daniel César Martín Brühl González Domingo. Ahora podéis hacerle preguntas:

Dani: Hola Daniel, como tú me llamo Daniel y también soy hijo de española y alemán. ¿Cómo lo llevas tú y qué le dices a la gente cuando te preguntan sobre este tema?

Daniel Brühl: A mí eso del nacionalismo me da igual. Me siento en casa en los dos países. A mí me gusta que me digan que soy un actor europeo.

Marian: Hallo Daniel! Te admiro mucho porque puedes trabajar en toda Europa. Además hablas español perfectamente, inglés y, por supuesto, alemán. Dime, ¿te pareció difícil aprender catalán también?

Daniel Brühl: No me costó mucho aprender catalán porque mi madre es catalana y entiendo el idioma muy bien, pero al principio me daba corte hablarlo yo mismo.

Nacho: ¿Qué echas de menos en Alemania de España y viceversa?

Daniel Brühl: Jamón de Jabugo y *Bratwurst*.

Manuel: *Wie geht's Daniel?* ¿Cómo empezaste tu carrera como actor?

Daniel Brühl: Empecé de pequeño a hacer teatro e hice mi primera peli a los 15. He aprendido mucho de gente con más experiencia.

Alex: Ya has escrito un guión. ¿Quieres ser guionista en el futuro o director de cine como tu padre?

Daniel Brühl: Me encantaría, creo que es uno de los sueños de casi todos los actores.

Pilar: ¿Sabes que tienes una página de Internet no oficial? Si es así, ¿cuántas veces la has visitado? (¡Di la verdad!)

Daniel Brühl: Me enteré porque me mandaron un email. Ya la he visitado. Pero hace mucho que no entro, lo siento mucho, me gustaría dejar más mensajes. Pero siempre me falta tiempo.

Mercé: Soy de Barcelona y estoy viviendo en Berlín. Te he visto varias veces en cafeterías. ¿Te gusta vivir tu fama de manera anónima o prefieres que la gente te reconozca en la calle? Lo pregunto para saber si puedo saludarte …

Daniel Brühl: Puedes decirme «hola». Berlín es una ciudad bastante anónima. La gente te reconoce pero te deja en paz, pero si eres una persona simpática, tomamos un café, ¿vale?

Daniel Brühl: Muchísimas gracias por vuestros mensajes. Goodbye España!

© según: El Mundo, 2006 (texto adaptado)

6A

> 35 Tus comentarios sobre el chat aquí:
>
> **Vero:** Daniel dijo que se sentía en casa en España y Alemania y además dijo que él era un actor europeo. Eso me parece muy interesante porque demuestra que uno se puede sentir europeo, es decir, uno puede ser al mismo tiempo español y alemán. Además es muy normal actualmente; en mi clase somos por lo menos ocho con padre y madre de diferentes
> 40 países … ¡y todos somos europeos!
>
> **David:** Daniel comentó que no le había costado mucho aprender catalán. Yo comparto esa experiencia con él. Creo que cuando uno ya habla varios idiomas, aprender otro es mucho más facil. Eso justo me pasó a mí cuando me vine a vivir a Barcelona. Como ya hablaba español, francés e inglés, para mí fue superfácil aprender catalán. ¡Aprender idiomas te abre
> 45 muchas puertas en el mundo laboral! También dijo que le daba corte hablar catalán, eso no me lo creo, ¡no hay actores tímidos!
>
> **Ana:** Un chico le preguntó si quería ser guionista o director en el futuro y Daniel contestó que ese era el sueño de muchos actores. Yo creo que si Daniel lo intenta, lo hará muy bien.
>
> **Lucía:** Sobre la página no oficial Daniel dijo que ya la había visitado. ¿Será verdad? ¿Vosotras
> 50 le creéis?

COMPRENDER Y COMENTAR

2 En la entrevista (p. 107), ¿qué le interesa saber a los fans de Daniel Brühl?

Marian   Manuel   Pilar   Nacho   Alex   Mercé

> A Marian le interesa saber si a Daniel le pareció difícil aprender catalán.

3 «Soy un actor europeo.» (l. 10) ¿Qué quiere decir Daniel Brühl con esta frase? Explícala con tus propias palabras.

EUROPA EN DIRECTO

4 a Elige uno de los carteles y descríbelo. ¿Qué ves? ¿Qué cartel te gusta más?

b ¿Qué es para vosotros Europa? Haced grupos de tres, pensad en un eslogan y diseñad vuestro propio cartel. Presentadlo en clase.

▶ Ein Bild beschreiben, S. 163

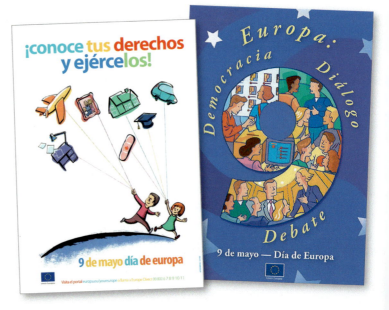

6A

Europa y España | Un actor europeo

ESCUCHAR

5 a Actividad de preaudición: Piensa en amigos o en personas que no viven en su país de origen. ¿Por qué viven en otro país? ¿Qué echan de menos? Cuéntale a tu clase.

b Escucha los tres testimonios de españoles que viven en otro país y completa la tabla en tu cuaderno.

▶ Notizen machen beim Hören, S. 158

	Francisco	Andrés	Mariela
¿De dónde es?			
¿Dónde vive?			
¿Qué echa de menos?			

DESCUBRIR Y PRACTICAR

6 a ¿Qué dice Daniel Brühl en la entrevista? Busca las frases en el texto, p. 107. | Wie verändern sich die Zeiten in der indirekten Rede der Vergangenheit? ▶ Resumen 2

Ejemplo: 1. Daniel Brühl: «**Me siento** en casa en los dos países» (l. 8–9) → Daniel Brühl <u>dijo que</u> **se sentía** en casa en España y Alemania.

2. En el texto: [¿] → Daniel tambien <u>comentó que</u> no le **había costado** mucho aprender catalán.

3. En el texto: [¿] → Daniel <u>dijo que</u> ya **había visitado** su página no oficial.

b Welche Zeiten in der indirekten Rede der Vergangenheit ändern sich nicht? ▶ Resumen 2

7 a Ayer Mercé habló mucho tiempo con Ana por teléfono. Ana le cuenta a su hermana de qué habló con Mercé. Usa el estilo indirecto del pasado. ▶ Resumen 2

Ejemplo: Mercé me contó que hace dos días había llegado tardísimo al cine y que …

> Ayer llegué tardísimo al cine. Me perdí los primeros minutos de la peli.

> Yo ya había leído el libro pero no había visto la peli.

> A mí me encantó la peli, pero a Maribel no le gustó nada …

> … Pues este actor va a hacer la segunda parte de la serie.

> Sus pelis siempre son muy interesantes, cuentan historias muy divertidas, pero no pasan todas sus pelis en España …

> De niña yo vivía cerca de la casa del director de cine. Él era un señor muy majo. Solía ir en bicicleta y sabía el nombre de todos los vecinos.

ciento nueve **109**

6A

b Por la noche, Daniel Brühl queda con un amigo español y le cuenta lo que le preguntaron sus fans. Usa la pregunta indirecta del pasado. ▶ Resumen 3

▶ 81|7

Ejemplo:
1. Me preguntaron qué echaba de menos en Alemania de España y viceversa.

No olvides cambiar los determinantes posesivos.

1. «¿Qué echas de menos en Alemania de España y viceversa?»
2. «¿Cuál es el título de tu primera peli?»
3. «¿Tienes novia?»
4. «¿Cuándo vas a hacer la próxima película alemana?»
5. «¿Tienes hermanos?»
6. «¿Has estado alguna vez en Hollywood?»
7. «¿Estabas muy nervioso en tu primera película?»
8. «¿Por qué tienes tantos nombres?»
9. «Habías trabajado ya antes en España?»
10. «¿Dónde pasabas las vacaciones de niño, en España o Alemania?»

MEDIACIÓN

8 Mario, un amigo de Madrid que no habla todavía muy bien alemán, quiere hacer un curso de alemán en Berlín (mayo–julio). Por las tardes quiere estudiar y por las mañanas quiere trabajar un poco. Explícale los anuncios y recomiéndale dos.

▶ 82|9

Suche Schüler ab 14 Jahre, der mit meinem Hund dreimal die Woche spazieren geht. (Berlin-Mitte, zwischen 19 und 21.30 h)

Zeitschriftenzusteller Schülerjob: Zeitungen austragen. Zweimal die Woche. Mittwoch und Freitag (vormittags!).

TOP PROMOTION – jetzt 10 €/Std. sichern!
Wir suchen Schüler für leichte Aufgaben im Raum Brandenburg, Potsdam, Berlin.
Deine Aufgabe ist es, auf großen Veranstaltungen verschiedene Geschenke an das Publikum zu verteilen. Kein Deutsch nötig, flexible Arbeitszeiten.

Mini-Job (Servicekraft)-Schülerjob (Helfer/in – Gastgewerbe für Wintersaison)
Branche: Restaurants
Wir suchen zur Unterstützung unseres Teams motivierte Schüler bzw. Studenten, die sich ihr Taschengeld aufbessern wollen. Keine Vorkenntnisse nötig.

YA LO SÉ

9 a Mario pasó seis semanas en Berlín. Al final de su estancia una chica de la revista «Españoles por Europa» le hizo una entrevista. Escucha la entrevista y apunta las respuestas.

12|62

¿Ya habías estado en Berlín?   ¿Qué haces en Berlín?
¿Qué vas a hacer antes de volver a España?
¿Qué hacen tus compañeros de curso en Berlín?

METHODEN ▶ S. 158
Notiere Stichwörter und keine ganzen Sätze.

b Un día después una amiga española te pregunta si escuchaste la entrevista. Con ayuda de tus apuntes, cuéntale lo que dijo Mario. ▶ Resumen 2

Mario dijo que ___ .

6B ENCONTRAR SU VOCACIÓN

> **HIER LERNST DU:**
> ▶ über Schule, Berufe und Ausbildung zu sprechen.

ACTIVIDAD DE PRELECTURA

1 ¿Qué quieres hacer después de terminar el instituto? Cuéntales a tus compañeros/-as.

Jardinero por vocación

Alberto, 25 años, jardinero

¡Estudiar Jardinería y Paisajismo! Los padres de Alberto no estaban muy contentos con la decisión de Alberto. Preferían para su hijo una carrera como Medicina o Derecho.
«Bueno, yo en realidad acabé el bachillerato por mi madre. Ella pensaba que a lo mejor yo cambiaba de idea en el futuro, pero no fue así. Me aburría en el instituto, me parecía que los temas de las clases no tenían nada que ver con mi vida. Quería hacer algo más práctico. Así que después del bachillerato hice una FP de Jardinería y Paisajismo».

> En España después de terminar la ESO, los chicos pueden hacer una formación profesional (FP), por ejemplo, en Jardinería. Esta formación es de 2000 horas. Hay varias salidas laborales, por ejemplo diseñar parques y jardines, trabajar en una florería o ser profesor de Educación Ambiental.

Alberto estudió 2 años (unas 2000 horas). En la formación aprendió a diseñar jardines, a cultivar plantas y a decorar interiores.
Cuando consiguió el título de «Técnico» enseguida encontró trabajo en una empresa de jardinería y cuatro años más tarde abrió su propia empresa con otros dos amigos.
«Me gusta mucho trabajar al aire libre, aunque a veces es difícil, sobre todo cuando hace mal tiempo. Pero la empresa va muy bien, tenemos muchos clientes y mucho éxito. Ahora mis padres reconocen que no hay que ser médico o abogado para tener éxito profesional. Simplemente cada uno tiene que estudiar lo que le gusta. Mi vocación, por ejemplo, son las plantas.»

Una jefa joven

Vanesa, 31 años, directora

Vanesa siempre sacó unas notas muy buenas en el instituto. Hizo el bachillerato y terminó muy bien. Se matriculó en la carrera de Matemáticas porque le gustaban las Mates, pero después de unos meses se dio cuenta de que no era lo que quería realmente y decidió cambiar de carrera. No sabía muy bien qué elegir. Entonces, su mejor amigo le recomendó Administración y Dirección de Empresas porque es una carrera corta y además con muchas salidas laborales. Como le pareció buena idea, comenzó con esa carrera. Al principio le costó un poco porque tuvo que estudiar mucho pero terminó el curso con muy buenas notas en los exámenes finales.

> Administración y Dirección de Empresas es una de las carreras más estudiadas en España. Es una carrera con muchísimas salidas laborales porque todas las empresas necesitan a personas con conocimientos de economía. Al final de la carrera, muchos jóvenes se inscriben en un Master of Business Administration (MBA) para así conseguir un buen trabajo.

En el segundo año se fue con una beca de intercambio Erasmus a Berlín y, según cuenta, el año que pasó allí fue muy importante para ella: además de aprender alemán, idioma que le abrió muchas puertas en su trabajo, aprendió a ser independiente. «Fue una experiencia inolvidable». Después hizo un Máster de Economía en la Universidad de Barcelona.
Unas prácticas «gratis» en la Consultora SMG fueron, como para muchos jóvenes, su primer trabajo.

6B

«Los tres primeros meses no me pagaron nada porque decían que estaba aprendiendo. Pero cuando vieron que me lo tomaba muy en serio y que me gustaba mucho lo que hacía, me dieron trabajo. Me puse muy contenta.» Cuatro años más tarde, con 31 años, Vanesa es la directora de su sección en las oficinas de la Consultora en Barcelona y tiene a su cargo 240 empleados.

		Universidad	
		↑	↑
Bachillerato	2º curso	Formación Profesional de grado superior	
	1º curso	↑	
		Formación Profesional de grado medio	
↑		↑	
Educación Secundaria Obligatoria (ESO)			4 años
Educación Primaria Obligatoria			6 años

COMPRENDER EL TEXTO

2 a Busca las informaciones en el texto, p. 111–112. ¿Qué informaciones no están en el texto?

1. Después del bachillerato, Alberto hizo una FP.
2. Para los padres de Alberto, hacer una FP era lo más práctico.
3. La formación profesional de Alberto duró 2 años.
4. Alberto terminó el bachillerato porque ya estaba harto de las clases.
5. Después de conseguir el título de «Técnico» Alberto abrió su propia empresa en Valencia.
6. A Alberto le encantan las plantas.
7. Vanesa cambió de Matemáticas a Administración porque no le gustaban las Mates.
8. Durante su año en Berlín Vanesa conoció a su mejor amigo.
9. En su primer trabajo a Vanesa no le pagaron nada.
10. Hoy en día Vanesa gana mucho dinero.

b Lee otra vez el texto y contesta las preguntas.

1. ¿Qué problema tuvo Alberto con sus padres por los estudios? ¿Qué piensan ahora sus padres?
2. ¿Qué aprendió Vanesa en el extranjero?

ESCRIBIR

3 a Busca en el texto expresiones para hablar:

… de la escuela	… del trabajo o de una profesión
– acabar el bachillerato	– encontrar trabajo

b Escoge una de estas tres personas y escribe una biografía como las del texto, p. 111–112. Imagina qué (no) le gusta a la persona, qué le dicen sus padres y amigos. Usa las expresiones del ejercicio **3a**. ▶ Kreatives Schreiben, S. 168

Roberto, 23, músico
Mi camino era la música

Rebeca, 35, informática
Nunca es tarde para estudiar

Luis, 28, biólogo
Mi oficina es la selva

BÚSQUEDA DE INFORMACIÓN

4 a Quieres hacer unas prácticas en España. Tu compañero español te recomienda preparar un europass antes de empezar con la solicitud. Infórmate en la revista «+Mad» (n. 26) sobre el europass.

1. ¿Qué es el europass?
2. ¿Qué documentos forman el europass?
3. ¿Cuáles son los objetivos del europass?
4. ¿Dónde puedes recibir más información?

b Ahora visita la página de la Unión Europea y baja el formulario del europass (cv) en español. Rellénalo con tus datos.

APRENDER MEJOR

5 **Escribir una carta formal**

a Lee la carta (p. 167) y contesta las preguntas.

- Worum geht es in dem Brief?
- Aus welchen Elementen besteht er?
- Wie lauten die spanischen Begrüßungs- und Abschiedsformeln?
- Was ist die Bedeutung von «a la atención», «asunto», «adjunto»?

> **METHODEN** ▶ S. 166
> Formale Briefe bestehen zu einem großen Teil aus feststehenden Formeln.

b Lee los anuncios de trabajo y elige uno. ¿Cuál te interesa? ¿Por qué?

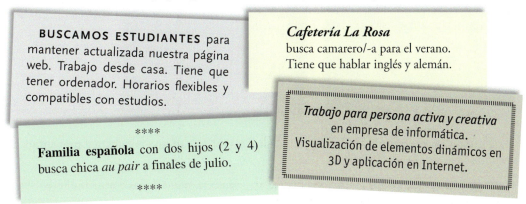

BUSCAMOS ESTUDIANTES para mantener actualizada nuestra página web. Trabajo desde casa. Tiene que tener ordenador. Horarios flexibles y compatibles con estudios.

****
Familia española con dos hijos (2 y 4) busca chica *au pair* a finales de julio.
****

Cafetería La Rosa busca camarero/-a para el verano. Tiene que hablar inglés y alemán.

Trabajo para persona activa y creativa en empresa de informática. Visualización de elementos dinámicos en 3D y aplicación en Internet.

c Elige una de las ofertas y escribe una carta de solicitud. Escribe al menos sobre dos de estos puntos. ▶ Eine Bewerbung schreiben, S. 166

- experiencia en ese tipo de trabajo
- información sobre el horario
- por qué solicitas esa oferta de trabajo
- por qué estás en España o quieres ir allí

6B

ESCUCHAR

6 a En las vacaciones Maribel quiere hacer unas prácticas en la guardería «Chi Quitín». Escucha la entrevista: ¿por qué quiere hacer las prácticas?

b Escucha la entrevista otra vez: ¿qué preguntas le hace la directora a Maribel? Apúntalas y después compara y completa tu lista de preguntas con un compañero / una compañera.
▶ Selektives Hörverstehen, S. 158

7 a Imagina que tú también quieres hacer prácticas en la guardería y estás invitado/-a a una entrevista. Prepara la entrevista con ayuda de las preguntas del ejercicio **6b**.

b Escucha las preguntas de la directora y contéstalas.

> Intenta contestar con más de un «no» o un «sí». Muestra interés en las prácticas y habla un poco de ti.

VOCABULARIO

8 a Mirad las estadísticas. Juntos descubrid el significado de las profesiones en español sin usar el diccionario. ¿Qué profesiones están en ambas estadísticas? ▶ Wörter erschließen, S. 152

1 Las profesiones favoritas de los jóvenes españoles
- 14,6 % veterinario/-a
- 12,2 % médico/-a
- 10,1 % futbolista
- 9,2 % profesor/-a
- 7,0 % ingeniero/-a
- 4,1 % piloto
- 3,7 % actor/actriz
- 3,7 % arquitecto/-a
- 3,6 % cantante
- 3,6 % peluquero/-a

2 Berufswünsche Umfragen unter 8- bis 19-jährigen
- 9,7 % Kfz-Mechaniker
- 9,6 % (Bank-)Kauffrau/-mann
- 7,8 % handwerklicher Beruf
- 7,1 % Tierarzt/-ärztin
- 6,6 % Polizist
- 6,3 % Fußballprofi
- 6,1 % Ingenieur/in
- 5,4 % Lehrer/in
- 4,6 % Friseur/in
- 3,4 % Forscher

© INE, 2009

> Para hablar de datos estadísticos puedes usar las expresiones de «Para hablar de datos estadísticos», p. 224.

b ¿Cuáles son las profesiones favoritas de vuestra clase? Haced una encuesta y presentad los resultados. ▶ Para hablar del trabajo y las profesiones, p. 224

Ejemplo: La mayoría de los chicos quieren ser ___ . Pero la mitad de las chicas prefieren ser ___ .

9 Busca las palabras con ayuda de un diccionario monolingüe. ▶ Das einsprachige Wörterbuch, S. 157

1. dos sinónimos de «trabajo», «profesión» y «ayudar»
2. dos antónimos de «saber» y «curioso»
3. tres contextos en las que puedes usar el verbo «sacar»
4. al menos tres palabras de la misma familia de «trabajo» y «profesión»

COMPRENSIÓN AUDIOVISUAL

10 Mira la escena del DVD.

Europa y España | Encontrar su vocación | **6B**

YA LO SÉ

11 Adrián te pregunta sobre tu vida escolar en Alemania. Usa las expresiones del ejercicio **3a** y la información del texto, p. 111–112, y escríbele un e-mail. Cuéntale cómo es el sistema educativo en Alemania y háblale también sobre tu instituto. ▶ Einen Brief schreiben, S. 166

> asignatura   dura ___ años
> educación primaria
> educación secundaria
> hay que   al final
> En Alemania hay / el bachillerato es

> hacemos prácticas/intercambios   tenemos que
> siempre hay exámenes
> Algunos alumnos deciden tomar clases de ___
> Para muchos alumnos es fácil/difícil ___
> Lo bueno del instituto es que tenemos/podemos ___

- El día a día en mi instituto
- Mis clases favoritas
- Mis planes para el futuro
- Asignaturas
- Tipo de instituto
- Duración de los estudios

6 PUNTO FINAL

Entrevista de trabajo

Acabas de recibir una invitación para una entrevista de trabajo en el lugar al que enviaste la solicitud (**5c**). Trabajad en parejas. Preparad la entrevista.

> Con ayuda de los siguientes ejercicios vais a poder preparar mejor la entrevista: 4b (p. 113), 5c (p. 113), 6 (p. 114) y 7a (p. 114).

a Trabajad en parejas y decidid quién es el/la candidato/-a (**A**) y quién el/la entrevistador/a (**B**, p. 149). Cada uno prepara su papel.

> **A**
> El candidato / la candidata:
> Prepara una presentación personal. Intenta decir con tus propias palabras el contenido de tu europass (**4b**). Después lee nuevamente el anuncio de trabajo: ¿qué crees que te pueden preguntar en la entrevista? Haz diez preguntas con sus respuestas.

> **METHODEN** ▶ S. 161
> Überlege, wie du reagieren kannst, wenn du eine Frage nicht verstehst.

b Practicad la entrevista.

c Presentad la entrevista en clase. La clase os evalúa y dice si lo habéis hecho bien.
▶ Bewertung, S. 164

> No olvidéis saludaros, dar la bienvenida, despediros y hablar de forma clara y alta.

RESUMEN

AUFFORDERUNGEN WIEDERGEBEN

1 Mis padres: «**Aprende** otra lengua para poder estudiar fuera.»
Mis padres siempre me <u>dicen que</u> **aprenda** otra lengua para poder estudiar fuera.

Mi profe: «¿Por qué no **pasas** un año en otro país?»
Mi profe <u>quiere que</u> **pase** un año en otro país.

Ana: «**Llámame**.»
Ana le <u>escribe</u> a Juan <u>que</u> la **llame**.

DAS BENÖTIGST DU

die indirekte Aufforderung: ▶ GH 33|26

dice	
escribe	que + Nebensatz im **subjuntivo**
quiere	

WIEDERGEBEN, WAS JEMAND GESAGT HAT

2 Daniel <u>dijo que</u> se sentía un actor europeo.

Daniel: «**Me siento** en casa.»
Daniel dijo que **se sentía** en casa.

Daniel: «**Voy a viajar** a Londres.»
Daniel comentó que **iba a viajar** a Londres.

Daniel: «Ya **he visitado** la página.»
Daniel comentó que ya **había visitado** la página.

Daniel: «No <u>me</u> **costó** aprender catalán.»
Daniel contó que no <u>le</u> **había costado** aprender catalán.

Daniel: «<u>Me</u> **daba** corte hablar catalán.»
Daniel dijo que <u>le</u> **daba** corte hablar catalán.

Daniel: «Ya <u>me</u> **había enterado** de la página.»
Daniel les escribió que ya <u>se</u> **había enterado** de la página.

Ana: «<u>Te</u> voy a esperar **aquí**.»
Ana me dijo que <u>me</u> iba a esperar **allí**.

DAS BENÖTIGST DU

die indirekte Rede in der Vergangenheit, d. h. einen Einleitungssatz in der Vergangenheit: ▶ GH 34|27.1

dijo	
comentó	
contó	que ___
contestó	
opinó	

sowie einen Nebensatz in der Vergangenheit mit Zeitverschiebung:

Presente	→ Pretérito imperfecto
Futuro perifrástico	→ Pretérito imperfecto
Pretérito perfecto	→ Pretérito pluscuamperfecto
Pretérito indefinido	→ Pretérito pluscuamperfecto

⚠ **Pretérito imperfecto** und **pluscuamperfecto** bleiben unverändert.

⚠ Die Pronomen, Begleiter, Zeit- und Ortsangaben werden in der indirekten Rede oder Frage angepasst.

WIEDERGEBEN, WAS JEMAND GEFRAGT HAT

3 Fan: «Daniel, ¿quieres ser guionista?»
Un fan le preguntó a Daniel **si** quería ser guionista.
Fan: «¿**Por qué** tienes tantos nombres?»
Un fan le preguntó **por qué** tenía tantos nombres.

DAS BENÖTIGST DU

die indirekte Frage in der Vergangenheit:
▶ GH 35|27.2

Preguntó	si cuándo dónde quién ___

⚠ Die Zeitverschiebung funktioniert genauso wie bei der indirekten Rede. Denke auch hier daran, die Pronomen, Begleiter, Orts- und Zeitangaben anzupassen. ▶ Resumen 2

TESTE DEINE GRAMMATIKKENNTNISSE ▶ Lösungen, S. 151

1 Cuenta qué te dicen. Escribe las frases en el estilo indirecto.

1. Nuestro profe: «Haced los deberes.» → Nuestro profe nos dice ___ .
2. La profe de Mates: «No hables con tu vecino.» → La profe de Matemáticas me dice ___ .
3. Mi madre: «Ten cuidado.» → Mi madre le dice a mi abuelo ___ .
4. Mis abuelos: «Decid siempre la verdad.» → Mis abuelos nos escriben ___ .
5. Mis padres: «¿Por qué no estudiáis más?» → Mis padres nos preguntan ___ .

2 Cuenta a un amigo/-a qué dijeron estas personas. Usa el estilo indirecto del pasado. ▶ GH 34|27.1

1. Carlos: «Voy a pasar un año en Alemania.» → Carlos dijo ___ .
2. Yasmín: «Porque quiero compartir experiencias con otros jóvenes europeos.» → Yasmín contestó ___ .
3. Ana: «¿Dónde naciste?» → Ana quería saber ___ .
4. Juan: «Mi padre era actor.» → Juan escribió ___ .
5. Pedro: «Esta semana he trabajado mucho.» → Pedro contestó ___ .

3 Cuenta lo que preguntaron estas personas. Usa la pregunta indirecta. ▶ GH 35|27.2

1. María: «Carlos, ¿quieres ir conmigo al cine?» → María preguntó a Carlos ___ .
2. Carlos: «Chicas, ¿cuándo vais a la piscina?» → Carlos ___ .
3. Mis padres: «¿Dónde está tu móvil?» → Mis padres me ___ .
4. Daniel: «Isabela, ¿quién es la profe de español?» → Daniel ___ .
5. Mi hermano: «¿Qué película quieres ver?» → Mi hermano me ___ .
6. Aitor: «Ana, ¿me esperas aquí?» → Aitor ___ .
7. Ana: «Profe, ¿cuándo puedo irme?» → Ana ___ .
8. Mis abuelos: «¿Vais con nosotros al parque?» → Mis abuelos nos ___ .

DAS KANN ICH JETZT! ▶ Para comunicarse, p. 223–224

▶ Sage, welchen Beruf du gerne ausüben willst, und begründe deine Wahl.
▶ Erzähle deinem Freund / deiner Freundin, was dir eine andere Freundin / ein anderer Freund gestern erzählt hat. Denke dir dabei ein Thema aus, über das ihr euch als Freundinnen/Freunde gern unterhaltet.

REPASO 6

¿TE ACUERDAS?

1 Adrián habla por teléfono con Tobias porque está organizando un viaje a Alemania. Toño quiere saber de qué están hablando. Toma el papel de Adrián y cuéntale a Toño qué pregunta Tobias. Usa la pregunta indirecta en presente.

¿Cuándo venís a vernos a Alemania?
¿Alguno de vosotros conoce Alemania?
¿Cuánto tiempo os queréis quedar?
¿Vuestros padres están de acuerdo?
¿Qué pasa con Carmen? ¿Va a venir también?
¿Quién no tiene «familia de intercambio»?
¿Necesitáis más información de nuestra ciudad?
¿Ya lo tenéis todo para el viaje?
¿Por qué no habláis con el profe de alemán?
¿Qué opina tu hermano de tu viaje?
¿Cuántas horas estudiáis alemán?

Ejemplo: Tobias quiere saber / pregunta cuándo los vamos a ver a Alemania.

2 Adrián ya lleva una semana en Hamburgo, Tobias le pregunta qué ya ha hecho. ¿Qué pregunta Tobias? ¿Qué contesta Adrián? Usad el pretérito perfecto.

Tobias		Adrián
	visitar a Jan?	Sí, ya *lo/la/los/las* he ___ .
	llamar a tus padres?	No, todavía no *lo/la/los/las* he ___ .
	ver las pelis que te recomendé?	
	contestar los mensajes de Maribel?	
¿Ya	*sacar* fotos de mi instituto?	
	probar el pan alemán que traje?	
	abrir la carta que te escribió Sonja?	
	comer platos alemanes?	
	conseguir los cedés de Tokio Hotel que querías?	
	descubrir lugares interesantes en la ciudad?	
	escribir esas postales para tus abuelos?	

¿Ya has comprado un billete de metro para todo el mes?

No, todavía no lo he comprado.

PRACTICAR

3 La profesora de Adrián organiza una comida para la clase y hace una lista de tareas. Adrián la recibe y reparte las tareas. ¿Qué dice?
▶ Resumen 2

informar a la clase 3B (Pili)
buscar sillas en la sala de profesores (Juan)
traer cedés y un MP3 (Lisa)
limpiar un poco las mesas (Miguel)
decorar[1] la sala (Raquel, Julia y Monse)
poner las mochilas en un buen lugar (Lito)

Pili, la profe dice que …

1 decorar *dekorieren*

VOCABULARIO

4 ¿Qué profesión o trabajo es? Describe tres profesiones como en el ejemplo. Tu compañero/-a adivina cuáles son. ▶ Wörter umschreiben, p. 154

> Es una persona que tiene que saber muchos datos de Historia. Esta persona enseña ciudades o museos a los turistas.

> ¡Es un guía!

ESCRIBIR

5 a Imagina qué preguntas hizo el reportero para escribir el artículo sobre Alberto y Vanesa. Escribe las preguntas. ▶ Texto, p. 111–112

b Con un/a compañero/-a elige una de las biografías del texto, p. 111–112. Con ayuda de las preguntas de **a** transfórmala en una entrevista.

> – ¿Cómo te llamas? – Me llamo Alberto García
> – ¿Cuántos años ___ ?

6 a Habla con tus compañeros sobre estas ofertas de trabajo. ¿Cuál trabajo os parece interesante/divertido para el verano? ¿Por qué?

> Camarero en una cafetería en Ibiza.

> Profesor privado de alemán para niños

> Vendedor de recuerdos y postales en Bilbao

> Vendedor de helados en Barcelona

b Elige una de las ofertas del ejercicio **6a**. ¿Cómo te imaginas un día normal en ese trabajo? ¿Qué crees que podrías hacer en tu tiempo libre? Escribe un pequeño texto.

MEDIACIÓN / ESPAÑA EN DIRECTO

7 Un amigo alemán se interesa por este folleto sobre proyectos para jóvenes europeos. Léelo y explícale para quién es el folleto, qué proyectos y programas hay y qué edad deben tener los jóvenes para participar.

Oficina Programas Europeos para Jóvenes

En la Oficina encontrarás información sobre programas y proyectos de Educación, Empleo, Idiomas, Turismo, etc. También encontrarás orientación sobre el Programa Juventud en Acción; si quieres moverte por Europa y compartir experiencias con otros jóvenes europeos … ¡Este es tu programa!

Programa 2010 / Intercambios juveniles

Si tienes entre 13 y 25 años puedes formar parte de un Intercambio Juvenil. Podrás convivir entre 6 y 21 días en cualquier país europeo con otros jóvenes e intercambiar ideas con ellos.

Servicio Voluntario Europeo

Si quieres trabajar como voluntario/-a en cualquier país europeo, ven y pregúntanos. Es necesario que tengas entre 18 y 30 años, y ganas de participar en proyectos de Arte y Cultura, Deporte, Medioambiente o Integración Social.

¡ANÍMATE! 6

Día de la Constitución

La fiesta nacional en España es el 6 de diciembre, Día de la Constitución. Después de la muerte de Franco comenzó una etapa de transición[1] de un gobierno autoritario a una democracia parlamentaria. En 1977 se celebraron las primeras elecciones democráticas y un año después, el 6 de diciembre aprobaron la Constitución[2] en referéndum.

El himno español se llama «Marcha Real» y es uno de los más antiguos de Europa (1761). Pero no tiene letra oficial.

Semana Santa

La Semana Santa en España es una celebración religiosa por las fiestas de Pascuas[3]. Desde el primer día (Domingo de Ramos) hasta el último (Domingo de Resurrección), pasan por la calle procesiones con imágenes de la Virgen María y de Cristo. Sobre todo miles de turistas van a Sevilla cada año a ver este espectáculo impresionante.

El turrón es una masa dulce de miel y almendras tostadas.

Navidad y Año Nuevo

El 24 de diciembre se celebra la Nochebuena y el 25 la Navidad. Hoy en día la gente recibe regalos el 24, pero es apenas el 6 de enero cuando los niños reciben juguetes de los Reyes Magos. Para recibir el Año Nuevo, los españoles tienen una tradición especial: cuando suenan las campanadas de medianoche, comen una uva por cada campanada. Por estas fechas se come mucho turrón. En las diferentes regiones de España hay muchos tipos.

Sanfermines

Del 1 al 7 de julio se celebran en Pamplona (Navarra) los «Sanfermines». A las ocho de la mañana empiezan los famosos «encierros»: Muchas personas vestidas de blanco corren delante de los toros por las calles de Pamplona hasta la Plaza de Toros.

Al final de la fiesta, la gente canta: «Pobre de mí, pobre de mí, se han acabado las fiestas de San Fermín».

«Els castells» o los castillos son torres de personas de varios metros de altura. Los participantes pueden ser jóvenes, adultos o niños pero tienen que ser muy fuertes y estar en forma.

San Jorge (cat. Sant Jordi), 23 de abril

San Jorge es patrón[5] de Cataluña. Este día los chicos catalanes regalan rosas a las chicas y las chicas les regalan un libro. Además hay eventos culturales: feria[6] de rosas, conciertos de música catalana, bailes típicos (sardanas) y *castells*.

Las Fallas

Es la fiesta más famosa de Valencia y se celebra cada año del 12 al 19 de marzo. Una falla es un grupo de figuras de cartón inmensas que representan personas famosas como políticos. Estas figuras se llaman «ninots» y pueden tener hasta 20 metros de altura. Por la noche miles de valencianos y turistas salen a la calle a ver los «ninots» y los fuegos artificiales[7]. Todas las fallas se queman en la medianoche del 19 al 20 de marzo.

1 la transición *der Übergang* **2** aprobar la Constitución *das Grundgesetz verabschieden* **3** Pascuas *Ostern* **4** el villancico *das Weihnachtslied* **5** el patrón *Schutzpatron* **6** la feria *das Straßenfest* **7** los fuegos artificiales *das Feuerwerk*

1 ¿Qué fiesta te gustaría ver? Busca información de esta fiesta en Internet: su origen, en qué ciudades se celebra, qué hace la gente ese día, qué comida especial hay, etc.

2 ¿Qué días de fiesta hay en tu región? Presenta una o dos a un compañero español (con fotos, vídeos o canciones).

BALANCE 2

Hier kannst du überprüfen, was du in den Unidades 4–6 gelernt hast.

COMPRENSIÓN AUDITIVA

1 a Un crítico de cine habla sobre tres películas. Escucha sus comentarios: ¿Cuál de las películas ya ha visto? ¿Cuál verá la próxima semana?

b Escucha otra vez. ¿Qué película recomienda el crítico? ¿Por qué? Menciona al menos razones.

COMPRENSIÓN DE LECTURA

2 Lee este artículo sobre el uso de redes sociales en España. Después elige la opción correcta.

Las nuevas tecnologías: los españoles a la cabeza

Los españoles están a la cabeza de Europa en el uso de redes sociales a través del móvil, en el envío de SMS y en el uso del teléfono para escuchar música según el estudio. Así, un 21 % de los entrevistados recibe actualizaciones de redes sociales en su móvil cada semana, un 56 % tiene música en sus móviles y un 90 % manda mensajes de texto cada semana, muy por encima del promedio[1] europeo (79 %). Según este estudio un 40 % de los entrevistados ya tiene Internet en sus teléfonos y un 43 % ha enviado algún correo eletrónico con el móvil.

Además, con los móviles modernos la gente puede chatear o ver la tele en directo: un porcentaje importante usa el móvil para chatear (32 %). También es significativo que el 10 % de españoles ve la televisión en su móvil.

© El País, 2009

1. Según el texto, los españoles usan el móvil sobre todo para …
a mandar mensajes y escuchar música.
b escuchar música, usar redes sociales, mandar mensajes SMS.
c usar redes sociales.

2. Casi la mitad de los entrevistados
a lee sus correos en el móvil.
b ha enviado alguna vez un SMS por móvil.
c ha enviado alguna vez un correo electrónico por móvil.

3. Uno de cada diez entrevistados …
a chatea.
b tiene un móvil de nueva generación.
c ve tele por móviles de nueva generación.

[1] por encima del promedio *über dem Durchschnitt*

MEDIACIÓN

3 Estás en un hostal para jóvenes en Berlín. En la recepción ayudas a un grupo de españoles que tienen problemas con sus habitaciones. Explica al recepcionista qué problemas tienen.

Pablo: La puerta de la habitación no funciona. No cierra.
Recepcionista: Ich komme gleich und sehe es mir an. Dein Freund soll sich ein bisschen gedulden.

Tú: Er sagt, dass ___
Tú: Dice que ___

Daniel: En mi habitación, en la ducha no hay agua caliente … y tampoco hay papel higiénico.
Recepcionista: In welchem Zimmer?
Daniel: Estamos en el 304.
Recepcionista: Entschuldigung, es kommt sofort jemand vorbei.

Tú: ___
Tú: ___
Tú: ___
Tú: ___

Laura: Dile que ayer olvidé un libro en el comedor.
Recepcionista: Ja, jemand hat gestern das Buch gefunden. Es ist das hier, oder?

Tú: ___
Tú: ___

Luis: ¿Puedes preguntar si por aquí pasan buses para el aeropuerto los domingos? Es que salgo tempranísimo …
Recepcionista: Ja, alle 30 Minuten. Mit dem X9 braucht man eine knappe halbe Stunde und mit dem 109 ca. 40 Minuten zum Flughafen. Tickets kann er direkt im Bus kaufen.

Tú: ___
Tú: ___

EXPRESIÓN ESCRITA

4 Lees este comentario en una revista para jóvenes. Contéstale a Juan. Dale tu opinión sobre el tema o cuéntale si tú o un amigo tuyo estáis en una situación igual. Escribe al menos diez frases.

> *¿Cómo se lo digo?*
>
> Muero por irme un año de intercambio a Irlanda. A mi novia no le gusta mucho la idea, dice que la olvidaré y que no la echaré de menos, pero respeta mi decisión. Últimamente nos vemos y ella siempre está triste. Quiero que sepa que nada va a cambiar y que yo la quiero mucho. ¿Cómo se lo digo para que me ENTIENDA? ¿Alguien me puede dar algún consejo?
>
> *Juan, 16*

EXPRESIÓN ORAL

5 Un/a hijo/-a habla con su padre/madre sobre sus planes para las próximas vacaciones. Cada uno prepara su papel. Al final, tenéis que llegar a un acuerdo.

Me quiero quedar en casa este verano.
Puedo llamar a los abuelos aunque no los vea este verano.
Mi plan es trabajar por las tardes y tomar un curso de inglés por las mañanas.
El próximo año quiero hacer prácticas en Inglaterra.

No quiero que se quede sola tanto tiempo.
Si se queda en casa, tiene que aprender algo.
No se puede quedar en casa y solo ver la tele.
Quiero que pase al menos tres semanas con los abuelos.

EL EXAMEN DE DELE

En estas páginas encuentras ejercicios que se parecen a los que se utilizan en los exámenes del «Diploma de Español como Lengua Extranjera».

GRAMÁTICA Y VOCABULARIO

1 Completa las frases con la palabra correcta. Apunta la solución en tu cuaderno.

	a	b
1. – ¿Te gusta este jamón? – Sí, [¿] muy bueno.	es	está
2. Gracias [¿] el regalo.	para	por
3. [¿] todos los jóvenes de hoy sean pasotas.	creo que	no creo que
4. Por favor, dile a tu amiga que no [¿] tan rápido. No la entiendo.	hable	habla
5. Cuando [¿] los deberes, siempre escucho la radio.	haga	hago
6. Ayer, cuando estabábamos en la playa, [¿] a algunos chicos españoles.	conocimos	conocíamos
7. [¿], señora, la puerta está abierta.	pasa	pase
8. Quiero que me [¿] la verdad.	digas	dices
9. ¿Te [¿] ir al cine conmigo esta noche? Ponen la nueva película de Almodóvar.	gustaría	gusta
10. ¿Dónde están tus zapatos? ¡[¿] ahora, que tenemos que irnos!	póntelos	pónselas
11. [¿] me gusta de ti es que siempre me ayudas con los deberes.	que	lo que

EXPRESIÓN ESCRITA

2 Un chico de Madrid va a venir para un intercambio y va a pasar seis meses en tu casa. Escríbele una carta o un correo electrónico y cuéntale de tu vida y cómo es tu casa y familia.

> tu ciudad / tu pueblo   tu vida de cada día   tu casa / tu familia
> la habitación donde va a vivir   el instituto   tus compañeros

No olvides saludar y despedirte.

Hola, Adrián, ___ (entre 100 y 150 palabras).

COMPRENSIÓN AUDITIVA

3 Laura es una chica de 15 años que publica podcasts en Internet. Escucha lo que dice sobre los jóvenes de hoy en uno de sus podcasts. ¿Qué información es correcta?

1 Laura
a defiende a los jóvenes.
b habla mal de los jóvenes.
c pasa de todo.

2 Cree que
a los jóvenes de hoy pasan de todo.
b hay demasiados jóvenes que no saben qué hacer.
c hay muchísimos jóvenes que son buenos y solidarios.

3 No le gusta
a que haya tantos jóvenes que pasan de todo.
b que haya mucha gente que dice que todos los jóvenes son iguales.
c que haya muchos jóvenes que molestan a la gente.

EXPRESIÓN ORAL

4 Prepara una charla de cinco minutos sobre los temas siguientes. Tienes 10 minutos para prepararte.

– ¿Qué te gusta hacer en tu tiempo libre?
– ¿Qué sueles hacer los fines de semana? ¿Quedas con amigos? ¿Adónde vas?
– Describe lugares de tu ciudad adónde te gusta ir.
– ¿Haces algún deporte? ¿Cuál? ¿Dónde y por qué lo practicas?
– ¿Te gusta la música? ¿Tocas algún instrumento?
– ¿Te gusta ir al cine? ¿Por qué (no)? ¿Qué películas te gustan?

COMPRENSIÓN LECTORA

5 Lee el texto. ¿Qué información es correcta?

Unos jóvenes de un instituto de *La Rinconada* triunfan con su escuela de baile

El 29 de octubre de 2009, [...] cuatro jóvenes se reunieron en el gimnasio del instituto Miguel de Mañara, en el municipio de La Rinconada, para dar forma a su mayor sueño: querían formar una escuela de danza. Eran Gonzalo, Brenda, Ruth y Luz María, y decidieron empezar creando el grupo de baile Danzari Only Dance (DOD).
[...] *Empezamos con 11 alumnos y cuatro profesores y acabamos el curso con 58 alumnos y más de nueve profesores*, señala con entusiasmo Brenda, la vicepresidenta e instructora de street jazz. Para este nuevo curso esperan formar una escuela de danza y cobrar una matrícula, aunque a precio irrisorio, unos cinco euros al mes. El único requisito que exigen es ser mayor de 11 años y por supuesto tener muchas ganas de bailar y pasarlo bien.

Las modalidades que ofrecen en esta edición son: contemporáneo, baile latino, hip hop, house, street jazz y funky. Cada día entrenan una o dos horas en el gimnasio del instituto o bien en el Centro Cultural de la Villa, según la disponibilidad que haya. Preparan así sus espectáculos para que todo quede perfecto en sus actuaciones. *Queremos formar grupos de 10 personas, en los que cada uno tenga su espacio y tiempo, así conseguiremos más calidad y obtendremos mejores resultados*, añade Gonzalo.
[...] Son jóvenes ilusionados, creativos y con muchos sueños. Es más, Gonzalo y Brenda quieren hacer del baile su profesión, su futuro «lo que nos dé de comer el día de mañana». Otros lo ven como una afición en la que conocer a gente, hacer deporte y divertirse. [...] Animan a todos los jóvenes a bailar, porque como dice el presidente de DOD, *La danza te da la disciplina del silencio, del respeto, del dar, del escuchar y del sentir. Y con ganas, sentimientos y paciencia cualquiera puede hacerlo*.

1 Danzari Only Dance es
a un grupo de baile de alumnos y profesores.
b un grupo de baile de profesores.
c un grupo de baile profesional.

2 Para participar en Danzari Only Dance
a tienes que pagar mucho.
b no tienes que pagar nada.
c tienes que pagar muy poco por mes.

3 Para poder participar en Danzari Only Dance
a tienes que tener 14 años y bailar muy bien.
b tienes que ser mayor de 11 años y tener ganas de bailar.
c tienes que ser un chico y bailar muy bien.

4 Danzari Only Dance entrena
a cada día en el instituto en el Centro Cultural.
b dos veces por semana en el estadio.
c cada día en la casa de un profesor.

5 Gonzalo y Brenda
a quieren ver muchos espectáculos de baile.
b quieren dar clases de baile en su tiempo libre.
c quieren ser profesionales de baile en el futuro.

© El correo de Andalucía, 2010

EL PLACER DE LEER

CAMBIO DE AMIGOS

ACTIVIDAD DE PRELECTURA

1 Busca información sobre los siguientes lugares de Madrid en Internet.

Paseo del Prado | Parque del Retiro | Casa de Campo | Gran Vía

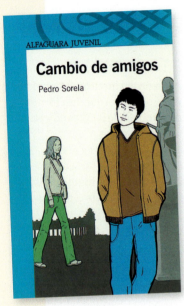

Cuando Juan y su familia vuelven a su antiguo barrio en Madrid, muchas cosas han cambiado y nada es como antes …

Volvimos a Madrid después de cuatro años en Barcelona y me habían cambiado la casa, la casa de cuando era niño. La única que
5 la reconoció fue Llama, mi perra, que empezó a ladrar y mover la cola, tan contenta estaba.
Y no sé de qué se alegraba, la verdad: en el parque de enfrente, donde jugábamos de niños, hay ahora unos edificios, y todos iguales. En la tienda de la esquina hay ahora un banco. Y la calle
10 olía a pizza, aunque la pizzería estaba en otra calle. Esa no era mi casa, y esa calle no era tampoco la de mis recuerdos.
Esa noche, cuando cenábamos bocadillos alrededor de las maletas y cajas, le pregunté a mi padre:
– Oye, papá, ¿todo Madrid es así?
15 Mi padre me miró sorprendido:
– Cómo, ¿ya no te acuerdas? Si tú naciste aquí.
Yo miré por las ventanas y vi la nueva ciudad de edificios iguales.
– Sí, nací aquí …, pero ha cambiado.
Mis padres se miraron.
20 – Bueno, no todo Madrid es así. Está el Paseo del Prado, y el Retiro, y la Casa de Campo, y la Gran Vía …
– Sí, pero lo demás … ¿es igual a esto? – y me refería a los edificios en los parques, a los bancos donde antes estaban los quioscos y a la calle que huele a pizza. Me gusta la pizza, pero así no.
25 Entonces mi padre dijo:
– Pues sí; es más o menos así.
Hubo un largo silencio …
Habíamos vivido en Barcelona hasta ese mismo día por la mañana, durante los últimos cuatro años, y la verdad es que que ya la estaba echando de menos. Echaba de menos a
30 mis amigos, claro, y la comida – y echaba de menos a Águeda …
– ¿Te vas a Madrid? – había preguntado Águeda. Y no dijo más nada, pero tenía los ojos tristes y yo también estaba triste. Ya me imaginaba en Madrid, defendiendo todos los lunes por la mañana a mi equipo, el Espanyol. Porque en Madrid casi todo el mundo es del Real Madrid, un equipo que tiene mucho dinero …
35 Pero además, no había chicas como Águeda en Madrid. La prueba fue la chica que salió de la puerta de mi edificio cuando yo quería entrar con una de las maletas grandes. Me quedé en la acera para ceder el paso a la chica. Pero ella sujetó la puerta y me dijo:

– Pasa.
Pero yo insistí:
40 – Pasa tú.
– No, pasa tú.
– No, pasa tú – dije de nuevo.
– Ajj – dijo ella con cara impaciente y salió, y ni miró si yo podía sujetar la puerta, con maleta y todo. Primero me quería ayudar, y después le daba igual si podía entrar o no.
45 Jope con las madrileñas. Esta tenía una trenza negra, una mirada oscura, vaqueros ¡de color verde, por favor!, y zapatillas del año pasado.
Lo único bueno de mi regreso a Madrid era volver a mi antiguo colegio. Tenía de él un recuerdo estupendo, y de mis antiguos compañeros, Ramón y Fernando, a quien tenía ganas de ver: Pero, ¿cuál sería mi equipo? ¿El Real Madrid? Seguro que sí.
50 El colegio empezaba en quince días …

Sorela, Pedro: Cambio de amigos. © Alfaguara 2005

4 había/n *hatte/n* **5** reconocer *wiedererkennen* **5** ladrar *bellen* **8** el edificio *hier: das Mietshaus* **10** oler a algo *nach etw. riechen* **12** la maleta *der Koffer* **32** defender a alg *jdn verteidigen* **33** el Espanyol *Fußballmannschaft aus Barcelona* **37** ceder el paso *den Vortritt lassen* **37** sujetar *hier: aufhalten* **43** impaciente *ungeduldig* **44** dar igual *egal sein* **45** ¡Jope! *Hör mir bloß auf!* **45** el/la madrileño/-a *Einwohner/in von Madrid* **45** la trenza *der Zopf* **45** la mirada *der Blick* **47** el regreso *die Rückkehr*

HABLAR DE UN TEXTO

1 a ¿Cuántos personajes hay en el texto? ¿Qué sabes de ellos?

b ¿Cómo se siente[1] el personaje principal? ¿Por qué?   Creo que / Pienso que   (no) estar   feliz / triste / contento   porque …

Usa el vocabulario de «Para hablar de un texto», p. 171.

(no) tiene miedo

1 sentirse *sich fühlen*

2 a Busca en el texto los párrafos que corresponden a los títulos y ponlos en el orden del texto.

- El encuentro en la puerta
- El barrio
- La primera cena en Madrid
- Los amigos de antes
- Recuerdos[1] de Barcelona

1 el recuerdo *hier: die Erinnerung*

b ¿Cuáles son para ti las palabras claves del texto? Apunta al menos tres y explica por qué las has elegido. ▶ Texte über Schlüsselbegriffe erschließen, S. 160

3 Representad la escena de la puerta en clase (l. 35–44).

4 a La chica de la puerta y Juan se encuentran otra vez. ¿Cómo es el encuentro? ¿Qué pasa y qué dicen? Escribid la escena.

b Representad la escena en clase.

Lectura

QUERIDO RONALDINHO

ACTIVIDAD DE PRELECTURA

1 ¿Quién es Ronaldinho? Busca información en el Pequeño Diccionario y en Internet.

12 71–72

1

Miguelina se levantó de su butaca favorita al escuchar el timbre del teléfono. Podía ser cualquier persona, pero ella, por instinto, pensó en sus dos hijos. Roberto desde Suiza o Ronaldo desde el lugar en que estaba pasando unos días de vacaciones, en el litoral. Su hijo pequeño no había descansado en años, y al paso que iba, tampoco lo haría en los años siguientes. Siempre había algún torneo por disputar, un campeonato, una
5 cita importante. Y como lo que más quería era jugar al fútbol ni le importaba. Pero ella temía que lo quemaran, o que se lesionara con tanto esfuerzo continuo, como le había sucedido a Roberto, o que … ¿Qué?
Era una tonta, siempre se preocupaba por ellos, y ellos estaban bien, eran felices, hacían lo que más les gustaba. ¿Qué persona no es feliz si hace lo que le gusta?
Miguelina descolgó el teléfono.
10 – ¿Dígame?
– ¿Podríamos hablar con Ronaldo, por favor?
– No está. – Se hacía famoso muy rápido, ya le llamaban de muchas partes. Miguelina suspiró –. ¿Quién le llama?
– ¿Es usted su madre, señora?
15 – Sí.
– Verá – la voz sonaba con cierto empaque –, es urgente que hablemos con su hijo. ¿Tardará mucho en llegar a casa?
– Es que no está en casa – repuso ella –. Se encuentra de vacaciones en …
La voz la interrumpió.
20 – Señora, le hablo desde la Federación Brasileña de fútbol. Necesitamos hablar con su hijo urgentemente porque ha sido convocado por el seleccionador Tonino Barroso para jugar con la selección nacional de su categoría.
Miguelina se quedó muda.
Jugar con Brasil …
25 – ¿Señora?
– Sí, sí, es que … ¿Dónde tiene que ir?
– Ha de presentarse en Río. Los partidos serán en el Reino Unido, Europa.
A Miguelina la cabeza le daba vueltas. Un mundo encerrado en apenas catorce años estallaba de pronto. Allí, frente a ella, el máximo sueño de su hijo menor cobraba forma. A sus catorce años iba a jugar con Brasil. No
30 podía creerlo. Intentó parecer serena, pero estaba a punto de echarse a llorar.
– Le diré que se ponga en contacto con ustedes inmediatamente, no se preocupe. Hablo con él cada día.
– Hágalo, señora. – La voz cambió un poco el tono para volverse súbitamente amigable –. Y nuestra enhorabuena.
Cualquiera en Brasil sabía lo que representaba defender la camiseta amarilla de los Campeones del Mundo.

1 la butaca *der Schaukelstuhl* **1** cualquier + *Subst.* *irgendein/e + Subst.* **3** el litoral *die Küste* **3** descansar *ausruhen* **4** (no) lo haría *würde es (nicht) tun* **4** el torneo *das Turnier* **4** disputar *austragen* **5** la cita *das Treffen* **5** temer que *Angst haben, dass* **5** quemar *hier: verschleißen* **6** lesionarse *sich verletzen* **6** el esfuerzo *die Anstrengung* **6** suceder *passieren, zustoßen* **7** el/la tonto/a *der Dummkopf* **13** suspirar *seufzen* **16** la voz *die Stimme* **16** sonar *klingen* **16** con cierto empaque *irgendwie gewichtig* **21** ha sido convocado *wurde ausgewählt* **21** el seleccionador *der Nationaltrainer* **23** mudo/-a *stumm* **24** Brasil *brasilianische Nationalmannschaft* **27** ha de presentarse *soll sich vorstellen* **27** el Reino Unido *Großbritannien* **28** dar vueltas *(sich) drehen* **28** encerrado *(ein)geschlossen* **28** estallar *explodieren* **29** cobrar forma *Form annehmen* **30** intentar *versuchen* **30** sereno/-a *ruhig, gelassen* **30** estar a punto de echarse a llorar *kurz davor sein, in Tränen auszubrechen* **32** ¡enhorabuena! *Glückwunsch!* **34** cualquiera *jeder*

2

Mientras Ronaldo y su amigo Tiago están jugando un videojuego, casi no se dan cuenta que suena el teléfono …
– Eso no es el teléfono?
Nada.
– Ronaldo, que están llamando.
5 El chico se dio cuenta de que su compañero tenía razón ¡Y en pleno final!
– ¡Sigue, no vengas con excusas ahora que te estoy ganando! – protestó.
– Será tu madre, – Tiago le dio un codazo.
– Ya.
– Venga, cógelo.
10 – ¡Que no!
Pero la partida ya estaba rota. El teléfono había quebrado su concentración. Tiago fue el primero en dejar los mandos para levantarse y levantar el auricular mientras apagaba la música. Ronaldo se dejó caer hacia atrás, agotado. Oyó preguntar a su amigo quién era y luego:
– Es para ti. – La voz de Tiago era burlona –. Tu madre.
15 Ronaldo se resignó. Se incorporó, agarró el auricular y puso cara de circunstancias.
– Hola, mamá.
Cuando su madre estaba nerviosa, hablaba atropelladamente. Y en ese momento debía de estar muy nerviosa.
– ¡Te han convocado! ¡Brasil! ¡La Federación! ¡Que les llames con urgencia porque tienes que irte a Rio! ¡Y después a Europa! ¡Y …! – la pausa fue breve –, Ronaldo, ¿estás ahí?
20 En su mente sólo había percibido unas pocas palabras, las suficientes: convocado, Brasil, Federación, irse a Río, Europa …
Miró a Tiago.
Y antes de estallar en una enorme carcajada de satisfacción le dijo:
– Soy internacional.

Sierra i Fabra, Jordi: Querido Ronaldinho. © El Aleph Editores 2005

1 darse cuenta de algo *etw. bemerken* **6** la excusa *die Ausrede* **7** el codazo *der Stoß* **11** la partida *das Spiel* **11** roto/-a *kaputt, unterbrochen* **11** quebrar *hier: zerstören* **11** dejar los mandos *hier: aufhören* **12** el auricular *der Hörer* **12** apagar *ausschalten* **13** agotado/-a *erschöpft* **14** burlón/burlona *spöttisch* **17** hablar atropelladamente *adv. hier: sich beim Reden überschlagen* **17** debía de estar *schien sie … zu sein* **18** con urgencia *dringend* **19** breve *kurz* **20** la mente *der Geist (fig.)* **20** percibir *wahrnehmen, begreifen* **23** la carcajada de satisfacción *das zufriedene Lachen*

HABLAR DE UN TEXTO

1 a Lee uno de los dos fragmentos de la novela «Querido Ronaldinho», tu compañero/a lee el otro. Resume en unas frases el contenido de tu fragmento y cuéntaselo a tu compañero/-a.
▶ Globales Leseverstehen, S. 159, Textinhalte in eigenen Worten wiedergeben, S. 160, ▶ Para hablar de un texto, p. 171

b Inventad un título para cada fragmento del texto y presentadlos en clase.

2 a Escoged una de las siguientes tareas. ▶ Kreatives Schreiben, S. 168

1. Eres reportero/-a de una revista de deporte y haces una entrevista con Ronaldinho. ¿Qué preguntas le haces? ¿Qué contesta Ronaldinho? Escribid la entrevista.
2. Después de hablar con su madre, Ronaldinho llama a su hermano Roberto en Suiza. Escribid la llamada.

b Ensayad las escenas. ▶ Rollenspiele, S. 162

c Presentad las escenas en clase. Vuestros/-as compañeros/-as las evalúan con ayuda de una ficha de evaluación. ▶ Bewertung, S. 164

Discutid en clase lo que queréis evaluar.

EL MAL DE GUTENBERG

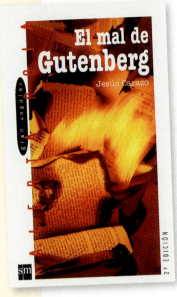

Silvia se puso en pie y carraspeó un par de veces. Después compuso una sonrisa forzada.

– Es que Verónica dice que, a ella, los libros y la palabra escrita la traen sin cuidado, que lo que de verdad le gusta es la televisión. [...].

– ¡La televisión es un invento para tontos! – exclamó don Ramón con cierta vehemencia –. ¡Solo sirve para hacer perder el tiempo a la gente!

– En la televisión hay programas estupendos – dijo Rodrigo Pérez –, programas llenos de imágenes preciosas.

– Mira, hijo: todo lo que aparece en la televisión es ligero y superficial. [...] No hay reflexión alguna, no hay ninguna intención de llegar al fondo de las cosas.

– ¡A veces dan buenas películas! – dijo Verónica.

– De acuerdo, a veces dan buenas películas, pero eso es cine, cine que pasa por televisión. Y el cine es mejor verlo en una sala grande.

– De todas formas... – comenzó Mario con cierta dificultad –, si lo que a todos nos gustan son las imágenes, el cine y la televisión, quizá es porque ya nos hemos cansado de las palabras.

– ¿Nos hemos? – preguntó don Ramón comenzando a irritarse –. ¿A quién te refieres con ese «nos hemos»?

– Pues a nosotros, a la gente joven, a la gente de los colegios, de los institutos – dijo Mario –. A lo mejor es que la palabra ya no sirve. A lo mejor... – se interrumpió un instante y se mordió los labios como si fuese a decir una barbaridad –, a lo mejor, todo eso de los libros de estudio está pasado de moda y habría que enseñar las cosas de otra manera...

El chico se interrumpió un instante. La clase entera estaba pendiente de su discurso.

– ¿De otra manera? ¿De qué manera, Mario? – preguntó don Ramón.

– No sé, con... imágenes. Tal vez habría que enseñar con imágenes, con cine y televisión. Tal vez habría que... – se aclaró la garganta –, habría que olvidar las palabras.

– ¿Olvidar las palabras? – rugió don Ramón. [...]

– Bueno, quizá olvidarlas del todo no, pero, al menos, no darles tanta importancia como tienen ahora. [...]

Don Ramón se puso a pensar.

– Mira, Mario – comenzó –, la palabra es precisamente lo que nos hace personas, lo que nos diferencia de los monos, de los cerdos, de los caballos. [...] Con palabras – prosiguió – hemos creado el mundo y la idea que tenemos de él. Las mejores páginas, los más bellos poemas, los pensamientos más profundos, están escritos con palabras. Todo cuanto bulle en el cerebro humano puede ser expresado y comunicado con palabras.

– ¡Pero una imagen vale más que mil palabras! – exclamó Sara de pronto. [...]

– Eso, Sara, es una de las tonterías que todo el mundo repite sin pararse a pensar.

Carazo, Jesús: *El mal de Gutenberg*. © Ediciones SM 2003

1 carraspear *sich räuspern* **2** la sonrisa forzada *das gequälte Lächeln* **4** traer sin cuidado *nicht wichtig sein* **6** el invento *die Erfindung* **6** el/la tonto/-a *der Dummkopf* **7** servir para algo *für etw. nützlich sein* **10** la imagen *das Bild* **11** ligero *leicht* **11** superficial *oberflächlich* **12** la intención *die Absicht* **13** llegar al fondo *den Dingen auf den Grund gehen* **19** cansarse de algo *müde werden von etw., einer Sache überdrüssig werden* **20** comenzar a + *inf. anfangen* **20** irritarse *irritieren* **20** referirse a + *sust. sich auf jdn/etw. beziehen* **24** morderse los labios *sich auf die Lippen beißen* **24** como si fuese decir una barbaridad *als würde er großen Unsinn sagen* **25** el libro de estudio *das Schulbuch* **25** pasado de moda *aus der Mode gekommen* **25** habría que + *inf. man müsste + Inf.* **25** enseñar *lehren* **26** la manera *die Art und Weise* **27** estar pendiente de su discurso *hier: an seinen Lippen hängen* **36** diferenciarse de *sich unterscheiden von* **36** el mono *der Affe* **36** el cerdo *das Schwein* **36** el caballo *das Pferd* **37** crear *schaffen, kreieren* **38** bello/-a *schön* **38** profundo/-a *tief* **39** todo cuanto bulle en el cerebro humano *etwa: alles, was im menschlichen Gehirn brodelt* **41** vale más que *ist mehr wert als* **42** la tontería *die Dummheit*

HABLAR DE UN TEXTO

1 a Has leído un fragmento de «El mal de Gutenberg». ¿Qué tipo de texto es? ▶ Textsorten erkennen, S. 159

Usa el vocabulario de «Para hablar de un texto», p. 171.

b ¿De qué trata el texto? ¿Quiénes son los personajes principales[1]? Resume la información en tres frases. ▶ Globales Leseverstehen, S. 159

1 el personaje principal *die Hauptfigur*

2 ¿Qué afirmación resume mejor el contenido de este fragmento? ▶ Detailgenaues Leseverstehen, S. 160

1. A los alumnos del curso de Lengua les gustaría mirar la televisión y ver películas en clase, pero el profesor, don Ramón, prefiere ir al cine, porque cree que es mejor ver películas en una sala grande.

2. Los alumnos del curso de Lengua ya no quieren leer libros en clase. Prefieren clases con películas. Esta idea provoca[1] una fuerte discusión en clase, porque el profesor, don Ramón, no está de acuerdo.

3. Los alumnos del curso de Lengua y su profesor, don Ramón, discuten sobre la importancia[2] de las palabras escritas. El profesor y los alumnos están hartos de los libros.

1 provocar *hervorrufen* **2** la importancia *die Bedeutung*

3 a Busca en el texto los argumentos sobre los siguientes temas. Luego completa las listas con tus ideas. ▶ Textinhalte visuell darstellen, S. 160

Enseñar con palabras (libros)	Enseñar con imágenes (televisión, películas)

b Imagina eslóganes de los alumnos del curso de Lengua y de los profesores.

¡Ninguna clase sin televisión!   ¡Leer es comprender!

4 ¿Qué opinas tú? ¿Es posible una escuela sin libros? Discutid en clase. ▶ Diskutieren, S. 161

LA LEYENDA DE LOS GATOS

ACTIVIDAD DE PRELECTURA

1 Lee en el Pequeño Diccionario, p. 177, quiénes eran los moros.

La leyenda de los gatos

Según los libros de la época, Madrid nació por el año 852. En aquellos años los moros controlaban gran parte del territorio que hoy es España. En el sur de la península gobernaba Muhammad I de Córdoba y Madrid estaba bajo su poder. En ese tiempo, Madrid – o como se llamaba entonces, Magerit – era una ciudad muy pequeña pero era muy interesante geográficamente pues por ahí pasaban caminos a Toledo, la ciudad más importante de la península por esa época, y también por Madrid se podía ir al norte, a Navarra. Por eso, los castellanos querían recuperar la ciudad y constantemente organizaban ataques para conquistarla. Para evitar perder la ciudad, Muhammad I la defendió con una muralla enorme que era casi imposible de pasar, tenía 980 metros de largo y en algunas partes llegaba a los cuatro metros de alto.

Muchos años después, en uno de los tantos ataques castellanos, en un mes de mayo del año 1085, el rey Alfonso VI de Castilla logró acercarse con sus tropas a la ciudad, pero no conseguía entrar ni pasar la muralla. Parecía imposible conquistar la pequeña fortaleza de los moros. Cuenta la leyenda que un soldado del rey, joven y ágil, logró escalar la muralla casi sin problemas. Todos los soldados quedaron muy sorprendidos y uno de ellos dijo: «¡Parece un gato!». El soldado cambió la bandera árabe por la bandera de Castilla y así el rey Alfonso VI recuperó después de dos siglos la ciudad española, Madrid. Hoy en día sólo quedan restos de la muralla.

Desde entonces a los familiares del chico se les llamó gatos, y más tarde a todos los madrileños. Actualmente a los madrileños se les conoce como «gatos», pero ellos mismos llaman «gatos» sólo a las personas que nacieron en Madrid, y que además tienen padres y abuelos madrileños.

Madrid: Leyendas de ayer y hoy. © Patronato de Turismo, Madrid, 1998

1 el gato *die Katze* **4** la península *die Halbinsel* **4** gobernar *regieren* **5** estar bajo el poder de alguien *unter der Herrschaft von jdm stehen* **9** los castellanos *hier: Einwohner des Königreichs Kastilien* **10** recuperar *zurückerobern* **10** el ataque *der Angriff* **10** conquistar *erobern* **12** la muralla *die (Schutz-)Mauer* **17** lograr algo *etwas erreichen, schaffen* **17** la fortaleza *die Festung* **18** ágil *beweglich* **19** escalar *erklettern* **21** la bandera *die Flagge*

Lectura

HABLAR DE UN TEXTO

2 a Explica con tus palabras de qué trata el texto. ▶ Globales Verstehen, S. 159

> Usa el vocabulario de «Para hablar de un texto», p. 171.

b ¿Cuáles son palabras claves del texto? ¿Por qué?
▶ Texte über Schlüsselbegriffe erschließen, S. 160

c ¿Qué información sobre Madrid encuentras en el texto? Después di en qué parte del texto hay qué información. ▶ Texte gliedern, S. 160

3 a ¿Cuál de estos dibujos ilustra mejor el contenido de la leyenda? ¿Por qué?

b ¿En qué parte del texto se explica por qué a los madrileños se les llama «gatos»?
Busca las líneas en el texto y explica en alemán: ¿a quién les llaman «gatos» los madrileños hoy?
▶ Selektives Leseverstehen, S. 159

4 En la revista de un instituto español los estudiantes de intercambio pueden contar una leyenda. Tú y tus amigos queréis participar. Escribid vuestra leyenda. ▶ Den Schreibprozess organisieren, S. 165

- Primero decidid qué leyenda os gustaría contar y buscad el vocabulario necesario. También podéis inventar una leyenda.
- Haced una lluvia de ideas y escribid qué informaciones deben estar en vuestro texto.
- Escribidlo y unid las frases con conectores.
- Al final revisad el texto y corregid vuestros errores.
- Si queréis, podéis hacer un dibujo para ilustrar el contenido de la leyenda.

Lectura

DON QUIJOTE

ACTIVIDAD DE PRELECTURA

1 ¿Qué sabes ya de Don Quijote? ▶ Anímate 4, p. 85, Pequeño diccionario, p. 176

2 a Mira el texto. ¿Qué tipo de texto es?

b Mira los dibujos. Imagina de qué trata la historia.

Novela en cómic — Miguel de Cervantes

¡QUÉ VENTURA![1] ¿VES ALLÍ TREINTA, O POCO MÁS, DESAFORADOS[2] GIGANTES, CON QUIEN PIENSO HACER BATALLA[3] Y QUITARLES A TODOS LAS VIDAS?

¿QUÉ GIGANTES?

¿DÓNDE? AQUELLOS QUE ALLÍ VES DE LOS BRAZOS LARGOS, DE CASI DOS LEGUAS.[4]

MIRE, VUESTRA MERCED,[5] QUE AQUELLOS QUE ALLÍ APARECEN NO SON GIGANTES, SINO MOLINOS DE VIENTO, Y LO QUE EN ELLOS PARECEN BRAZOS SON LAS ASPAS[6]...

NADA SABES DE AVENTURAS: ELLOS SON GIGANTES; Y SI TIENES MIEDO, QUÍTATE DE AHÍ, QUE YO VOY A ENTRAR CON ELLOS EN FIERA[7] BATALLA.

¡SON MOLINOS! ¡SON MOLINOS, SEÑOR!

NO HUYÁIS,[8] COBARDES[9] Y VILES CRIATURAS, QUE UN SOLO CABALLERO[10] OS ACOMETE.[11]

AUNQUE MOVÁIS BRAZOS QUE BRIA... ME LO HABÉIS DE PAGAR.

Okapi Abril 2009
60

Lectura

Don Quijote de la Mancha

Okapi Abril 2009

1 la ventura *das Glück*
2 desaforado/-a *hemmungslos*
3 la batalla *Schlacht*
4 la legua *(spanische) Meile*
5 Vuestra Merced *Euer Gnaden*
6 el aspa *Flügel*
7 fiero/-a *wild*
8 huir *fliehen*
9 cobarde *feige*
10 el caballero *Ritter*
11 acometer a alguien *jdn angreifen*
12 Briareo *gigante de la mitología griega que tenía cien brazos*
13 estar sujeto a mudanza *Veränderungen unterliegen*
14 Frestón *Name eines Zauberers*

ciento treinta y cinco **135**

Lectura

Novela en cómic — Miguel de Cervantes

ENDERÉCESE[1] UN POCO, QUE PARECE QUE VA DE MEDIO LADO, Y DEBE DE SER DEL MOLIMIENTO[2] DE LA CAÍDA.[3]

ASÍ ES, LA VERDAD; Y SI NO ME QUEJO[4] DE DOLOR ES PORQUE NO ES DADO A LOS CABALLEROS ANDANTES QUEJARSE DE HERIDA[5] ALGUNA.

SI ESO ES ASÍ, NO TENGO YO QUE REPLICAR,[6] PERO ESO DEL NO QUEJARSE NO SE APLICARÁ[7] TAMBIÉN A LOS ESCUDEROS[8]...

¡JA, JA, JA! PUEDES QUEJARTE COMO Y CUANDO QUIERAS, QUE NUNCA HE LEÍDO NADA EN CONTRA EN LA ORDEN DE CABALLERÍA.

NO SOY YO QUIEN SE QUEJA, SINO MI VIENTRE. MIRE, SEÑOR, QUE ES HORA DE COMER.

COME CUANDO SE TE ANTOJE, AMIGO SANCHO.

A MÍ, POR AHORA, NO ME APETECE.[9]

ASÍ, EL ILUSTRE CABALLERO DON QUIJOTE DE LA MANCHA, ACOMPAÑADO DE SU FIEL ESCUDERO SANCHO PANZA, PARTE EN BUSCA DE NUEVAS AVENTURAS...

Puedes leer *El ingenioso hidalgo don Quijote de la Mancha*, en la editorial Anaya didáctica, Gaviota o en un sinfín de ediciones más.

Texto: J. Radomski. Ilustraciones: D. Prudhomme

[1] enderezarse *sich aufrichten*
[2] el molimiento *Strapaze*
[3] la caída *Sturz*
[4] quejarse *sich beklagen, jammern*
[5] la herida *Verwundung*
[6] replicar *erwidern*
[7] aplicar *anwenden*
[8] el escudero *Knappe*
[9] apetecer algo a alguien *Lust haben auf etw.*

El saber en cómic, © Je bouquine, Bayard Presse 1999

Lectura

HABLAR DE UN TEXTO

3 Lee los resúmenes. ¿Cuál es el correcto? ¿Por qué?

1	2	3
Don Quijote y Sancho ven unos gigantes. El Quijote lucha contra ellos, pero pierde porque se convierten en molinos.	Don Quijote y Sancho ven unos molinos de viento. El Quijote lucha contra ellos, pero pierde porque son gigantes.	Don Quijote y Sancho ven unos molinos de viento. El Quijote lucha contra estos molinos, choca contra ellos y pierde.

4 ¿Qué son, para Don Quijote, los molinos de viento? ¿Y para Sancho? Busca en el texto.

5 ¿Cómo son Don Quijote y Sancho Panza? Descríbelos.

> Usa las expresiones de «Para hablar de un texto», p. 171.

6 Sancho le escribe una carta a un amigo. Le cuenta que ahora vive aventuras con Don Quijote. Escribe la carta de Sancho.

> Escribe:
> – que estás con el Quijote,
> – cómo es él,
> – qué hacéis juntos,
> – cómo te sientes tú,
> – qué os ha pasado últimamente,
> – qué es lo que te gusta o no de tu nueva vida.

7 Imagina que Don Quijote aparece por casualidad en nuestro tiempo. ¿Que piensa de nuestros aparatos modernos? Elige un aparato y escribe un episodio más del Quijote. Si quieres, dibuja el cómic.

el coche
la bicicleta
un televisor
el ordenador
el ascensor[1]

> ¿Qué dice Don Quijote?
> ¿Qué dice Sancho Panza?

1 el ascensor *Aufzug*

OTRAS FORMAS DE COMUNICACIÓN

ACTIVIDAD DE PRELECTURA

1 ¿Qué medios de comunicación usaban tus abuelos? ¿Conoces medios de comunicación de otras épocas? ¿Cuáles?

2 Mira el texto. ¿Qué tipo de texto es? ¿Por qué lo sabes? ▶ Textsorten erkennen, S. 159

una leyenda   un texto informativo   un cuento

Los quipus

El imperio inca era muy grande y estaba muy bien organizado. Para llevar un control de lo que pasaba, los incas tenían que «escribir» las cantidades de todo: cuánta gente vivía en cada región, cuánto maíz había cada año, etc. Para eso usaban los «quipus». Los quipus eran hilos de colores con nudos: los colores representaban objetos y la posición y el número de nudos daban información sobre la cantidad. Así, por ejemplo, un hilo amarillo, que significaba maíz, amarrado a un hilo azul indicaba la cantidad de maíz que había en algún lugar.
Pocas personas sabían «leer» los quipus. La mayoría de ellos trabajaban para la administración del imperio. Para aprender a leer los quipus, tenían que estudiar muchos años.

El lenguaje de silbidos de los gomeros

Seguro que conoces a alguien que sabe silbar toda una canción o que silba de una forma tan diferente que de inmediato sabes quién es. Pero, ¿conoces a alguien que sabe «hablar» con silbidos? En la Gomera, una de las islas Canarias, hay mucha gente que lo hace.
En el siglo XV, cuando los primeros europeos llegaron allí, los habitantes de la isla se comunicaban mediante un lenguaje de silbidos. Sobre todo lo utilizaban los campesinos en los valles para darle órdenes a alguien en las montañas; para enviar noticias; para llamar a los niños y para todo lo relacionado con la vida cotidiana. Era muy práctico, porque si hacía buen tiempo podían escucharse los silbidos a 3 000 metros de distancia.
Hoy en día muchos chicos de la Gomera aprenden este lenguaje en el colegio.

Los códices mayas y aztecas

Los códices eran los libros de los mayas y aztecas. En ellos escribían sobre astronomía, agricultura, matemáticas, religión, etc. Estos libros eran diferentes a los que tú conoces: las páginas de los códices tenían la forma de un acordeón que se abría y se extendía sobre una mesa. Además, los mayas utilizaban dibujos en lugar de letras para contar sus historias.
No cualquiera podía aprender a escribir, o mejor dicho, a pintar códices. Normalmente, los profesores elegían a los chicos que eran buenos dibujantes y les daban un entrenamiento especial.

Gutiérrez, Miguel: Pequeña enciclopedia del saber.
© Colibrí 2002

---

2 el imperio *hier: das Reich* **6** la cantidad *die Menge* **11** el hilo *der Faden* **12** el nudo *der Knoten* **13** representar *darstellen* **16** amarrado/-a *festgebunden* **20** la administración *die Verwaltung* **23** el silbido *der Pfiff* **26** silbar *pfeifen* **37** mediante *anhand* **40** todo lo relacionado *alles damit Verbundene* **57** extenderse *ausbreiten* **63** el entrenamiento *das Training*

Lectura

HABLAR DE UN TEXTO

3 a Contesta si la frase es verdadera o falsa. Si es falsa, corrígela. ▶ Detailgenaues Leseverstehen, S. 160

1. Los quipus eran nudos. (l. 1–22)
2. En el imperio inca toda la gente contaba cantidades en quipus. (l. 1–22)
3. En las Islas Canarias la gente silba de una forma diferente. (l. 23–25)
4. Si hace mal tiempo, entonces comunicarse con silbidos ya no es tan práctico. (l. 23–25)
5. Los mayas y los aztecas tenían «libros» sobre ciencias como las Matemáticas. (l. 46–65)
6. Los profesores recibían un entrenamiento especial para elegir a los dibujantes. (l. 46–65)

b Ahora tú: escribe en tu cuaderno tres frases más como en el ejercicio **3a**. Tu compañero/-a dice si la frase es verdadera o falsa.

4 a Busca dos o tres características importantes de cada lenguaje[1].

los quipus   los códices   los silbidos

[1] el lenguaje *die Sprache*

b Con ayuda de las características que encontraste en el ejercicio **4a**, describe en pocas frases estos lenguajes a un compañero/-a.

c A ti, ¿cuál de estos tres lenguajes te parece el más interesante? ¿Por qué?

5 Los gestos son otra forma de comunicación. Los siguientes son muy típicos en España. Relaciona los dibujos con las frases.

¡Qué calor hace!   ¡Silencio!   ¡No lo sé!   ¡Ojo!   ¡Ven!   Había mucha gente.
¡Estás loco!   ¡Te llamo por teléfono!

1

2

3

4

5

6

7

8

POEMAS

El conformista
Cuando era joven quería vivir en una ciudad grande.
Cuando perdí mi juventud quería vivir en una ciudad pequeña.
Ahora solo quiero vivir.

González, Ángel: Antología de poesía para jóvenes.
© Alfaguara, Madrid 2008

Quiero
Quiero que me oigas sin juzgarme
Quiero que opines sin aconsejarme
Quiero que confíes en mí sin exigirme
Quiero que me ayudes sin intentar decidir por mí
Quiero que me cuides sin anularme
Quiero que me mires sin proyectar tus cosas en mí
Quiero que me abraces sin asfixiarme
Quiero que me animes sin empujarme
Quiero que me sostengas sin hacerte cargo de mí
Quiero que me protejas sin mentiras
Quiero que te acerques sin invadirme
Quiero que conozcas las cosas mías que más te disgusten
Que las aceptes y no pretendas cambiarlas
Quiero que sepas …
que hoy puedes contar conmigo …
Sin condiciones.

Bucay, Jorge: Déjame que te cuente. © Celesa 2008

Lectura

HABLAR DE UN TEXTO

1 **a** Lee el poema «Quiero». ¿Qué versos puedes entender?

b Intenta entender más versos. ▸ Das Wörterbuch benutzen, S. 156

2 En el poema «Quiero», ¿quién habla? ¿Y con quién? ¿Por qué lo crees?

| una madre / un padre con su hijo/-a | un chico con su novia | dos amigos/-as |

3 Para ti, ¿qué es típico de este poema? Di por qué el poema te gusta o no.

Usa las expresiones de «Para hablar de un texto», p. 171.

4 Escribe un poema según la siguiente estructura. Inventa al menos cinco frases con «Te prometo que».

> Te prometo que iré contigo a ___
> ___
>
> Quiero que sepas
> que hoy puedes contar conmigo
> Sin condiciones.

Usa el futuro simple.

5 Busca una foto o haz un dibujo que represente el contenido o a un personaje del poema. Explica por qué lo has escogido.

6 Lee el poema «El conformista». Qué crees, ¿quién habla? ¿En qué situación de la vida está?

7 Ahora escribe tú un poema según el modelo de «El conformista». Expresa una idea que esté relacionada con tu vida.

Cuando	era un niño era más joven tenía ___ años ___	
Cuando	entré en el instituto cumplí 14 años conocí a ___ fui a ___ ___	quería ___
Ahora	___	

ANEXO

DIFFERENZIERUNGSAUFGABEN

UNIDAD 1

S. 14

4 a Ya sabéis muchas cosas de Mallorca. A ver, ¿os acordáis de datos de toda España? Buscad la información y presentadla a vuestro/-a compañero/-a. Usad el mapa de España y el Pequeño Diccionario, p. 174.

1. España está situada en [¿]
2. Tiene unos 46,5 millones de [¿]
3. La capital es [¿]. Está situada [¿]
4. España limita con [¿]
5. La lengua oficial es [¿]
6. Otras lenguas oficiales son, p. ej. [¿]
7. Dos ciudades españolas en África son [¿]
8. España es un productor importante de [¿]
9. España tiene [¿] Comunidades Autónomas.
10. Las dos ciudades más grandes son [¿]
11. Un río largo en el sur de España es [¿]
12. El pico más alto es [¿]. Tiene una altura de [¿]. Está en [¿]
13. Los [¿] son una sierra muy importante que limita con Francia.

1 la naranja *die Orange*

---

el pico de Teide. / 3718 metros. / Tenerife.   Madrid. / en el centro de España.
habitantes.   Madrid y Barcelona.   el Guadalquivir.   en el oeste de Europa.
Portugal (en el oeste), Francia (en el norte), Marruecos (en el sur) y Andorra (en el este).
los Pirineos.   Ceuta y Melilla.   el vasco y el catalán.   naranjas[1].   el español.   diecisiete

---

S. 18

8 ¿Cómo era la vida antes? Imagina qué dice la señora.

Antes, la vida en la isla era más difícil, pero me gustaba más que ahora. La gente tenía más tiempo, …

la gente *tener* más tiempo   casi nunca *salir / nosotros* del pueblo por la noche, siempre *visitar / nosotros* a los vecinos
mis padres *trabajar* mucho   no *tener / nosotros* coche
divertirse / nosotros mucho   sólo *haber* pocos turistas
conocer / nosotros a todos en el pueblo
no *haber* instituto en el pueblo   mucha gente no *tener* trabajo
querer / yo vivir en Palma para estudiar

S. 18

10 ¿Qué (no) te gustaba cuando eras pequeño/-a? ¿Qué (no) hacías? Cuenta y pregunta a tu compañero/-a.

Ejemplo:
Cuando yo era pequeño, no me gustaba estar en casa. Normalmente jugaba con mis amigos en el parque. Siempre …

| Antes | En aquellos años | Normalmente | Entonces | Siempre | Nunca | **1** el chocolate *die Schokolade* |

estar en casa   *tener* miedo a los perros   (no) *hablar* mucho   (no) *jugar* siempre afuera
(no) *tener* muchas cosas para jugar   (no) me *gustar* el chocolate[1]   (no) *ir* mucho en bici
(no) *querer* ser futbolista   (no) *ser* muy curioso/-a   (no) *aburrirme*   (no) *tener* un perro
(no) *ver* mucho la tele   (no) *observar* a los animales   *vivir* en ___   *ir* a ___
jugar con ___ / a ___ / en ___   *ayudar* a ___   *poner* la mesa   *levantarse* a las ___
(no) *tener* ganas de ___ (hacer) ___   *hablar* mucho/poco   (no) *saber* (leer/___)   *llevar* (gafas/___)

4 Mira los dibujos. ¿Qué pasó el día cuando Luna llegó a Mallorca? Cuenta y usa el pretérito indefinido y el pretérito imperfecto. Usa también todos los días, siempre, de, repente, después, luego y entonces.

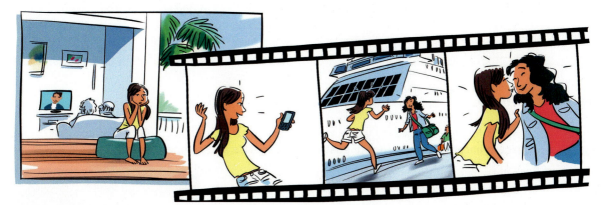

no *saber* qué hacer
ver la tele
aburrirse como una ostra
esperar la llegada de Luna con mucha impaciencia

recibir un mensaje en el móvil
ser Luna: *estar* en el puerto de Palma de Mallorca

ir al puerto
ver a Luna
saludar[1] desde lejos

1 saludar *grüßen*

*dar*le un beso
estar muy contenta

UNIDAD 2

5 ¿Qué dice la guía del museo a la clase? Formula cinco reglas más.

No hagáis fotos por favor …

1 la botella *die Flasche*   **2** el ruido *der Lärm*

no

comer en el museo
hablar muy fuerte
usar gorras
usar el móvil
beber nada en el museo
jugar con vuestros compañeros
pasar con botellas[1]
hacer mucho ruido[2]
preguntar en inglés o alemán
tocar las piezas
hacer vídeos de las salas
quedar mucho tiempo en una sala

7 a Apunta en tu cuaderno tres argumentos a favor o en contra para cada tema.

¿Es el inglés más útil que el español en el mundo?

ENTRE CULTURAS

El español es la tercera lengua más hablada en el mundo. En los Estados Unidos el 15 % de los habitantes (47 millones) hablan español.

¿Es bueno que las vacaciones de verano sean tan largas?

ENTRE CULTURAS

Las vacaciones de verano en España son las más largas de Europa: tres meses, de junio a septiembre.

Casi en todos los países la gente entiende el inglés.
Mejor aprender una lengua muy bien que tres mal.
El inglés es más fácil que otras lenguas.
En tres meses de vacaciones olvidas todo lo que aprendiste.
Muchos chicos no hacen nada en los tres meses.
Puedes descansar.   Puedes hacer lo que te gusta.

UNIDAD 3

4 a Mira las fotos de la p. 48/49 y el mapa de México. ¿Dónde te gustaría pasar unos días? ¿Qué te gustaría hacer? ¿Adónde (no) te gustaría ir? Cuéntale a tu compañero/-a.

Me gustaría pasar unos días en ___ Me gustaría ir a / visitar ___ Podríamos ir a ___ También tengo muchas ganas de ___ Si tengo tiempo voy a ir a ___	porque ___ .
¡Qué ganas de ver ___ !	Es que ___ .

me interesa(n)
me gusta(n)
me encanta(n)

su vida
las ruinas / los sitios históricos[1].
hacer surf/nadar/tomar sol en la playa.
la cultura maya / azteca.
observar animales en la selva.
estar en la naturaleza[2].
escuchar música mexicana.
las ciudades grandes.
la artesanía / los productos tradicionales[3].
conocer otras lenguas.
saber algo sobre la vida de los indígenas.
pasear en barca.

Me gustaría visitar la Casa Azul de Frida Kahlo porque me interesa su vida.

1 histórico/-a *historisch* **2** la naturaleza *die Natur* **3** tradicional *traditionell*

7 b Y tú, ¿qué quieres saber de tu compañero/-a? Prepara cinco preguntas. Después representad un diálogo como en el ejercicio **a**.

tener
- un actor / una actriz
- un/a cantante
- un grupo / un cedé
- una comida
- un sitio
- un país / una ciudad
- una película / un libro / un juego
- un deporte

favorito/-a

¿Tienes un actor favorito?

Sí, tengo algunos, por ejemplo …

UNIDAD 4

9 ¿Qué dicen los chicos? Usa el pretérito perfecto. ▶ Resumen 2

Hoy he *ir* al Retiro.

¿Ya has *probar* las tapas de chorizo?

¿Todavía no habéis *comer*?

Esta tarde Sonja ha *visitar* el barrio La Latina.

Hoy Sonja y yo hemos *hacer* una tortilla juntos.

Esta mañana Jan y Vega han *levantarse* muy temprano.

10 Lee la lista de actividades, ¿cuáles ya has hecho esta semana y cuáles todavía no? Cuéntale a tu compañero/-a.

- ☐ *enviar* mensajes por móvil
- ☐ *leer* tus mensajes
- ☐ *estudiar* para los exámenes
- ☐ *hacer* deporte
- ☐ *tener* clase de Inglés
- ☐ *escribir* mensajes a tus amigos
- ☐ *ayudar* en casa
- ☐ *ver* la tele
- ☐ *hacer* los deberes
- ☐ *preparar* una tortilla
- ☐ *ir* al cine
- ☐ *recibir* mensajes por el móvil

¿Qué has hecho esta semana?

Esta semana ya he hecho mucho deporte, pero todavía no he tenido clase de Inglés …

5 b ¿En qué frase usas el pretérito indefinido y en qué frase el pretérito perfecto?
▶ Resumen 3

1. Esta semana las chicas [¿] muchos lugares de Madrid.
   La semana pasada las chicas [¿] muchos lugares de Madrid.
2. Esta mañana Jan me [¿] un mensaje al móvil.
   Ayer Jan me [¿] un mensaje al móvil.
3. Este mes nosotros [¿] mucho de Madrid.
   El mes pasado [¿] mucho de México.
4. Hace tres días Jan y Tobias [¿] al Reina Sofía.
   Jan y Tobias todavía no [¿] al museo del Real.

ver

mandar

aprender

ir

7 ¿Ya le ha pasado esto a tu compañero/-a? Pregúntale como en el ejemplo. Él o ella te contesta.

> ver en la calle a una persona famosa
> llamar a un amigo/-a con otro nombre
> caerte en la pista de esquí
> estudiar para un examen y olvidarlo todo en el examen
> entrar en una clase equivocada¹
> hablarte una persona en la calle y no acordarte de su nombre
> hacerte una broma y ponerte rojo como un tomate
> perder un objeto especial

> ¿Alguna vez has olvidado el billete de metro y te has subido?

> Sí, una vez me pasó y me puse muy nervioso. / Sí, una vez lo olvidé, ¡qué rollo!

> No, nunca lo he olvidado.

este	verano / mes / año
	ya / todavía no / nunca

hace	tres días / dos semanas / unos meses
el mes / el año	pasado

¹ equivocado/-a *falsch*

UNIDAD 5

2 Y tú, ¿cómo usas los medios de comunicación? Prepara adivinanzas como en el ejemplo.

> Suelo ponerlo todos los días para escuchar música.

> ¿El móvil?

> normalmente   los fines de semana
> todos los días   todas las noches   siempre
> nunca   dos veces por semana   suelo + *inf*.

| poner (el móvil) encender (la radio / la tele / el ordenador) leer (el periódico) comprar (una revista, el periódico) ir (al cine) ___ | para | ver una película / una serie / las noticias / vídeos / documentales / programas de música / programas de deporte escuchar música escribir mensajes comunicarme con mis amigos conectarme a la red mirar mi correo electrónico navegar en la red saber qué hay de nuevo ___ |

7 a Escucha partes de la telenovela «El amor es más fuerte». ¿Qué pasará en el próximo capítulo? Formula hipótesis.

Ejemplo: ¿María se irá de su pueblo?

María, novia de José, muy enamorada¹ de él pero también muy celosa² ...

José, el novio de María, enamorado de Rosario ...

Rosario, chica muy guapa pero muy tímida ...

Diego, un chico de la ciudad, enamorado de Rosario ...

Mercedes, amiga de Rosario, muy moderna, no quiere novio ...

¹ estar enamorado/-a de alg. *in jdn verliebt sein* ² celoso/-a *eifersüchtig*

*abandonar*¹ ___   *irse* de su pueblo   *encontrar* a ___   *hablar* con ___   *volverse* a ver
*casarse*²   *tener* un hijo   *vivir* juntos   *visitar* a ___

1 abandonar a alg. *jdn verlassen*   2 casarse *heiraten*

8 a Elige a uno de estos chicos. ¿Cómo ves su futuro en diez años? Apunta tus ideas.

– vivir solo/-a
– trabajar en ___
– ___

Daniel   Celia   Rubén

ser más libre/independiente/responsable   *divertirse* mucho   *trabajar* en ___ / con ___
vivir en un piso compartido / solo/-a   *ser* (médico/-a / ___)   *estudiar* en la universidad
hacer un viaje a ___   *vivir* en ___   *tener* hijos   *casarse* con ___   *tener* mucho dinero
ser famoso/-a porque ___

UNIDAD 6

6 b Adrián pasa sus vacaciones en casa de Tobias en Hamburgo. Su madre lo llama por teléfono. Adrián le cuenta a Tobias lo que le dice su madre.
▸ Resumen 1

Cada vez que llama, mi madre me dice que no me levante tarde …

no *levantarse* tarde   *ayudar* en casa de mi familia alemana   no *perder* mi pasaporte
llamar a casa cada semana   *escribir* mucho   no *ver* la tele todo el tiempo   *visitar* museos
no *salir* de casa sin cazadora por el frío   *mandar* una postal a mi abuela desde Hamburgo
salir de casa y *sacar* muchas fotos para la familia   *comprar* un recuerdo para mi hermano
poner atención en mi curso de alemán

4 ¿Qué profesión o trabajo es? Describe tres profesiones como en el ejemplo. Tu compañero/-a adivina cuáles son.   ▸ Wörter umschreiben, p. 154

Es una persona que enseña ciudades o museos a los turistas.

¡Es un guía!

trabaja en/con   siempre está con gente / trabaja solo   tiene que ___   habla idiomas
es organizado/-a / famoso/-a   sabe bailar/cantar / muchos datos históricos   es creativo/-a

el/la jardinero/-a   el/la vendedor/a   el/la pintor/-a   el/la médico/-a
el/la músico/-a   el/la arquitecto/-a   el/la cantante   el/la ingeniero/-a
el/la profesor/a   el/la guía   el/la deportista profesional   el/la director/a de cine

PARTNERAUFGABEN

REPASO 1

8 ¿Qué tal las vacaciones? Tú (**B**) te encuentras con un/a amigo/-a (**A**) en la calle y hablas con él/ella sobre tus vacaciones. Tú empiezas el diálogo.

S. 27

B
- Du begrüßt **A** und fragst, wo er/sie in den Ferien war.
- Du sagst, dass du auch schon mal da war warst, aber dass du Menorca besser findest, weil es dort ruhiger ist und es dort weniger Touristen gibt.
- Du fragst, warum.
- Du sagst, dass du deinen Cousin / deine Cousine in Barcelona besucht hast und du zum ersten Mal da warst. Du findest, dass Barcelona die interessanteste Stadt ist, die du kennst, obwohl es nicht ganz leicht ist, die Leute zu verstehen, weil die meisten Katalanisch sprechen.
- Du sagst, dass du es ein bisschen eilig hast und dass du **A** heute Nachmittag anrufst, um euch zu verabreden.

UNIDAD 3

12 a ¿Qué pueden contar Sergio y Marina de su viaje a México? Imaginad las preguntas de los padres y preparad los temas posibles con ayuda de los textos, p. 51, p. 52 y del ejercicio **5**, p. 53.

S. 55

B Sergio/Marina
Contesta las preguntas de tus padres / de los padres de tu amigo/-a. También puedes contar cosas que no te preguntan pero que te parecen interesantes.

REPASO 4

6 Jan/Sonja (**A**) habla con Lucía/ Adrián (**B**). Preparad el diálogo y presentadlo.

S. 83

B Lucía/Adrián
- Frage **A**, was er/sie heute gemacht hat.
- Erzähle **A**, was du heute gemacht hast: Du hast heute einen sehr schönen Tag in Madrid verbracht. Am Vormittag hast du ein belegtes Brötchen mit Käse gegessen, dann hast du eine Stunde in Retiro verbracht und viele Fotos für deine Freunde gemacht. In der U-Bahn hat dich eine ältere Dame um Information gebeten. Du hast ihr geholfen. Sie arbeitet an der Kinokasse und hat dir zwei Kinokarten geschenkt.
- Frage **A**, ob er/sie Lust hat mit dir ins Kino zu gehen, oder ob er/sie lieber zu Hause bleiben will.

UNIDAD 5

7 Tú (**B**) encuentras a **A** que acaba de salir del cine. Empieza el diálogo.

Antes de preparar el diálogo pensad en un actor / una actriz que conocéis los dos de al menos dos películas.

B
A kommt gerade aus dem Kino. Du fragst sie/ihn nach dem Kinobesuch.
Du
– begrüßt **A** und fragst, ob sie/er gerade einen Film gesehen hat,
– fragst, welchen Film,
– sagst, dass dir der Titel bekannt vorkommt und fragst, worum es geht,
– fragst, ob da zufällig ___ mitspielt,
– fragst, ob sie/er andere Filme kennt, wo ___ mitspielt,
– findest es schade, dass **A** den Film nun schon gesehen hat und dass du ihn dir sehr gern ansehen würdest,
– freust dich sehr und sagst, dass du evtl. einen anderen Termin verschieben musst, aber dass du **A** anrufen wirst.

UNIDAD 6, PUNTO FINAL

a Trabajad en parejas. Tú eres el entrevistador / la entrevistadora (**B**). **A** es el candidato / la candidata. Prepara tu papel.

B el entrevistador / la entrevistadora
Revisa la carpeta[1] del candidato / la candidata y piensa en cinco preguntas para él/ella. Puedes usar las preguntas del ejercicio **6b** (p. 114). Además imagina qué información del puesto[2] le puedes dar o cómo puedes descubrir si **A** es el candidato ideal para el puesto. Al final estructura[3] la entrevista para que no olvides dar y pedir la información necesaria.

Piensa además cómo vas a recibir al candidato / la candidata (saludo, bienvenida, despedida, etc.)

[1] la carpeta *die Bewerbungsmappe* [2] el puesto *der Arbeitsplatz, die Stelle* [3] estructurar *strukturieren, vorbereiten*

LÖSUNGEN

Teste deine Grammatikkenntnisse.

UNIDAD 1

1 1. pasábamos; 2. iba; 3. había; 4. gustaba

2 1. más grande que; 2. tan interesante como; 3. menos difícil que; 4. menos divertido que / no tan divertido como

3 1. íbamos, íbamos, conocía; 2. llevaba, olvidó, podíamos; 3. vimos, vivía, dio, seguimos, volvimos

UNIDAD 2

1 1. lleguéis; 2. interrumpáis; 3. hagamos; 4. haya; 5. llame

2 1. hagas; 2. quiere; 3. quiera; 4. somos; 5. estudiemos; 6. vuelve; 7. quieran

UNIDAD 3

1 1. Si tengo / voy; 2. Si tienes / puedes; 3. va a ir / si estudiamos

2 1. es; 2. está; 3. está; 4. es

3 1. se lo voy a mandar; 2. nos lo da; 3. se los da; 4. te la cuento

4 1. alguna; 2. ningún; 3. algunas; 4. algún; 5. ninguno; 6. ningún

UNIDAD 4

1 1. Coja; 2. Vaya; 3. Dígame; 4. pasen; 5. empiece; 6. suban

2 Participios regulares:
1. he trabajado; 2. habéis comido; 3. ha recibido; 4. han ido; 5. he cogido; 6. hemos visitado

Participios irregulares:
1. hemos visto; 2. habéis hecho; 3. he puesto; 4. han vuelto; 5. ha escrito; 6. ha dicho

3 1. fuimos; 2. han llegado; 3. pagaron; 4. vi; 5. ha llamado; 6. escribió

UNIDAD 5

1 1. escribiremos; 2. tendré; 3. harán; 4. podréis; 5. habrá, 6. podrás

2 1. tengamos / escribiremos; 2. haya / habrá; 3. pueda / aprenderé; 4. lleguen / encontrarán; 5. regrese / podrá; 6. vaya / tendrá

3 1. llegué / había comido; 2. quería / había soñado; 3. llamé / había pedido; 4. habíamos escuchado; 5. fue / había conocido; 6. bailaron / habían estado

UNIDAD 6

1 1. que hagamos los deberes.; 2. que no hable con mi vecino.; 3. que tenga cuidado.; 4. que siempre digamos la verdad.; 5. por qué no estudiamos más.

2 1. que iba a pasar un año en Alemania.; 2. que quería compartir experiencias con otros jóvenes europeos.; 3. dónde había nacido.; 4. que su padre era actor.; 5. que esa semana había trabajado mucho.

3 1. si quería ir con ella al cine.; 2. preguntó a las chicas cuándo querían ir a la piscina con él.; 3. preguntaron dónde estaba mi móvil.; 4. preguntó a Isabela quién era la profe de español.; 5. preguntó qué película quería ver.; 6. preguntó a Ana si le esperaba allí.; 7. preguntó al profe cuándo podía irse.; 8. preguntaron si íbamos con ellos al parque.

JUEGOS / QUIZ / EXAMEN DE DELE

¡A Jugar!, p. 8

A
1. p. ej. Madrid, Salamanca, Barcelona
2. La una y cuarto, las cuatro menos veinte
3. Hoy Vega pasa el día en el parque. Quiere ir a un concierto, pero casi se pierde en el parque.
4. ¿Cuándo es tu cumpleaños?;
5. p.ej. Colombia, Argentina, México, Perú, Cuba
6. Perdona, ¿cómo voy a la Plaza Mayor?
7. seguir: sigo, sigues, sigue, seguimos, seguís, siguen; tener: tuve, tuviste, tuvo, tuvimos, tuvisteis, tuvieron
8. rojo, verde, amarillo, azul, negro
9. difícil, sin leche, joven, claro, llegar, detrás de
10. A está esquiando, B está jugando al fútbol, C está tocando la guitarra.
11. Es un campeonato de fútbol contra la violencia con reglas diferentes. El Golombiao nació en Colombia.
12. Es rubia y tiene el pelo largo. Tiene los ojos azules. Lleva una camisa blanca.
13. Mil novecientos sesenta y dos; mil ciento once, cuarenta y uno

B
1. p. ej. el Tormes, el Guadalquivir, el Ebro
2. Hace mal tiempo. Llueve. / Hace buen tiempo. Hace sol/calor.
3. Ayer los amigos fueron a la bolera y jugaron a los bolos. Después volvieron a casa.
4. ¿Qué edad tienes?
5. Colombia: Bogotá; España: Madrid;
6. ¿Diga?
7. poner: pongo, pones, pone, ponemos, ponéis, ponen; estar: estuve, estuviste, estuvo, estuvimos, estuvisteis, estuvieron
8. Le duelen el brazo, el pie y la cabeza.
9. la madre, luego, fenomenal/superbien, sí/¡claro!
10. Va a ver la tele, va a ir a la playa y va a ir en bici.
11. español y quechua
12. zapatillas, un jersey, vaqueros, una camiseta
13. noventa y ocho, dos mil trece, quinientos doce

¿Lo sabes? p. 104

1. a; 2. a; 3. a

El examen de DELE, p. 124

1. 1b, 2b, 3b, 4a, 5b, 6a, 7b, 8a, 9a, 10a, 11b
3. 1a, 2c, 3b
5. 1a, 2c, 3b, 4a, 5c

METHODEN

Auf den folgenden Seiten findest du eine Zusammenstellung der wichtigsten Lern- und Arbeitstechniken. Viele sind dir schon aus anderen Fremdsprachen sowie aus dem Deutschunterricht vertraut.

WORTSCHATZ

1 Wörter erschließen

Wenn du ein neues Wort entdeckst, musst du nicht gleich im Wörterbuch nachschlagen. Mit ein paar einfachen Tricks kannst du die Bedeutung vieler spanischer Wörter herausfinden. Du kannst unbekannte Wörter erschließen …

… mit Hilfe anderer Sprachen ▶ S. 11/5, S. 104/2, S. 114/8a

Viele spanische Wörter sind verwandt mit Wörtern aus Sprachen, die du schon kennst. Oft haben sie dieselbe oder eine ähnliche Bedeutung.

Spanisch	Deutsch	Englisch	Latein	Französisch
teatro	Theater	theatre	theatrum	théâtre

▶ Was bedeuten die folgenden Wörter? Welche Wörter aus anderen Sprachen haben dir geholfen?
manifestarse, científico, el bachillerato, el violín, terrible, melancólico, horroroso

Merke: Trotz dieser Verwandtschaften kann es Unterschiede in Aussprache und Betonung, Schreibung, im Genus und manchmal auch in der Bedeutung geben!

⚠ Achte auf so genannte „falsche Freunde" („falsos amigos").

la carta (der Brief)   die (Post)Karte (= la tarjeta, la postal)
la batería (= das Schlagzeug)   die Batterie (= la pila)

Manche Wörter sind „teilweise falsche Freunde", d. h. es gibt teilweise Übereinstimmungen in der Bedeutung des deutschen und des spanischen Wortes, teilweise aber nicht. Du solltest deshalb immer auf den Kontext achten bzw. alle Bedeutungen eines Wortes lernen.

el compás (= der Takt, der Rhythmus; der Kompass [Seefahrt])   der Kompass (= la brújula; el compás)
el tacto (= der Tastsinn; das Taktgefühl)   der Takt (= el compás)

… über Wortfamilien ▶ S. 82/4b, S. 94/4a

Manchmal kennst du ein anderes Wort derselben Familie. An typischen Endungen kannst du außerdem die Wortart des unbekannten Wortes erkennen. Beides hilft dir, seine Bedeutung zu erschließen.

mirar → la mirada (= der Blick)
dormir → el dormilón, la dormilona (= die Schlafmütze)
oscuro/-a → la oscuridad (= die Dunkelheit)
conocer → el conocimiento (= die Kenntnis)

Manchmal ändert sich der Stamm entsprechend der Verbkonjugation im Präsens bzw. im Partizip Perfekt, z. B.

encontrar (ue) → el encuentro   probar (ue) → la prueba   ⚠ aber:
volver (ue) → la vuelta   jugar (ue) → el juego   doler (ue) → el dolor
soñar (ue) → el sueño   poner → el puesto

▶ Was bedeuten die folgenden Substantive? Von welchen Verben kannst du sie ableiten?
la muestra, el hecho, el cierre, el acuerdo

▶ Finde die Bedeutung der folgenden Wörter und erkläre, wie du darauf gekommen bist:
el artesano, el turismo, el enfado, viajar, la lista de espera, la creencia, aconsejar, cocinar, la simpatía, el interés, la invitación.

... mit Hilfe des Kontextes ▶ S. 11/5

Die Bedeutung vieler Wörter kannst du aus dem Kontext erschließen. Auch Abbildungen oder die Gestaltung des Textes können dir dabei helfen.

2   Die Bildung von Wörtern erkennen

Präfixe und Suffixe ▶ S. 94/b, c

Oft geben dir die Präfixe und Suffixe Auskunft über die Bedeutung des Wortes sowie über die Wortart und das Genus.

Präfixe		
	a-	nicht (atípico/-a)
	ante- *oder* pre-	vor (anteayer, prever)
	anti-	gegen (antihigiénico/-a)
	bi-	zwei (la bicicleta)
	co-/com-/con-	zusammen (colaborar)
	contra-	gegen (contradecir)
	e-/es-/ex-/extra-	hinaus, außer (enorme)
	des-/dis- *oder* i-/ir- *oder* im-/in-	gegensätzlich (la desventaja, irresponsable, imposible)
	pen-	fast (la península)
	pos-/post-	nach (la posguerra)
	pre-	vor(her)- (prever)
	re-	zurück-, wieder- (retraer, repasar)
		oder als Verstärkung (reseco/-a)
	sobre-	über (sobrevivir)
	sub-	unter (el subdesarrollo)

Suffixe		
	-dad/-tad/-tud	*feminine Nomen* (la ciudad, la mitad, la juventud)
	-ción/-sión	*feminine Nomen* (la afición, la decisión)
	-able/-ible	*Adjektive* (confortable, posible)
	-illo/-a / -ito/-a	*Diminutive* (la chiquilla, el cafecito)
	-ón/-ona / -azo/-a	*Augmentative* (la casona, el golpazo)
	-ante	*meist aus Verben abgeleitete maskuline und feminine Nomen* (el/la cantante, el/la dibujante)
	-dor/-dora *bzw.* -tor/-tora	*meist aus Verben abgeleitete maskuline bzw. feminine Nomen* (el vendedor/la vendedora, el trabajador/la trabajadora)
	-ista	*Adjektive bzw. daraus abgeleitete Nomen* (el especialista, el socialista, el optimista)

▶ Leite die Bedeutung der folgenden Wörter ab: la construcción, el entrenador, la especialidad, comprensible, alegrarse, la seguridad, la novedad, la propiedad.

Zusammengesetzte Substantive

Es gibt Substantive, die aus mehreren Wörtern zusammengesetzt sind.

⚠ Zusammengesetzte Substantive werden im Spanischen häufig nach dem Muster Substantiv + *de* + Substantiv gebildet. Im Deutschen entspricht dem meist ein Wort (z. B. *la profesora de Historia* – die Geschichtslehrerin).

el cuarto de baño	(= das Badezimmer)
el fin de semana	(= das Wochenende)
el libro de Inglés	(= das Englischbuch)
la fiesta sorpresa	(= die Überraschungsparty)

▶ Finde die spanische Entsprechung für „die Spanischlehrerin" und „das Englischbuch".

3 Wörter umschreiben
▶ S. 18/9a, S. 38/4, S. 52/4, S. 119/4, S. 147/4

Wenn dir ein Wort nicht einfällt, versuche, das fehlende Wort zu umschreiben oder zu erklären, was es bedeutet.
Hier findest du einige Möglichkeiten zur Umschreibung:

> Es una persona / alguien que ___ .
> Es una cosa / algo que ___ .
> Es un lugar donde ___ .
> Lo usas para ___ .
> La palabra significa ___ .
> Es otra palabra para / un sinónimo¹ de ___ .
> Es un antónimo² / lo contrario de ___ .

1 el sinónimo *Synonym*
2 el antónimo *Gegenteil*

4 Wortschatz lernen ▶ Lista cronológica, S. 192

Um dir Wörter besser zu merken, solltest du sie in Gruppen anordnen und dann lernen bzw. wiederholen. Diese Strukturierung des Wortschatzes kannst du nach verschiedenen Kriterien vornehmen:

Nach Sachgruppen/Themen ordnen ▶ S. 11/6a

Lege zu einem Oberbegriff, z. B. *los medios de transporte*, eine Vokabelkarte *(ficha de vocabulario)* an, auf der du alle Wörter und Ausdrücke zu einem Thema zusammenträgst.

Es ist sinnvoll, eine *ficha de vocabulario* nicht nur als Liste zu führen, sondern sie zu **strukturieren**, z. B. nach Unterthemen, nach Wortarten, (Gegensatz-)Paaren, Wörtern derselben Wortfamilie etc. Es kann auch nützlich sein, Kollokationen (= ganze Wendungen) zu notieren, in denen ein Wort häufig verwendet wird.

> Los medios de transporte
> ir en | bus
> | metro
> | coche
> | tren
> comprar un billete sencillo / combinado / un abono
> cambiar de linea
> coger la linea ___
> bajarse en la parada ___

▶ Sammle alle Wörter und Ausdrücke, die zu den folgenden Oberbegriffen gehören: el instituto, la familia, los pasatiempos, la ropa, el tiempo.

Nach Wortarten ordnen ▶ Lista cronológica, S. 192

Du kannst alle Verben, Substantive oder Adjektive als Untergruppen einer *ficha de vocabulario* zusammenfassen.

Zu Wortfamilien ordnen ▶ S. 82/4, S. 101/7a, Lista cronológica, S. 192

Fasse die Wörter, die zur selben Familie gehören, zusammen.

la cena – cenar	aburrido/-a – aburrirse
entrar – la entrada	el trabajo – trabajar

▶ Finde Wörter derselben Wortfamilie: el cantante, la cena, la comida, entrenar.

Wortpaare bilden ▶ Lista cronológica, S. 192

Bei manchen Wörtern bietet es sich an, sie paarweise zu ordnen. Diese Wortpaare können auch Gegensatzpaare sein.

> hablar – charlar el alumno ≠ el profesor
> nacer ≠ morir ganar ≠ perder

▸ *Bilde Gegensatzpaare mit den folgenden Wörtern:* aburrirse, buscar, el último, el día, el padre.

Kollokationen / Ganze Wendungen lernen ▶ Lista cronológica, S. 192

Damit du Wörter im Kontext richtig verwendest, lerne den ganzen Ausdruck (= Kollokation), in dem ein Wort verwendet wird. Achte bei Verben auf den Anschluss der richtigen Präposition.

> sacar una buena nota   jugar al fútbol   tocar la guitarra   llegar a casa   ir de compras

Mit mehreren Sinnen lernen ▶ Lista cronológica, S. 192

Es kann hilfreich sein, wenn du dir zu einem Wort ein bestimmtes Bild oder Symbol einprägst und dieses auch auf der entsprechenden Karteikarte notierst.

Manche Wörter kannst du dir besonders gut merken, wenn du sie dir immer wieder laut vorsprichst und evtl. die dazu passende Geste ausführst.

5 Grammatik lernen ▶ S. 21/4a, Resumen, S. 24, S. 42, S. 60, S. 80, S. 98, S. 116

Beim **Einprägen** neuen Grammatikstoffs können dir folgende Tipps helfen:
– Arbeite mit **Merkhilfen** (z. B. Symbole wie Foto vs. Filmstreifen für *pretérito indefinido* vs. *pretérito imperfecto*, Bilder, Eselsbrücken, Reime, Merksprüche u. ä.).
– Präge dir **Beispielsätze** ein, in der die neuen Grammatikphänomene vorkommen.
– Hänge diese Beispielsätze an eine **Pinnwand** und hebe dabei das Wichtige **farbig** hervor. Im Klassenzimmer könnt ihr **Lernplakate** gestalten.
– Fertige selbst Übungen zum neuen Grammatikstoff an und notiere die Lösungen auf der Rückseite oder auf einem anderen Blatt. Bearbeite die Übungen nach einer Pause und vergleiche mit deinen Lösungen.
– Schreibe Grammatikregeln „neu", d. h. formuliere sie mit deinen eigenen Worten und ergänze sie mit einem Beispiel, das du dir gut merken kannst.
– Schreibe einen kurzen Text, in dem möglichst viele Beispiele für ein Grammatikkapitel vorkommen.

Beim **Wiederholen** eines Grammatikstoffs kannst du folgendermaßen vorgehen:
– Lies dir den entsprechenden Abschnitt im Grammatikteil des Buchs und im grammatischen Begleitheft durch.
– Mache die Übungen im Schülerbuch und vergleiche deine Lösungen mit denen im Grammatikheft. Mache außerdem die Übungen im *Autocontrol*-Teil des *Cuaderno de ejercicios*.
– Bilde weitere Beispielsätze, die das entsprechende Phänomen enthalten.
– Suche in dem Lektionstext, in dem das Phänomen neu eingeführt wurde, Sätze, in denen es vorkommt. Übersetze sie ins Deutsche und schreibe die deutschen Sätze auf. Zwei Tage später übersetzt du diese Sätze wieder ins Spanische und vergleichst sie mit dem Lektionstext.

DAS WÖRTERBUCH BENUTZEN

1 Spanisch – Deutsch ▶ S. 53/5a, S. 54/8c, S. 141/1b

Ein Wörterbucheintrag enthält verschiedene Informationen, die man entschlüsseln muss, um das Wörterbuch sinnvoll zu nutzen. Dazu muss man auch einige Abkürzungen kennen. Ihre Bedeutung findest du im Abkürzungsverzeichnis am Anfang/Ende deines Wörterbuchs.

Aussprache — **hora** ['ora] *f* **1.** *(de un día)* Stunde — Bedeutung
Genus — **~ de consulta** Sprechstunde **2.** *(del* — verschiedene Bedeutungen
(wenn es sich um ein   *reloj)* Uhrzeit; **¿qué ~ es?** wie viel   des Wortes
Substantiv handelt)   Uhr ist es? **3.** *(tiempo)* Zeit; **tener**
   horas de vuelo sehr erfahren sein — Tilde (Dieses Zeichen ersetzt
   das Wort, um das es geht.)

Weitere Hinweise für das Nachschlagen in einem spanisch-deutschen Wörterbuch:
– Finde zunächst die Wortart des unbekannten Wortes heraus (Substantiv? Verb? Adjektiv?). Konjugierte Verbformen (z. B. *juegan, entendí*), musst du auf den Infinitiv *(jugar, entender)* zurückführen, damit du sie im Wörterbuch findest.
– Beachte, dass das „ñ" im spanischen Alphabet ein eigener Buchstabe ist, der in Wörterbüchern an unterschiedlichen Stellen steht, z. B. nach „nz" oder hinter dem „n" und vor dem „o". Weitere Extrabuchstaben sind manchmal das „ch" (nach „cz" und vor „d") und das „ll" (nach „lz" und vor „m").
– Wenn du Zweifel bei der Aussprache hast, achte auf die Lautschrift in eckigen Klammern.

Tipps:
– Ein Wort kann mehrere Bedeutungen haben. Deshalb solltest du immer den ganzen Eintrag lesen, um die Bedeutung zu finden, die in „deinen" Kontext passt.
– Mehrteilige Ausdrücke sind manchmal nur unter einem der Teile eingetragen. Wenn du z. B. *el grupo de música* nicht unter „grupo" findest, dann schaue unter „música" nach.

▶ Finde mit Hilfe des Wörterbuchs heraus, welche Bedeutung **tocar** jeweils hat:
1. ¿Sabes tocar la guitarra?
2. ¡No me toques, por favor!
3. Ahora te toca a ti.

▶ Finde mit Hilfe des Wörterbuchs heraus, welche Bedeutung **picar** jeweils hat.
1. A veces no ceno, prefiero picar algo por ahí.
2. Ayer me picó un mosquito, ¡ay, qué dolor!
3. Cuidado con esta salsa, ¡es que pica mucho!
4. El revisor[1] tiene que picar el billete.
5. Hoy el sol pica mucho.

[1] el revisor *der Fahrkartenkontrolleur*

2 Deutsch – Spanisch ▶ S. 76/4a, S. 78/10

verschiedene — **Uhr 1.** *(Gerät)* reloj *m* [re'lox]; **die ~ auf-** — Genus
Übersetzungen   **ziehen** dar cuerda al reloj **2.** *(bei*
   Zeitangabe) hora *f* ['ora]; **es ist genau** — Aussprache
spanische — **acht ~** son las ocho en punto; **neun ~**
Entsprechung   **drei** las nueve y tres minutos — Tilde (Dieses Zeichen ersetzt
   das Wort, um das es geht.)

Wenn du für ein deutsches Wort die spanische Entsprechung nachschlägst, gelten folgende Regeln:
- Lies dir den Wörterbucheintrag so weit durch, bis du das passende spanische Wort gefunden hast. Beachte dabei Angaben wie *fam. (= familiar)*; das bedeutet „umgangssprachlich".
- Ist in deinem Wörterbuch die Aussprache des spanischen Wortes nicht angegeben, nimm die Lautschrift im spanisch-deutschen Teil des Wörterbuchs zu Hilfe.
- Passe das ausgewählte spanische Wort in den Satz, den du formulieren möchtest, ein, d. h.:
  ¬ bei Substantiven: Bilde, wenn nötig, den Plural.
  ¬ bei Verben: Bilde die passende Verbform.
  ¬ bei Adjektiven: Gleiche sie dem Substantiv an.

Tipps:
- So kannst du überprüfen, ob du die passende spanische Entsprechung für ein deutsches Wort ausgewählt hast: Schlage einfach das spanische Wort im spanisch-deutschen Teil deines Wörterbuchs nach. Findest du dort das deutsche Wort, von dem du ausgegangen bist, wieder?
- Findest du ein zusammengesetztes Wort (z. B. Apfelsaft) nicht im Wörterbuch, suche unter den beiden Bestandteilen und bilde dann ein zusammengesetztes spanisches Substantiv (s. S. 154).

▶ Welche spanischen Wörter entsprechen den unterstrichenen deutschen Wörtern? Suche im Wörterbuch.

Europa hat keine <u>Grenzen</u> mehr. Die Ausstellung <u>öffnet</u> heute.
Seine Energie hat keine <u>Grenzen</u>. Pilar hat mir <u>eröffnet</u>, dass sie nicht mitfahren wird.

3 Das einsprachige Wörterbuch ▶ S. 114/9

Ein einsprachiges Wörterbuch
- zeigt dir die korrekte Schreibung und Aussprache eines Wortes.
- gibt Beispiele für den Gebrauch eines Wortes (Kontext; Kollokationen).
- enthält Synonyme und Antonyme eines Wortes.

In manchen Wörterbüchern sind die Einträge nach Wortfamilien geordnet. Wenn du ein Wort nicht findest, schaue unter einem anderen Wort derselben Wortfamilie nach.

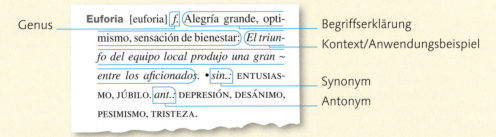

Genus — **Euforia** [euforia] *f.* Alegría grande, optimismo, sensación de bienestar: *El triunfo del equipo local produjo una gran ~ entre los aficionados.* • *sin.:* ENTUSIASMO, JÚBILO. *ant.:* DEPRESIÓN, DESÁNIMO, PESIMISMO, TRISTEZA.

— Begriffserklärung
— Kontext/Anwendungsbeispiel
— Synonym
— Antonym

▶ Bestimme mit Hilfe eines einsprachigen Wörterbuchs für das Wort **canto**: 1. seine Wortart, 2. ggf. das Genus, 3. die Kontexte, in denen es verwendet wird, 4. mit welchen Verben es stehen kann, 5. Synonyme, 6. andere Wörter derselben Familie

▶ Suche im einsprachigen Wörterbuch: 1. Synonyme von **el miedo** und **volver**, 2. Antonyme von **el futuro** und **seguro/-a**, 3. Wörter, die zur Wortfamilie von **trabajar** und **el/la estudiante** gehören, 4. das Genus von **mapa, moto, puente** und **fuente**, 5. die Kontexte, in denen **la plata** und **el gato** verwendet werden

HÖREN

1 Globales Hörverstehen ▶ S. 34/3a, b, S. 33/1a, S. 57/4a, S. 77/9a, b

Beim Hören eines spanischen Textes brauchst du nicht immer jedes Wort zu verstehen. Wichtig ist, den Text in seiner Gesamtheit zu erfassen.

– **Vor dem Hören:**
  Beachte die Aufgabenstellung. Manchmal wird die Gesprächssituation bereits angegeben. Mache dir klar,
  ¬ worum es in dem Gespräch gehen könnte,
  ¬ wer spricht,
  ¬ was die Personen in dieser Situation sagen könnten.
  ¬ Nutze vorhandene Bildinformationen.

– **Achte beim Hören:**
  ¬ auf Hintergrundgeräusche (z. B. Verkehrslärm …),
  ¬ auf den Tonfall der Sprecher (z. B. aufgeregt, erfreut, verärgert),
  ¬ nur auf die Abschnitte, die wichtig sind, um die Aufgabenstellung zu bearbeiten. Die W-Fragen (Was?, Wer?, Wo[hin]?, Wann?, Wie?) helfen dir, die wichtigsten Informationen aus dem Hörtext zu entnehmen.

– Notiere die wichtigen Informationen in Stichpunkten. Am besten trägst du sie in eine Tabelle ein.
– Wenn du den Text mehrmals anhören kannst, konzentriere dich beim ersten Hören auf die Wörter, die du verstehst. Versuche beim nächsten Hören, auf diesen „Verstehensinseln" aufzubauen und weitere Informationen zu entschlüsseln.

> **Notizen machen** ▶ S. 34/3, S. 109/5b
> – Notiere nur Stichwörter, schreibe keine ganzen Sätze.
> – Notiere jede neue Information in eine neue Zeile. Benutze dabei Spiegelstriche.
> – Kürze lange Wörter ab, lasse Artikel und Konjunktionen weg.
> – Benutze Abkürzungen und Symbole: p. ej. (por ejemplo), etc. (etcétera), –, +, =, ≠, → (für eine Folgerung). Du kannst dir auch eigene Abkürzungen ausdenken.

2 Selektives Hörverstehen ▶ S. 14/3, S. 38/1a, S. 53/7a, S. 66/1a, S. 110/9a, S. 114/6b

Oft geht es darum, einem Hörtext nur ganz bestimmte Informationen zu entnehmen.

Vor dem Hören:
– Lies dir die Fragestellung genau durch. Welche Informationen sollst du heraushören? Wenn die Fragestellung es nahelegt, bereite eine Tabelle vor, in die du die gesuchten Informationen später eintragen kannst.

¿Quién?	¿Qué hace por la tarde?	¿A qué hora?
Sandra	___	___
Daniel	___	___

Beim Hören:
– Konzentriere dich vor allem auf die für dich wichtigen Passagen.
– Mache dir, wenn nötig, Notizen oder trage die gesuchten Informationen in die Tabelle ein.

3 Detailgenaues Hörverstehen ▶ S. 21/5, S. 33/1, S. 38/1b, S. 53/7b, S. 66/1b

Manchmal ist es wichtig, alle Einzelheiten zu verstehen (z. B. bei einer Bahnhofsdurchsage oder bei der Angabe einer Adresse).
– Versuche beim ersten Hören, den Text global zu verstehen.
– Konzentriere dich bei jedem weiteren Anhören auf weitere Details.
– Notiere dir alle wichtigen Informationen, die du verstanden hast.

4 Hör-Sehverstehen ▶ S. 23/11, S. 41/12, S. 79/12, S. 114/10

Wenn dir beim Hören zusätzlich Bilder zur Verfügung stehen oder wenn du einen Filmausschnitt siehst, erhältst du gleichzeitig mehrere Informationen: das Bild, die Sprache und die Geräusche bzw. Musik. Bilder ersetzen hier oft Worte; sie können die sprachlich dargebotenen Informationen stützen, ergänzen oder ihnen auch widersprechen.
Folgende Fragestellungen helfen beim Verstehen:
– Welche Figuren oder Gegenstände sind im Vordergrund, welche im Hintergrund? Was sagt dies über ihre Bedeutung aus?
– Welche Mimik, Gestik, Bewegungen weisen die Figuren auf? Was sagen sie über deren Gefühle oder Charakter aus?
– Welchen Ort/Hintergrund, welche Lichteffekte gibt es?
– Welche Funktion hat ggf. der Ton?

LESEN

1 Texte über ihre Gestaltung erschließen / Textsorten erkennen
▶ S. 22/7a, S. 54/8a, S. 75/1, S. 90/2a, S. 131/1a, S. 138/2

Bevor du einen Text liest, stelle erste Vermutungen über seinen Inhalt an.
– Was verrät dir das Druckbild über die Textsorte und ggf. auch die Zielgruppe des Textes (E-Mail, Blog, Beitrag aus einer Jugendzeitschrift, Zeitungsartikel, Rezept, Gebrauchsanweisung, Gedicht, Theaterstück usw.)?
– Welche Informationen geben dir Fotos oder Illustrationen (evtl. mit Bildunterschriften)?
– Was sagen Überschrift(en) und Zwischenüberschriften aus?
– Liefert die visuelle Gestaltung des Textes Hinweise auf die Textgliederung (Sinnabschnitte, Zwischenüberschriften, erzählende bzw. dialogische Passagen, stichpunktartige Informationen bzw. ausführliche Beschreibungen, Vorspann bzw. Zusammenfassung …)?

2 Globales Leseverstehen (Skimming) ▶ S. 56/1, S. 66/2a, S. 129/1a, S. 131/1b, S. 133/2a

Beim ersten Lesen genügt es, den Text im Großen und Ganzen zu verstehen, ohne sich auf Einzelheiten zu konzentrieren.
– Überlege schon vor dem Lesen, was du bereits zum Thema des Textes weißt.
– Um nach der Lektüre zu überprüfen, ob du den Textinhalt global verstanden hast, können dir die „W-Fragen" helfen.
– Stelle dir nach der Lektüre auch eine zusammenfassende Frage, z. B.: Worum geht es in dem Text? Was ist die Kernaussage / das Hauptproblem / der zentrale Konflikt?

Die W-Fragen
Wer?	¿Quién(es)?
Was?	¿Qué?
Wo(hin/her)	¿Adónde? / ¿De dónde?
Wann?	¿Cuándo?
Wie?	¿Cómo?
Warum?	¿Por qué?

3 Selektives Leseverstehen (Scanning) ▶ S. 52/2, S. 66/2b, S. 90/2b, S. 133/3b

Manchmal genügt es, einem Text nur bestimmte Informationen zu entnehmen.
Das erreichst du durch zielgerichtetes Lesen:
– Lies dir vor der Textlektüre die Fragestellung genau durch.
– Überlege dir, nach welchen Schlüsselbegriffen (s. S. 160) du im Text suchen kannst.
– Konzentriere dich beim Lesen nur auf die für dich wichtigen Passagen.

4 Detailgenaues Leseverstehen ▶ S. 54/8c, S. 131/2, S. 139/3a

Manche Texte musst du in jedem Detail verstehen (z. B. eine Gebrauchsanweisung).
– Gehe dabei von den Abschnitten aus, die du gut verstehst („Verstehensinseln").
– Kläre dann Schritt für Schritt die Bedeutung der noch fehlenden Teile. Versuche dabei, die Bedeutung jedes Satzes genau zu erschließen. Nutze dabei den Kontext oder eventuelle zusätzliche Informationsquellen (z. B. Illustrationen, Zwischenüberschriften o. Ä.). Zur Überprüfung kannst du versuchen, den Satz mit eigenen Worten auf Spanisch auszudrücken. Bei besonders komplizierten Sätzen hilft es dir, den Satz ins Deutsche zu übersetzen.
– Eventuell musst du ein Wörterbuch benutzen (s. S. 156).

5 Texte über Schlüsselbegriffe erschließen ▶ S. 127/2b, S.133/2b

Finde im Text Schlüsselbegriffe oder -sätze für die wesentliche(n) Aussage(n) des Textes. Überprüfe:
– Gibt es Begriffe, die besonders wichtig sind (Schlüsselbegriffe)?
– Gibt es Sätze, die Textabschnitte zusammenfassen (oft am Anfang und am Ende eines Absatzes)?
– Notiere sie in dein Heft. Wenn du Kopien benutzt, kannst du sie auch farbig markieren.

6 Texte gliedern ▶ S. 57/2

Für das Verständnis ist es hilfreich, wenn du dir klar machst, in welche inhaltlichen Abschnitte (Sinnabschnitte) sich der Text gliedern lässt. Gib dazu den einzelnen Abschnitten Überschriften. Du verdeutlichst dir damit zugleich, welche Themen oder Einzelaspekte jeweils angesprochen werden.

1 el párrafo *Abschnitt*
2 la introducción *die Einleitung*
3 la parte central *der Hauptteil*

> El texto tiene ___ partes.
> El título de la primera parte / del primer párrafo[1] podría ser ___.
> La introducción[2]
> La parte central[3]
> La conclusión / El final
> va de la línea ___ hasta la línea ___.

7 Textinhalte in eigenen Worten wiedergeben ▶ 14/2, 16/1, S. 20/2, S. 129/1a, S. 160/1a

Du kannst dein Textverständnis überprüfen, indem du z. B.
– Inhalte mit eigenen Worten wiedergibst,
– Fragen dazu formulierst und sie deinem Partner stellst
– oder den Textinhalten vorgegebene Sätze oder Bilder zuordnest.

8 Textinhalte visuell darstellen ▶ S. 30/1, S. 131/3a

Zum genaueren Verständnis eines Textes kann es nützlich sein, die einzelnen Informationen nach bestimmten Oberbegriffen oder Kategorien zu ordnen, z. B. nach Informationen zu Personen, Aktivitäten, Argumenten. Die Textinformationen kannst du z. B.
– als Tabelle *(tabla)*
– als Mind-map *(asociograma)*
– als Diagramm oder Graphik *(diagrama/gráfico)* darstellen.

DIALOGISCHES SPRECHEN

1 Gespräche führen ▶ S. 22/9, S. 35/4c, S. 55/12b, S. 59 / Punto final, S. 115 / Punto final

Um in Gesprächssituationen gut klarzukommen, helfen dir die *Para comunicarse*-Kästen in der chronologischen Liste (ab S. 192).

Hier findest du eine Zusammenstellung wichtiger Ausdrücke für häufige Gesprächssituationen:

nachfragen und um Erklärungen bitten
No entiendo la pregunta / la palabra / la frase.
Más despacio, por favor.
¿Puede/s repetirlo, por favor?
¿Puedes hablar más alto, por favor?
«___», ¿qué significa?
¿Cómo se dice «___» en inglés/alemán/francés?
¿Puede/s ayudarme?

sich entschuldigen
¡Perdona!
¡Disculpa!
Lo siento.[1]

Zeit gewinnen
Pues ___.
Bueno ___.
Espera (un momento).

jemanden beglückwünschen
¡Felicidades!
¡Feliz cumpleaños!

Freude/Begeisterung zeigen
¡Qué genial!
¡Es una pasada!

Einverständnis erklären
¡De acuerdo!
¡Vale!
¡Claro que sí!

[1] Lo siento. *Es tut mir Leid.*

2 Diskutieren ▶ S. 38/5, S. 39/7c, S. 41/13, S. 41 / Punto final, S. 67/4, S. 131/4

– Notiere auf einem Zettel: Was fällt dir spontan zum Thema ein (Denke dabei an die W-Fragen, s. S. 159)? Was ist deine eigene Meinung dazu?
– Bereite Argumente für deine Position vor. Kannst du konkrete Beispiele nennen?
– Während der Diskussion: Sprich klar und deutlich. Formuliere gut verständliche Sätze. Lass die anderen ausreden; bleibe höflich und sachlich.

Hier findest du wichtige Redemittel, die du in einer Diskussion verwenden kannst:

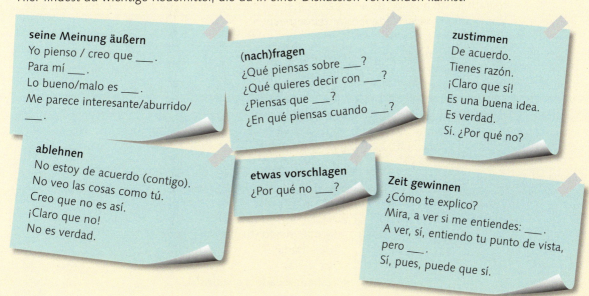

seine Meinung äußern
Yo pienso / creo que ___.
Para mí ___.
Lo bueno/malo es ___.
Me parece interesante/aburrido/___.

(nach)fragen
¿Qué piensas sobre ___?
¿Qué quieres decir con ___?
¿Piensas que ___?
¿En qué piensas cuando ___?

zustimmen
De acuerdo.
Tienes razón.
¡Claro que sí!
Es una buena idea.
Es verdad.
Sí. ¿Por qué no?

ablehnen
No estoy de acuerdo (contigo).
No veo las cosas como tú.
Creo que no es así.
¡Claro que no!
No es verdad.

etwas vorschlagen
¿Por qué no ___?

Zeit gewinnen
¿Cómo te explico?
Mira, a ver si me entiendes: ___.
A ver, sí, entiendo tu punto de vista, pero ___.
Sí, pues, puede que sí.

ciento sesenta y uno 161

3 Rollenspiele ▶ S. 59 / Punto final, S. 67/4, S. 95 / Punto final, S. 129/2b

- Überlege: Wen stellst du dar und was verlangt deine Rolle von dir? In welcher Stimmung bist du?
- Mache dir einen Stichwortzettel bzw. notiere in kurzen Sätzen bzw. Stichpunkten, was du sagen möchtest.
- Überlege dir, was dein/e Dialogpartner/in antworten könnte/n und bereite mögliche Antworten darauf vor.
- Übe das Rollenspiel mehrmals mit deiner Gruppe. Versuche dabei, deinen Stichpunktzettel so wenig wie möglich zu benutzen.

> Sprich nie mit dem Rücken zum Publikum.

MONOLOGISCHES SPRECHEN

1 Erzählen ▶ S. 18/8, S. 18/10, S. 22/8, S. 23/12a

Erzähle die Vorgänge möglichst chronologisch. Verwende dabei die entsprechenden Adverbien zur Textgliederung.

> primero – después – luego – entonces – al final

- Achte auf die richtige Verwendung der Zeiten.

Tempus	pretérito indefinido	pretérito imperfecto	pretérito perfecto
Funktion	erzählen, was in der Vergangenheit geschah und abgeschlossen ist	– beschreiben, wie etwas war (Hintergrund) – sich wiederholende Handlungen / Routine beschreiben	erzählen, was geschehen ist und für die Gegenwart noch von Bedeutung ist
Signalwörter	ayer el año pasado en 1965 hace (dos días)	(como) siempre todos los días cuando (era niño) todo el tiempo	esta mañana / semana / ___ este año hoy ya todavía no

- Je nach Situation wird deine Erzählung eher lebendig, spannend oder nüchtern sein sollen. Dies kannst du mit verschiedenen Mitteln erreichen:

Adjektive oder Vergleiche zur Veranschaulichung	enorme statt grande minúsculo[1] statt pequeño me aburrí como una ostra statt me aburrí mucho
Konnektoren	de repente un poco más tarde (poco) después por la tanto sin embargo no obstante
Ausrufe	¡Qué horror! ¡Ay qué miedo (tuvimos)! ¡Qué pasada! ¡Qué pena! ¡Me he quedado a cuadros!

[1] minúsculo *winzig*

2 Ein Bild beschreiben ▶ S. 84/1, S. 100/2, S. 108/4a, b

- Definiere zuerst, um **welche Art von bildlicher Darstellung** es geht *(foto, afiche, publicidad, colage, folleto, cuadro …)*.
- Nenne das **Thema**, worum es auf dem Bild geht.
- Beginne deine Beschreibung mit den **auffälligsten Elementen** des Bildes. Diese befinden sich meist im Vordergrund und der Mitte des Bildes.
- Beschreibe anschließend die weniger auffälligen Elemente und den Hintergrund.
- Versuche bei deiner Beschreibung sinnvolle Zusammenhänge zu schaffen und springe dabei nicht hin und her.
- Achte bei deinen Formulierungen auf den Gebrauch von *estar* (sich befinden) und *hay* + unbestimmter Artikel / Mengenangaben (entspricht im Deutschen häufig „ist/sind" statt dem wörtlichen „es gibt").
- Wenn auf dem Bild Personen sind, beschreibe ihr Aussehen. Willst du deren Handlungen beschreiben, verwende *estar* + *gerundio*.
- Nach der Beschreibung folgt die **Interpretation** des Bildes: Was soll ausgedrückt werden? Wie wirkt das Bild? Was für ein Effekt soll erzielt werden?
- Du kannst am Ende auch deine eigene Meinung äußern.

Aquí veis Os presento Este/-a es	un cuadro[1] de ___. una foto. un folleto. un mural de ___. un autorretrato de ___. un dibujo[2].	Cerca Detrás Delante Al lado	del ___ de la ___	hay / está/n ___. puedes/podéis ver___.
Arriba/Abajo En el centro Adelante Atrás A la izquierda/derecha En el primer plano[3] Al fondo[4]	hay / está/n ___. puedes/podéis ver ___.	(El cuadro) muestra/presenta/expresa ___. Me parece bonito/-a / feo/-a / interesante / genial. Me gusta/n ___.		

1 el cuadro *das Gemälde* **2** el dibujo *die Zeichnung* **3** en el primer plano *im Vordergrund* **4** al fondo *im Hintergrund*

en el Museo del Prado, Madrid

3 Etwas präsentieren *(charla de un/dos minuto/s / presentación)* ▶ S. 14/5, S. 36/10, S. 88/6

Vorbereitung

- Sammle die für das Thema nötigen Ausdrücke und Redewendungen (evtl. mit Hilfe eines Mind-Maps, eines Stichwortgeländers oder einer Tabelle).
- Formuliere deinen Text zunächst aus. Denke dabei an deine Zuhörer/innen:
  ¬ Was ist für sie interessant?
  ¬ Welche Reihenfolge bietet sich für die Darstellung der Informationen an?
  ¬ Falls du unbekanntes Vokabular verwenden möchtest, bereite Erklärungen für deine Mitschüler/innen vor.
- Fertige anschließend einen Stichwortzettel an, so dass du deinen Vortrag möglichst frei bzw. auswendig halten kannst.
- Bietet sich als visuelle Unterstützung z. B. ein Plakat, eine Collage, ein kleines Handout oder eine Mini-Präsentation mit dem Computer an? So können dir deine Mitschüler/innen besser folgen.

Durchführung

- Sprich laut, langsam, deutlich und so frei wie möglich.
- Halte Blickkontakt mit deinen Zuhörern/-innen.

Folgende Formulierungen können Dir helfen:

Einführung des Themas
Hoy voy a hablar sobre (Menorca / Argentina / mi película favorita ___).
El tema de mi charla es ___ .
Quiero presentar (a) mi grupo de música/artista favorito ___ .
¿Ya sabéis algo sobre ___ ?

Estructuración del Kurzvortrags
Primero os quiero hablar/presentar ___ .
Después os voy a dar más información sobre ___ .
Para terminar / Al final ___ .
Para preguntar algo, levantad[1] la mano, por favor.

1 levantar *heben*

Evaluation ▶ S. 41 / Punto final, S. 59 / Punto final, S. 97 / Punto final, S. 115 / Punto final, S. 129/2c

Bei der Beurteilung einer *charla* bzw. einer *presentación* eines/-r Mitschülers/-in – oder auch einer Diskussion – kann ein **Evaluationsbogen** helfen. Beispiel:

	sí	no	más o menos
La charla es interesante.	☐	☐	☐
La charla tiene una estructura clara.	☐	☐	☐
El/La compañero/-a da la información importante.	☐	☐	☐
Usa frases cortas y claras.	☐	☐	☐
Explica las palabras nuevas.	☐	☐	☐
Habla despacio.	☐	☐	☐
Mira a la clase y contesta las preguntas.	☐	☐	☐

Dieses Muster eines Evaluationsbogens kann um beliebige Kriterien, die ihr gemeinsam festlegt, ergänzt werden. So sollte bei einer Ausstellung z. B. auch die Bildauswahl bewertet werden.

4 Informationen sammeln und auswerten ▶ S. 53/6, S. 70/6

Informationen sammeln

Grenze das Thema genau ein. Welche Informationen brauchst du unbedingt?

Benutze mehrere Quellen für deine Informationssuche:
- das Lehrbuch (z. B. Lektionstexte oder Anhang),
- Nachschlagewerke (z. B. Enzyklopädien, Geschichtsbücher, Atlanten …) oder das Internet.

> **Recherche im Internet**
> - Welche Suchbegriffe führen dich zu den für dich wichtigen Informationen?
> - Sind die Seiten, die du gefunden hast, verlässliche Quellen? (Überprüfe Informationen, die du im Internet gefunden hast, mit Hilfe einer weiteren Quelle.)

Informationen auswerten

- Überlege dir vor dem Lesen, welche Informationen du benötigst (denke an die W-Fragen, S. 159).
- Mache dir Notizen zu deinem Thema.
- Notiere dir immer, wo du die Informationen gefunden hast.
- Ordne deine Notizen so, dass du sie weiterverwenden kannst – z. B. als Basis für eine *charla*.

SCHREIBEN

1 Den Schreibprozess organisieren
▶ S. 23/10, S. 59/8b, S. 67/5, S. 78/11b, S. 92/7b, S. 92/8b, S. 97/10a, S. 97 / Punto final, S. 133/4

Für jegliche Art von Schreibaufgaben ist es hilfreich, nach bestimmten Schritten vorzugehen:
- Mache dir die **Situation** klar: Was sollst du schreiben (Textsorte) und wie lang soll der Text sein? Für wen schreibst du (Adressat)? Warum schreibst du (Grund)? Was willst du erreichen (Ziel)?
- Analysiere die **Themenformulierung** genau: Sollst du beschreiben/erzählen/berichten/zusammenfassen? Geht es um Gründe/Ursachen/Folgen …?
- Sammle **Ideen** für deinen Text *(lluvia de ideas,* W-Fragen …) und **ordne** sie (Tabelle, Mind-map, Schlüsselbegriffe …).
- Schreibe einen ersten **Entwurf**:
  ¬ Verwende dabei Redewendungen aus den Lehrbuchtexten und den *Para comunicarse*-Kästen der chronologischen Liste (ab S. 192).
  ¬ Variiere die Ausdrucksweise und den Satzbau, um den Text abwechslungsreich zu gestalten.
  ¬ Verwende Konnektoren *(enlaces)*, um logische Zusammenhänge zu verdeutlichen und deinen Text klar zu gliedern.
- **Überarbeite** deinen Entwurf:
  ¬ Vergleiche dein Ergebnis mit deinen ersten Überlegungen: Enthält dein Text alles Wesentliche? Entspricht er dem Schreibziel? Wie wird der Adressat auf diesen Text reagieren?
  ¬ Wo müsstest du kürzen/ausführlicher werden/mit mehr Beispielen arbeiten?
  ¬ Korrigiere dich auch sprachlich, z. B. mit der Fehlerchecklist auf S. 169.

> **Konnektoren (Enlaces)**
>
> primero – después/luego/entonces – además – al final
> por una parte – por otra parte
> por un lado – por otro lado
> por ejemplo
> porque / por lo tanto / por lo cual
> pero / en cambio
> cuando
> sin embargo / no obstante

2 Eine Postkarte / Einen Brief / Eine E-Mail schreiben ▶ S. 11/6b, S. 23/10, S. 115/11

Anrede für eine/n Freund/in / oder eine/n Bekannte/n	Hola, Adrián: / Querido Jaime / Querida Ana:
formelle Anrede	Estimados señores y señoras[1]:
Beispiel für einen Brief an eine/n Freund/in oder eine/n Bekannte/n	¿Qué tal? Voy a pasar las vacaciones en casa de mi tía. Estoy muy contento/-a porque me gusta mucho estar con mis primos. Y tú, ¿qué vas a hacer en las vacaciones?
Beispiel für einen Brief zur Anforderung von Informationsmaterial	Mi familia y yo vamos a pasar las vacaciones de verano en La Habana / Cuba. ¿Podrían[2] mandarme folletos[3] sobre la ciudad / el país?
Du beendest den Brief an eine/n Freund/in	Besos / Un abrazo
an eine/n Bekannte/n	(Muchos) saludos
an einen Unbekannten	(Muy) atentamente[4]
Du lässt Grüße an jemanden ausrichten	Muchos saludos a tus padres / a Isabel / Dale recuerdos a tu amiga Sandra

Ort und Datum: Barcelona, 21 de diciembre de 2012

[1] Estimados señores y señoras *Sehr geehrte Damen und Herren* [2] podrían *könnten Sie* [3] el folleto *die Broschüre* [4] Atentamente *Mit freundlichen Grüßen*

Abkürzungen bei der Adresse

C/	Calle	Straße
Avda.	Avenida	Allee
Pza.	Plaza	Platz
2°	segundo	zweiter Stock
pta. bja.	planta baja	Erdgeschoss
3ª	tercera puerta	dritte Tür

Diego Rodríguez Vicente
Avenida Portugal, 25, 4° D
37005 Salamanca

3 Eine Bewerbung schreiben ▶ S. 113/5a, c

Zu einem Bewerbungsschreiben gehören ein Lebenslauf *(currículum vitae / CV)* mit Foto und ein begleitender Brief *(carta de solicitud)*.
- Ein tabellarischer Lebenslauf nennt Angaben zur Person (Name, Geburtsdatum, Adresse ...), schulische Bildung, Ausbildung, Berufserfahrung bzw. berufsvorbereitende Erfahrung (z. B. Praktika), weitere Kenntnisse (z. B. Sprachen, Computerkenntnisse) und Freizeitaktivitäten (auch ehrenamtliche Tätigkeiten).
- Das Begleitschreiben beginnt mit dem Bezug auf eine Stellenanzeige, ein vorangegangenes Gespräch oder eine andere Form der Kontaktaufnahme. Anschließend erläuterst du knapp, warum du dich für die Tätigkeit interessierst und dich dafür besonders eignest.

CURRÍCULUM VITAE

INFORMACIÓN PERSONAL

Nombre: Alejandro García Gallardo
Dirección: Calle de la Paz, 26
49006 Zamora
Teléfono: 980508733
E-Mail: alejandro93@terra.es
Fecha de nacimiento: 23 de abril de 1992
Nacionalidad: española

EDUCACIÓN Y FORMACIÓN

Estudios: bachillerato
Lenguas: español (C2)
inglés (B2)
alemán (A1)

Conocimientos de informática: Word y Excel

INTERESES PERSONALES

La fotografía, tocar la guitarra, viajar

Barcelona, 29 de agosto de 2011

Alejandro García Gallardo

Alejandro García Gallardo
Calle de la Paz, 26
49006 Zamora

A la atención de: Cristina López
Sandea S.A.
Calle de Gran Vía, 43
37012 Salamanca

29 de agosto de 2011

Asunto: Su anuncio en «La Opinión»

Estimada señora López:

Me dirijo a Ud. con motivo de la oferta de trabajo publicada en el diario «La Opinión» el 26 de agosto. Me interesa mucho su oferta y creo reunir las condiciones requeridas.

El año pasado hice prácticas durante seis meses en la empresa de informática Red X en Valencia. En este momento trabajo en la recepción del Hotel Goya en Salamanca.

Según la información en su página web, su empresa dispone de un programa de producción muy innovador. Por eso me gustaría mucho empezar mi carrera profesional con ustedes. Además estoy convencido de la calidad de sus productos.

Estoy disponible para realizar una entrevista con ustedes en las próximas semanas y con mucho gusto voy a responderles todas sus preguntas.

En espera de sus noticias, le saluda muy atentamente

Alejandro García Gallardo

Adjunto: Currículum Vitae

4 Eine Zusammenfassung *(resumen)* schreiben ▶ S. 16/2, S. 96/9

Eine Zusammenfassung enthält in knapper und sachlicher Form die wichtigsten Informationen des Ausgangstextes. Diese findest du, indem du
- bei einem erzählenden Text die W-Fragen stellst (Wer? Was? Wann? Wo? Wie? Warum?)
- bei einem informativen Text nach dem Textthema, den Hauptinformationen bzw. -argumenten und einer möglichen Schlussfolgerung fragst.

Folgende Regeln helfen dir beim Verfassen einer Zusammenfassung:

Ein *resumen*
- ist immer deutlich kürzer als der Ausgangstext.
- beginnst du mit einem einleitenden Satz zum Thema des Ausgangstextes.
- verfasst du in der 3. Person Präsens.
- schreibst du mit eigenen Worten.
- enthält nur Fakten aus dem Text, keine direkte Rede, keine Zitate und keine eigenen Wertung.

¿quién? ¿dónde? ¿cuándo? ¿qué? ¿por qué? ¿cómo?

> Resumen: Cambio de amigos (p. 126)
>
> Juan y su familia acaban de regresar a Madrid después de vivir cuatro años en Barcelona. A Juan ya no le gusta Madrid porque su antiguo barrio ya no es como antes. Todo le parece muy feo. En los primeros días conoce a una chica en la puerta de su edificio que le parece muy rara. Por eso echa de menos Barcelona y a Agueda, una amiga de allá. Sin embargo, Juan también está contento porque vuelve a ver a sus antiguos compañeros del colegio.

5 Kreatives Schreiben ▶ S. 57/3b, S. 59/8b, S. 74/11, S. 78/11a, S. 83/8, S. 112/3b, S. 129/2a, S. 141/4, S. 141/7

Beim kreativen Schreiben sollst du häufig vorgegebene Texte umschreiben. Du kannst z. B. einen Dialog zu einer Geschichte erfinden, den Text aus der Perspektive einer bestimmten Person erzählen oder einen Schluss für eine Geschichte schreiben.
- Nutze die Informationen des Ausgangstextes.
- Wenn du die Perspektive einer bestimmten Person schilderst, überlege, wie diese sich fühlt, was sie denkt, wie sie reagieren könnte.
- Mache dir Notizen (s. S. 158). Ordne sie dann und überlege dir, wie du deinen Text aufbaust.
- Beachte auch die Schreibregeln von S. 165.

6 Einen Text bewerten ▶ S. 59/8c, S. 97 / Punto final

Bei der Beurteilung eines Texts eines/-r Mitschülers/-in hilft dir ein **Evaluationsbogen**. Beispiel:

1 el contenido *der Inhalt* **2** la presentación *die Gestaltung* **3** adecuado/-a *angemessen*

	sí	no	más o menos
El contenido[1]:			
El texto / La historia / El folleto / ___ es interesante.	☐	☐	☐
Están todas las informaciones importantes.	☐	☐	☐
La presentación[2] es adecuada[3]/original.	☐	☐	☐
La forma es creativa.	☐	☐	☐
La lengua:			
Tiene una estructura clara.	☐	☐	☐
Hay enlaces adecuados.	☐	☐	☐
(Casi) no hay errores.	☐	☐	☐

7 Fehler selbst korrigieren ▶ S. 23 / Punto final, S. 92/8c

Um die Anzahl deiner Fehler zu verringern, stelle dir eine eigene Fehlersuchliste aus den folgenden Vorschlägen zusammen.

Tipp: Achte bei jedem Lesdurchgang jeweils nur auf **eine** bestimmte Fehlerquelle. So findest du mehr Fehler.

1. Hast du auf die Rechtschreibung geachtet?	inte**s**ante el **t**ema ¿Qui**é**nes?
2. Sind die Artikel, Begleiter und Adjektive dem Genus und dem Numerus des Nomens angepasst?	l**os** problem**as** much**as** ide**as** los zapato**s** bonito**s**
3. Hast du an die Verschmelzung von Präposition und Artikel gedacht?	Es el libro **del** profe. Dale la cazadora **al** chico.
4. Stimmen die Verbformen mit ihren Subjekten überein?	La **gente** cant**a**. **Los padres** cre**en** que no.
5. Hast du dich vergewissert, dass du „ser", „estar" und „hay" richtig verwendet hast?	José **es** estudiante. **Es** de Vigo. **Está** en Madrid. **Está** enfermo. En la mesa **hay** un mensaje.
6. Hast du auf die Unregelmäßigkeiten bestimmter Verben/Verbformen geachtet?	¿Qu**ie**res ir al cine? S**igue** esta calle todo recto. Lo **hice** yo.
7. Hast du an die richtige Stellung der Adjektive gedacht?	un jersey **verde** una **mala** idea
8. Hast du an die Verkürzung mancher Adjektive vor Sustantiven gedacht?	un **buen** ejemplo un **mal** día el **tercer** piso
9. Stimmen die Pronomen in Genus und Numerus mit den Wörtern überein, die sie ersetzen?	Conozco a **Miguel**. **Le** gusta mucho bailar. ¿**Fernanda y Sofía**? **Las** vi ayer.
10. Hast du die richtige Vergangenheitsform verwendet?	Ayer **fui** al cine. Esta mañana me **he levantado** temprano.
11. Hast du den richtigen Modus verwendet?	**Quiero que** no me **hables** así. **Pienso** que **es** verdad. **No pienso** que **sea** verdad.

KOOPERATIVES LERNEN

1 ¡Piensa, discute y comparte! („Think – pair – share") ▶ S. 39/7, S. 76/3, S. 88/5

¡Piensa, discute y comparte! ist eine Arbeitsform in drei Schritten:
1. *Piensa*: Bearbeite die Aufgabe zunächst alleine und mache dir, wenn nötig, Notizen (s. S. 158).
2. *Discute*: Besprecht zu zweit, was ihr euch überlegt habt bzw. was ihr vorbereitet habt. Korrigiert euch dabei gegenseitig.
3. *Comparte*: Tragt anschließend eure Ergebnisse eurer Gruppe bzw. der Klasse vor.

2 Arbeiten in der Gruppe ▶ S. 8/1b, S. 41 / Punto final, S. 50/6, S. 54/8b, c, S. 55/12a

Gutes Arbeiten in der Gruppe bedeutet, dass jede/r so viel wie möglich zu einem gemeinsamen Ergebnis beiträgt. Achtet darauf, dass alle aus der Gruppe in die Arbeit eingebunden sind. Mögliche Aufgaben sind z. B.:
- Notizen mit den Ergebnissen anfertigen,
- auf das Zeitlimit achten,
- die sprachliche Korrektheit der Notizen (Vokabular, Grammatik) überprüfen,
- sicherstellen, dass alle in der Gruppe ihre Aufgabe so gut wie möglich ausführen.

Am Ende soll jedes Gruppenmitglied die Ergebnisse vor der Klasse vortragen können.

3 Kugellager ▶ S. 55/10b

Ein Kugellager ist sinnvoll, um gemeinsam Dialoge zu üben oder um sich mündlich über ein bestimmtes Thema auszutauschen:
1. Euer Lehrer/Eure Lehrerin bespricht als erstes mit euch die Aufgabenstellung.
2. Stellt euch dann in einem Kreis auf: Jede/r zweite tritt nach innen, so dass sich ein äußerer und ein innerer Kreis bildet.

3. Die sich jeweils gegenüber stehenden Schüler/innen beginnen nun ihren Dialog.
4. Auf ein Signal eures Lehrers / eurer Lehrerin hin bewegt sich der äußere Kreis um eine Person weiter, so dass sich neue Gesprächspaare finden.
5. Das könnt ihr so oft wiederholen, bis ihr wieder eurem/-r Ausgangspartner/in gegenüber steht.

SPRACHMITTLUNG

In den Übungen zur Sprachmittlung *(mediación)* sollst du Inhalte eines Textes sinngemäß in der anderen Sprache wiedergeben. Im Alltag können dir solche Situationen oft begegnen, z. B. wenn du mit deiner Klasse oder deinen Eltern ins spanischsprachige Ausland fährst. Es geht dabei **nicht** darum, wörtlich zu übersetzen, sondern das Wichtigste zu übermitteln.

1 Wiedergeben von Inhalten in der jeweils anderen Sprache ▶ S. 55/11b, S. 73/6, S. 94/3

Hier geht es um eine zusammenfassende Wiedergabe eines Textes.
- Überlege dir vorher, welche Informationen für deine/n Partner/in von Bedeutung sind: nur Teile des Ausgangstextes oder ein Gesamtüberblick.
- Lies den Ausgangstext durch bzw. höre ihn an. Unbekannte Wörter erschließe dir mit Hilfe der bekannten Techniken (▶ Wörter erschließen, S. 152).
- Überprüfe mit Hilfe der W-Fragen, worauf es in dem Text ankommt. Achte dabei auch auf Schlüsselbegriffe.
- Notiere dir evtl. die wichtigsten Aussagen stichpunktartig.
- Fasse diese Informationen dann sinngemäß in der anderen Sprache zusammen. Nur in Einzelfällen kann es sinnvoll sein, Ausdrücke oder (Teil-)Sätze wörtlich zu übersetzen.
- Lies dann deinen Text nochmals durch bzw. höre ihn nochmals an, um zu überprüfen, ob er alle wichtigen Informationen enthält und sinnvoll aufgebaut ist.

2 Dolmetschen ▶ S. 18/9a, S. 67/6, S. 70/5a, S. 72/5b, S. 73/7a

Beim Dolmetschen musst du in einem Gespräch einzelne deutschsprachige Äußerungen ins Spanische und umgekehrt übertragen.
- Mache dir klar, was die Person, für die du dolmetschst, sagen möchte.
- Verwende evtl. einen Notizzettel, auf dem du dir Stichpunkte notierst.
- Übertrage dies dann sinngemäß ins Deutsche bzw. Spanische. Normalerweise ist es nicht nötig, Wort für Wort zu übersetzen.
- Wenn dir ein Wort nicht einfällt oder du es nicht kennst, so umschreibe es mit einfachen Wörtern (▶ Wörter umschreiben, S. 154), nenne Beispiele oder nimm Gestik und Mimik zu Hilfe.

PARA HABLAR DE UN TEXTO

¿DE QUÉ TIPO DE TEXTO SE TRATA?

un **artículo** de periódico / de revista	Artikel
una **entrevista** / un **diálogo**	
un **reportaje** / una **encuesta**	Umfrage
una **carta** privada/formal	privat/formell
un **diario**	Tagebuch
una **(auto)biografía**	(Auto)biografie
un **comentario**	Kommentar
un **cómic**	
la letra de una **canción**	Liedtext
un **poema**	
una **novela** histórica/policíaca	historisch/Kriminal-Roman
de amor	
de ciencia ficción	Science-Fiction-Roman
de aventuras	Abenteuer-Roman
una **leyenda**	Legende
un **relato**	Erzählung
una **pieza/obra de teatro**	Theaterstück

EL/LA AUTOR/A

el/la **periodista**	Journalist/in
el/la **escritor/a**	Schriftsteller/in
el **poeta**, la **poetisa**	Dichter/in
el/la **cantante**	Sänger/in
el/la **dibujante**	Zeichner/in

El/la autor/a
- da su opinión sobre …
- **expresa** sus ideas sobre … — drückt aus
- **describe** … — beschreibt
- discute el problema de …
- **narra** la historia de … — erzählt
- cuenta la vida de …
- empieza / termina por …
- llega a la conclusión de (que) … — kommt zu dem Schluss, dass
- hace una crítica de … — kritisiert

El/la autor/a quiere
- divertir/**sorprender**/**chocar**. — überraschen/schockieren
- llamar nuestra atención sobre … — uns aufmerksam machen auf …

LOS PERSONAJES

el/la **protagonista** / el personaje principal	Hauptfigur
En el texto **están mencionados** (tres) personajes/protagonistas	werden erwähnt

		gordo/-a	delgado/-a	dick/schlank
		alto/-a	bajo/-a	klein
	es	guapo/-a	feo/-a	
		rubio/-a	moreno/-a	dunkelhaarig
		joven	viejo	
	lleva gafas			
	tiene el pelo largo/-a		tiene el pelo corto/-a	
	tiene los ojos azules		tiene los ojos verdes	
		simpático/-a	antipático/-a	unsympathisch
		aburrido/-a	interesante	
		tradicional	moderno/-a	tradidionell
El personaje (principal)		inteligente	**tonto/-a (estúpido/-a)**	dumm
El/la protagonista		**amable**	(un poco) **pesado/-a**	freundlich/nervig
		paciente	impaciente	geduldig/ungeduldig
	es	triste	alegre	
		aplicado/-a	**perezoso/-a**	fleißig/faul
		serio/-a	divertido/-a	
		tranquilo/-a	**marchoso/-a**	stimmungsvoll
		severo/-a	**tolerante**	streng/tolerant
		(muy) **natural**		natürlich
		curioso/-a		
	es pobre / rico/-a.			
	vive con … / solo/-a / en casa de ….			
	es estudiante de ….			

LA ESTRUCTURA DEL TEXTO

		consta de		escenas.	enthält Szenen
El texto		está dividido en	(tres)	partes.	ist unterteilt in
El primer/segundo **capítulo**		contiene		párrafos.	enthält Absätze
		(no) tiene		introducción.	Einleitung
				conclusión.	Schlussfolgerung

		un título.	
Un poema		versos (libres).	(freie) Verse
Una canción	consta de	(tres) estrofas.	Strophen
		rimas.	Reime
		un estribillo.	Refrain

EL CONTENIDO

El lugar de acción es …   Ort der Handlung
La acción se desarrolla en …   die Handlung spielt
(En) este texto / … **(se) trata de** …   handelt es sich um/von

La palabra	principal	
La idea	**clave**	del texto es … Schlüsselbegriff
El tema	central	

EL LENGUAJE / EL ESTILO

El lenguaje se caracteriza por			Die Sprache zeichnet sich aus durch
	un estilo	claro.	
		romántico.	romantisch
		irónico.	
		complicado.	kompliziert
		dramático.	dramatisch
		realista.	realistisch

El texto contiene	**elementos** dramáticos/cómicos/…	Elemente
El autor / La autora utiliza	**expresiones** como …	Ausdrücke
	descripciones de …	Beschreibungen
	detalles/imágenes/repeticiones	Details/Bilder/Wiederholungen
	enumeraciones/comparaciones	Aufzählungen/Vergleiche

¿CUÁL ES TU OPINIÓN SOBRE EL TEXTO?

A mí	me encanta/n	las ideas	del texto porque …	
	me impresiona/n	la **atmósfera**		Atmosphäre
	(no) me gusta/n (mucho)	la línea «…»		
	me soprende/n	la/s frase/s «…»		

A mí	el (texto)	me parece/n	alegre/s	
	todo el (texto)		triste/s	
	la introducción			Einführung
	el final / la conclusión			

aburrido/-a	**exagerado/-a**	übertrieben	**realista**	realistisch
bien escrito/-a	interesante		**romántico/-a**	romantisch
bonito/-a	malo/-a		**sentimental**	sentimental
bueno/-a	raro/-a		**vivo/-a**	lebendig

EL CINE

el guión	das Drehbuch
el/la guionista	der/die Drehbuchautor/in
el/la director/a de una película	der/die Regisseur/in
el actor / la actriz	der/die Schauspieler/in

una película	de amor / de horror	Liebesfilm/Horrorfilm
	de acción	der Actionfilm
	de aventura	der Abenteuerfilm
	de ciencia ficción	Science Fiction-Film
	de dibujos animados	Zeichentrickfilm
	policíaca	Kriminalfilm
	del oeste	Western
	de crítica social	sozialkritischer Film

una comedia

un	vídeo/cortometraje	Video(clip)/Kurzfilm
	documental	

PEQUEÑO DICCIONARIO DE CULTURA Y CIVILIZACIÓN

SPANIEN

Geografisches

Alcudia (ca. 19 100 Einwohner)
Gemeinde und Kleinstadt im Norden von → *Mallorca*. Beliebt aufgrund ihres kilometerlangen Strandes und der nahegelegenen Berge. Fahrradfahrer schätzen vor allem die zahlreichen Mountainbike-Routen. ▶ U1/Ac, U1/B

las (Islas) Baleares (dt. Balearische Inseln, ca. 1,1 Mio. Einwohner)
Spanische Inselgruppe und autonome Gemeinschaft im Mittelmeer. Dazu gehören → *Mallorca*, Menorca, Ibiza, Formentera und Cabrera sowie 146 unbewohnte Inseln. Amtssprachen sind Spanisch und Katalanisch (→ *el catalán*). ▶ U1/Ac

Madrid (ca. 3,3 Mio. Einwohner)
Seit 1561 Hauptstadt und größte Stadt Spaniens mit Regierungs- und Königssitz. Außerdem Bezeichnung für die autonome Gemeinschaft (→ *la Comunidad Autónoma*), die den Ballungsraum der Hauptstadt mit ca. 6 Mio. Einwohnern umfasst. Bekannt ist die Metropole u. a. für ihre kulturellen Attraktionen (z. B. → *Museo del Prado*, → *Palacio Real*) und als Heimat des Fußballvereins → *Real Madrid*. (Siehe auch *Sehenswürdigkeiten in Madrid*, S. 177.) ▶ U4/Ac

Mallorca (ca. 863 000 Einwohner)
Größte der Balearischen Inseln (→ *las Islas Baleares*). Ihre Hauptstadt → *Palma* ist gleichzeitig die Hauptstadt der gesamten Inselgruppe. Amtssprachen sind Spanisch und Katalanisch (→ *el catalán*). Der mallorquinische Dialekt des Katalanischen wird als *mallorquín* bezeichnet. (Siehe auch *Sehenswürdigkeiten auf Mallorca*, S. 178.) ▶ U1/Ac, U1/B

La Mancha
Historische Region in der heutigen autonomen Gemeinschaft (→ *la Comunidad Autónoma*) Kastilien-La Mancha. ▶ Lectura

el Mar Mediterráneo (dt. Mittelmeer, ca. 2,5 Mio. km²)
Nebenmeer des Atlantischen Ozeans, das zwischen Europa, Afrika und Asien liegt. Die darin gelegenen Inseln bilden mit den Küstenregionen Südeuropas, Nordafrikas und Vorderasiens den Mittelmeerraum. Beliebte Urlaubsregion, die ein eigenes Klima aufweist und für ihre gesunde und ausgewogene Küche bekannt ist. ▶ U1/Ac

Palma (ca. 405 000 Einwohner)
Hauptstadt der spanischen Mittelmeerinsel → *Mallorca* sowie der autonomen Gemeinschaft (→ *la Comunidad Autónoma*) der Balearischen Inseln (→ *las (Islas) Baleares*). Aufgrund ihrer 13 Strände, unzähligen Hotelanlagen, Diskotheken und der verwinkelten Altstadt ein wichtiges touristisches Zentrum der Insel. ▶ U1/Ac

Parc natural de S'Albufera (de Mallorca) (katalanisch)
Naturschutzgebiet im Nordosten von → *Mallorca*, in dem 271 verschiedene Vogelarten beobachtet werden können und mehr als 400 verschiedene Pflanzen vorkommen. ▶ U1/Ac

la Sierra de Tramontana
Gebirgszug im Nordwesten Mallorcas. Gut geeignet zum Wandern und für Mountainbike-Touren. ▶ U1/Ac

Sóller (ca. 14 100 Einwohner)
Gemeinde und Kleinstadt in der → *Sierra de Tramontana* auf der Insel → *Mallorca*. ▶ U1/A

Toledo (ca. 82 500 Einwohner)
Hauptstadt der autonomen Gemeinschaft (→ *Comunidad Autónoma*) Kastilien-La Mancha, ca. 70 km südwestlich von Madrid gelegen. Toledo war vor Madrid, also bis 1561, die Hauptstadt Spaniens. Auch „Stadt der drei Kulturen" genannt, da hier im Mittelalter Christen, Juden und Muslime friedlich zusammen lebten. ▶ U4/B

Personen

Daniel Brühl (geb. 1978)
In Barcelona geborener deutsch-spanischer Schauspieler. Spielte u. a. in dem Film ‚Good Bye, Lenin' (Deutschland, 2003) mit. ▶ U6/A

Miguel de Cervantes (1547–1616)
Spanischer Schriftsteller aus Alcalá de Henares. Autor des weltweit bekannten Romans ‚El ingenioso hidalgo Don Quixote de la Mancha'. Cervantes' Leben war ebenfalls sehr abenteuerlich: nachdem er in Italien studiert hatte, wurde er Soldat, von Piraten entführt und versklavt. Nach vielen Fluchtversuchen kam er schließlich frei, heiratete und führte ein Beamtenleben. Nach einer Verurteilung wegen Veruntreuung von Staatsgeldern landete er im Gefängnis und begann dort mit der Arbeit an dem Roman.
▶ U4/A, U4/¡Anímate!, Lectura

Felipe III (dt. Philipp III., 1578–1621)
Von 1598 bis 1621 König von Spanien und Portugal.
▶ U4/B, U4/¡Anímate!

Francisco Franco (1892–1975)
Spanischer General und Diktator aus Ferrol, der Spanien von 1939 bis zu seinem Tod im Jahr 1975 regierte. Unter Francos faschistischer Herrschaft galt die Verwendung der Regionalsprachen Katalanisch (→ el catalán), Baskisch und Galicisch als antinationaler Akt und wurde hart bestraft. ▶ U1/A

Francisco de Goya (1746–1828)
Spanischer Maler, der am spanischen Königshof tätig war. Sein Schaffen reicht von Heiligenbildern über Porträts bis hin zu düsteren Kriegsdarstellungen, z. B. ‚El tres de Mayo'. ▶ U4/A, U4/¡Anímate!

Enrique Páez (geb. 1955)
Spanischer Schriftsteller, geboren in Madrid. Bekanntestes Werk ist ‚Abdel', das vom Leben eines jungen Marokkaners in Spanien handelt. ▶ U5/B

Pablo Picasso (1881–1973)
Maler, Grafiker und Bildhauer aus Málaga und Mitbegründer des Kubismus. Sein Werk ist durch viele verschiedene Ausdrucksformen geprägt. Eines seiner bekanntesten Gemälde ist → ‚Guernica'. Von ihm stammt außerdem das Symbol der Friedenstaube, welches er für den Weltfriedenskongress 1949 entwarf. ▶ U4/B, U4/¡Anímate!

Jordi Sierra i Fabra (geb. 1947)
Spanischer Autor aus Barcelona, dessen vielseitiges Werk über 400 Bücher umfasst. Schreibt auf Spanisch und Katalanisch (→ el catalán). ▶ U5/B, Lectura

Suso33
Graffiti-Künstler aus Madrid. Seine Werke schmücken viele öffentliche Gebäude und wurden seit 1984 in über 70 Ausstellungen in einigen der bedeutendsten Museen der Welt präsentiert und mit verschiedenen Preisen ausgezeichnet. Teilnahme und Mitarbeit bei vielen Performances und Workshops und Zusammenarbeit mit Künstlern und Unternehmen aus der ganzen Welt. ▶ U4/¡Anímate!

Diego Velázquez (1599–1660)
Einer der bedeutendsten spanischer Maler, aus Sevilla stammend. War am spanischen Königshof tätig und porträtierte zahlreiche Angehörige der königlichen Familie und des Hofes. Eines seiner bekanntesten Werke ist ‚Las Meninas' (dt. ‚Die Hoffräulein'), ausgestellt im → Museo del Prado.
▶ U4/A

Sonstiges

el catalán (dt. Katalanisch)
Romanische Sprache, die von ca. 11 Mio. Menschen u. a. in Teilen von Frankreich und Italien, Katalonien, Valencia, Andorra und auf den Balearen (→ las Islas Baleares) gesprochen wird. In Barcelona seit 1997 offizielle Sprache in allen öffentlichen Einrichtungen.
▶ U1/Ac

la Comunidad Autónoma (dt. autonome Gemeinschaft)
Spanien setzt sich aus 17 autonomen Gemeinschaften zusammen, die mit den deutschen Bundesländern vergleichbar sind. Sie verwalten sich selbst und haben bestimmte autonome Kompetenzen, z. B. in der Gesetzgebung und Rechtsprechung. ▶ U1/Ac

la corrida de toros (dt. Stierkampf)
Veranstaltung, bei der der *matador* mit seinen Helfern nach bestimmten traditionellen Regeln und Abläufen gegen einen Stier kämpft. Existiert in Spanien, aber auch in Portugal, Südfrankreich und Lateinamerika. In einigen spanischen Regionen, z. B. Katalonien, ab 2012 verboten. ▶ U4/A

el Desayuno Solidario
Soziale Initiative in vielen spanischen Städten, z. B. Madrid, Sevilla und Valencia, in deren Rahmen Freiwillige – unter ihnen viele Jugendliche – Frühstück an Obdachlose verteilen. ▶ U2/B

Don Quijote
Protagonist des zweiteiligen Romans ‚*El ingenioso hidalgo Don Quixote de la Mancha*' von → *Miguel de Cervantes*. Parodie auf die Ritterromane des späten Mittelalters. Don Quijote ist ein verarmter Adeliger, der fahrender Ritter werden will und deshalb mit seinem Pferd Rosinante und dem Bauern Sancho Panza auszieht, um Abenteuer zu erleben und seine imaginäre Geliebte Dulcinea zu ehren. Eines seiner berühmtesten Erlebnisse ist der Kampf gegen Windmühlen. ▶ U4/¡Anímate!, Lectura

El País
Spanische Tageszeitung, gegründet 1976. Es gibt mehrere regionale sowie eine lateinamerikanische Ausgabe. ▶ U5/Ac

Europass
Dokumentensammlung für Bewerbungen. 2004 vom Europäischen Rat beschlossen, um Bewerbungen im europäischen Ausland zu vereinfachen. Zu den Dokumenten zählen Lebenslauf, Sprachenpass und Zeugniserläuterungen. ▶ U6/B

el FC Barcelona
Einer der erfolgreichsten Fußballvereine Europas, auch *Barça* genannt. Gegründet 1899 in Barcelona. ▶ U4/A

el flamenco
Andalusischer Musik- und Tanzstil, entstanden im 18. Jahrhundert. Wurde von verschiedenen Kulturen geprägt. In vielen spanischen Städten werden in Flamenco-Bars und Tanzschulen Flamenco-Kurse angeboten. Heute wird Flamenco mit Elementen moderner Musikstile gemischt, z. B. Electro, Rock, Jazz oder Hiphop. ▶ U2/A, U2/¡Anímate!

el Jamón de Jabugo
Spanische Schinkenspezialität, hergestellt in Jabugo (Andalusien). ▶ U6/A

el jamón ibérico
Spanischer luftgetrockneter Schinken. ▶ U6/Ac

La Voz de Galicia
Spanische Tageszeitung, gegründet 1882. Vor allem in Galicien verbreitet. Erscheint in spanischer und galicischer Sprache. ▶ U5/Ac

los moros (dt. Mauren)
Übergeordneter Begriff für Mitglieder nordafrikanischer Berberstämme. Nach der Islamisierung durch die Araber waren sie an der Eroberung des heutigen Spaniens ab dem 8. Jahrhundert beteiligt.
▶ U4/B, Lectura

Muy interesante
Populärwissenschaftliche Zeitschrift. Erscheint monatlich und beinhaltet u. a. Artikel zu Geschichte, Astrophysik und Technologie. ▶ U5/Ac

Quo
Wissenschaftliche Monatszeitschrift, in der u. a. Themen zu Ernährung, Psychologie, Sport, Unterhaltung und Technologie behandelt werden. ▶ U5/Ac

el Real Madrid Club de Fútbol
Einer der berühmtesten Fußballclubs weltweit und einer der erfolgreichsten Vereine Europas, gegründet 1902. Heimatstadion ist das → *Estadio Santiago Bernabéu*. ▶ U4/A

Tuenti
Spanisches soziales Netzwerk, das seit 2006 existiert. Nutzer sind v. a. Jugendliche zwischen 14 und 24 Jahren. ▶ U5/A

Sehenswürdigkeiten in Madrid

Guernica
Eines der bekanntesten Gemälde des spanischen Malers → *Pablo Picasso*. Entstanden 1937 als Reaktion auf die Bombardierung der baskischen Stadt Guernica durch deutsche Kampfflugzeuge während des Spanischen Bürgerkriegs. ▶ U4/B

el Estadio Santiago Bernabéu
Heimatstadion des Fußballvereins → *Real Madrid*. Fasst 80 354 Zuschauer und beherbergt das Museum des Vereins, in dem u. a. Pokale ausgestellt sind.
▶ U4/Ac, U4/B

el Museo del Prado
Eines der weltweit bedeutendsten und berühmtesten Kunstmuseen und Wahrzeichen der Stadt Madrid. Beherbergt die weltweit größte Sammlung spanischer Gemälde des 11. bis 18. Jahrhunderts sowie zahlreiche Meisterwerke berühmter internationaler Künstler (fast 8000 Gemälde, mehr als 6500 Zeichnungen). ▶ U4/Ac, U4/A

el Museo Nacional Centro de Arte Reina Sofía
Museum für zeitgenössische Kunst in Madrid. Stellt vor allem Werke spanischer Künstler des 20. Jahrhunderts – wie z. B. Joan Miró, → *Pablo Picasso* und Salvador Dalí – aus. Bekanntestes Gemälde des Museums ist → *,Guernica'* von Picasso. ▶ U4/B

el Palacio Real
Stadtschloss in → *Madrid* und offizielle Residenz der spanischen Königsfamilie. Erbaut im 18. und 19. Jahrhundert. ▶ U4/A

la Plaza Mayor
Großer Platz im Zentrum Madrids. Gilt als einer der schönsten Plätze Spaniens. Ursprünglich der Marktplatz der Stadt, auf dem auch öffentliche Feierlichkeiten und Stierkämpfe (→ *la corrida de toros*) stattfanden. Heute vor allem wegen seiner vielen Cafés, Restaurants und Bars beliebt. ▶ U4/A

el (Parque del) Retiro (1,4 km²)
Große Parkanlage und beliebter Treffpunkt von Jung und Alt im Zentrum Madrids. Ursprünglich war es der königliche Erholungspark. In den noch erhaltenen Gebäuden befinden sich heute Museen. Aber auch den Park selbst schmücken viele Statuen, Skulpturen und Brunnen. ▶ U4/Ac, U4/B

(la Puerta del) Sol
Einer der lebendigsten Plätze Madrids, kurz *Sol* genannt. Zu Silvester feiern die Madrilenen hier den Jahreswechsel. Auf dem Platz befindet sich auch das Wahrzeichen Madrids: ein Bär, der von einem Erdbeerbaum *(madroño)* nascht. ▶ U4/Ac, U4/B

Sehenswürdigkeiten auf Mallorca

el Palacio de Marivent
Sommerresidenz der spanischen Königsfamilie in Cala Major, einem Vorort der mallorquinischen Hauptstadt → *Palma*. Marivent ist katalanisch (→ *el catalán*) und bedeutet *Mar y Viento*.
▶ U1/Ac

el parc natural S'Albufera (katalanisch)
Sumpfland auf der Insel → *Mallorca*. Steht aufgrund der hier vorkommenden Vogelarten unter Naturschutz. Neben einheimischen Vogelarten können bei den Führungen u. a. aber auch Flamingos, Störche, Falken und Adler beobachtet werden. ▶ U1/Ac

Fernsehsender in Spanien ▶ U5/Ac

Televisión Española (TVE)
Öffentlich-rechtlicher Fernsehsender Spaniens. Existiert seit 1956. Zu TVE gehören unter anderem:
TVE-1 – La primera
TVE-2 – La 2

IB 3
Öffentlich-rechtlicher Fernsehsender der Balearen in katalanischer Sprache (→ *el catalán*).

TV3
Erster öffentlich-rechtlicher Fernsehsender in katalanischer Sprache (→ *el catalán*).

Televisión de Galicia (TVG)
Öffentlich-rechtlicher Fernsehsender in galicischer Sprache.

Euskal Telebista 1 (ETB 1)
Öffentlich-rechtlicher Fernsehsender in baskischer Sprache.

LATEINAMERIKA

Geographisches

Caracas (ca. 5,8 Mio. Einwohner)
Hauptstadt Venezuelas, gegründet 1567. Wirtschaftliches, industrielles und kulturelles Zentrum im Norden des Landes. ▶ U5/B

Chiapas (ca. 4 Mio. Einwohner)
Einer der ärmsten Bundesstaaten Mexikos im Südosten des Landes. Bekannt für seine artenreiche Natur sowie für die Maya-Ruinenstätten (z. B. → *Palenque*). Ca. ein Viertel der Einwohner sind indigener Abstammung und sprechen z. T. kaum Spanisch, sondern eine der 30 Maya-Sprachen. Eine der bekanntesten Städte in Chiapas ist → *San Cristóbal de las Casas*. ▶ U3/B

Coyoacán (ca. 630 000 Einwohner)
Stadtteil von Mexiko-Stadt. Hier befindet sich u. a. das Haus (→ *la Casa Azul*) der mexikanischen Malerin → *Frida Kahlo*. Der Name Coyoacán entstammt der aztekischen Sprache Nahuatl (→ *los aztecas*) und bedeutet „Platz der Kojoten". ▶ U3/Ac

México (ca. 112 Mio. Einwohner)
Amtlich: Vereinigte Mexikanische Staaten *(Estados Unidos Mexicanos)*. Bevölkerungsreichstes spanischsprachiges Land der Welt. Im Süden Nordamerikas gelegen, grenzt im Norden an die USA (→ *los Estados Unidos*) und im Süden an Guatemala und Belize. Besteht aus 31 Bundesstaaten, die Hauptstadt ist → *Ciudad de México*. Amtssprache ist Spanisch, seit 2003 sind jedoch über 60 indigene Sprachen als „Nationalsprachen" anerkannt. Vielfältige Landschaft mit Hochgebirgen, Vulkanen und Wüsten bis hin zu tropischen Wäldern. (Siehe auch *Sehenswürdigkeiten in Mexico*, S. 180.) ▶ U3/Ac

Distrito Federal (D.F.) (ca. 9 Mio. Einwohner)
Hauptstadtbezirk von Mexiko (→ *México*). Er umfaßt die Hauptstadt *Ciudad de México* und deren Ballungsraum. Mit knapp 20 Mio. Einwohnern im Großraum von Mexiko-Stadt eine der größten Metropolen der Welt. Sowohl politischer als auch wirtschaftlicher und kultureller Mittelpunkt des Landes.   ▶ U3/Ac

Oaxaca (ca. 3,5 Mio. Einwohner)
Fünftgrößter mexikanischer Bundesstaat, im Süden Mexikos an der Pazifikküste gelegen. Oaxaca befindet sich auf einer Hochebene, die unterschiedliche Klimazonen aufweist. Die Einwohnerschaft setzt sich aus 16 verschiedenen Volksgruppen zusammen, die neben Spanisch über 50 verschiedene indigene Dialekte sprechen.   ▶ U3/Ac

el Popocatépetl (5462 m)
Aktiver Vulkan und zweithöchster Berg in Mexiko, ca. 70 km von Mexiko-Stadt entfernt.   ▶ U3/A

San Cristóbal de las Casas (ca. 190 000 Einwohner)
Stadt im mexikanischen Bundesstaat → *Chiapas*. Bekannt für ihre koloniale Architektur und als Handelszentrum der indigenen Kunsthandwerker.   ▶ U3/A

Xochimilco (ca. 405 000 Einwohner)
Vorort von Mexiko-Stadt. Bekannt für seine „Schwimmenden Gärten": künstlich angelegte Kanäle, auf denen bepflanzte Flöße treiben und man Ausflüge in bunten Booten, den *trajineras*, unternehmen kann.   ▶ U3/Ac

Personen

Lila Downs (geb. 1968)
Mexikanisch-US-amerikanische Sängerin. Als Tochter einer indigenen Mutter greift sie auf Musik indigener Kulturen zurück und mischt in ihren Liedern verschiedene Stilrichtungen. Hat am Soundtrack zum Film ‚Frida' über das Leben von → *Frida Kahlo* mitgewirkt.   ▶ U3/¡Anímate!

Frida Kahlo (1907–1954)
Bekannteste mexikanische Malerin mit deutschem Vater. Griff in ihren Bildern häufig Motive der Azteken (→ *los aztecas*) und Maya (→ *los mayas*) auf. Ihr Werk wurde von der mexikanischen Regierung zum nationalen Kulturgut erklärt.
▶ U3/Ac, U3/¡Anímate!

Ronaldinho (geb. 1980)
Brasilianischer Fußballspieler. Begann mit 17 Jahren seine Profikarriere und spielte ab 2001 in europäischen Vereinen wie dem FC Barcelona und AC Mailand. Nach vielen Erfolgen und Auszeichnungen kehrte er 2011 nach Rio de Janeiro zurück und spielt beim Flamengo RJ.   ▶ U5/B, Lectura

Julieta Venegas (geb. 1970)
Mexikanische Sängerin, die auch Akkordeon spielt. Hat diverse Alben und Singles herausgebracht sowie an Soundtracks von verschiedenen Filmen mitgewirkt.   ▶ U2/A, U2/¡Anímate!

Sonstiges

los aztecas (dt. Azteken)
Indigenes Volk, das zwischen dem 14. und dem frühen 16. Jahrhundert in Mexiko (→ *México*) lebte. Anfang des 16. Jahrhunderts von den spanischen Eroberern unterworfen. Die Sprache der Azteken war Nahuatl und die Verständigung erfolgte mittels einer Bilderschrift. Nahuatl wird noch heute von Teilen der indigenen Bevölkerung in Mexiko gesprochen.
▶ U3/A

el Día de Muertos (dt. Tag der Toten)
Einer der wichtigsten mexikanischen Feiertage. Dem Glauben nach besuchen in der Nacht vom 1. auf den 2. November die Seelen der Toten ihre Familien, welche sie mit Opferaltären und dem *pan de muerto* (dt. Totenbrot) empfangen. Die Familie verbringt den ganzen Tag auf dem Friedhof und isst, singt und tanzt, je nachdem, was der/die Verstorbene mochte.
▶ U3/A

los Estados Unidos de América (dt. Vereinigte Staaten von Amerika, ca. 311 Mio. Einwohner)
Drittgrößter Staat der Welt. Spanisch ist nach dem Englischen die zweithäufigste Sprache und vor allem im Süden der USA sehr präsent. Lateinamerikaner bilden mit ca. 47 Mio. die größte Einwanderergruppe, über 60 % von ihnen sind Mexikaner.   ▶ U3/B

los frijoles
Bohnenart, die in vielen Ländern Lateinamerikas ein wichtiger Bestandteil nationaler Speisen ist.   ▶ U3/B

los mariachis
Traditionelle mexikanische Musikgruppen, die häufig auf Hochzeiten, Taufen und Beerdigungen spielen. Die Musiker tragen meist Cowboystiefel, einen breitkrempigen Hut und Anzüge.   ▶ U3/Ac

los mayas (dt. Maya)
Indigene Volksgruppe Mittelamerikas. Blütezeit ihrer Kultur war zwischen 600 und 900 n. Chr, wovon z. B. die kunstvolle Architektur (→ *Palenque*), ein sehr exakter bis ins Jahr 2012 reichender Kalender und ein eigenes Schriftsystem zeugen. Heute leben noch ca. 6 Mio. Maya im Süden Mexikos, Guatemala, Belize und Honduras. Es gibt ca. 30 verschiedene Maya-Sprachen (u. a. → *tzotzil*). ▶ U3/Ac

la quesadilla
Typische mexikanische Speise: Zusammengeklappte, mit Käse gefüllte und gebackene oder frittierte mexikanische → *tortilla*. ▶ U3/A

el taco
Mexikanische Speise, bestehend aus einer harten oder weichen mexikanischen → *tortilla*, die mit Fleisch, Gemüse, Fisch und Saucen gefüllt und aus der Hand gegessen wird. ▶ U3/A

el tamal
Über 5000 Jahre altes lateinamerikanisches Gericht: mit Fleisch und Gemüse gefüllter und in Pflanzenblättern gedämpfter Maisteig. ▶ U3/A

la tortilla (mexicana)
Fladenbrot aus Mais- oder Weizenmehl, das mit Fleisch, Käse, Gemüse und Saucen belegt oder gefüllt wird und u. a. als Basis für → *quesadillas* und → *tacos* dient. ▶ U3/A

los tzotziles
Volksgruppe, die in Mittelamerika, z. B. im Umland von → *San Cristóbal de las Casas* im Bundesstaat → *Chiapas*, lebt und ihre Traditionen und Lebensweisen z. T. bis heute bewahrt hat. Ihre Sprache, die ebenfalls *tzotzil* heißt und zu den Maya-Sprachen (→ *los mayas*) gehört, wird von rund 350 000 Menschen in Mexiko und Guatemala gesprochen. ▶ U3/A

Sehenswürdigkeiten in Mexiko

la Casa Azul (dt. Blaues Haus)
Geburtshaus der Malerin → *Frida Kahlo* in → *Coyoacán*, in dem sie auch einige Jahre mit ihrem Ehemann Diego Rivera lebte. Beherbergt heute das Frida-Kahlo-Museum. ▶ U3/Ac

Chichén-Itzá
Ruinenstätte der Maya-Kultur (→ *los mayas*) im Südosten Mexikos, seit 1988 UNESCO-Welterbe. Nach → *Teotihuacán* der archäologische Fundort mit der zweithöchsten Besucherzahl in ganz Mexiko (ca. 1 Mio. Besucher jährlich). ▶ U3/Ac

Palenque
Ruinenstadt im mexikanischen Bundesstaat → *Chiapas*, in der Ruinen von Tempeln, Palästen und Pyramiden aus der Zeit der Maya (→ *los mayas*) zu besichtigen sind. Seit 1987 Weltkulturerbe der UNESCO. ▶ U3/Ac

la Pirámide del Sol (dt. Sonnenpyramide)
Pyramide in der mexikanischen Ruinenstätte → *Teotihuacán*. Zweitgrößtes vorspanisches Bauwerk in Mittelamerika. Baubeginn war vermutlich um 100 n. Chr. ▶ U3/Ac

Teotihuacán
Ruinenstätte nahe Mexiko-Stadt. Zu ihrer Blütezeit (ca. 500 n. Chr.) war Teotihuacán das kulturelle und wirtschaftliche Zentrum Mittelamerikas mit vermutlich über 200 000 Einwohnern. Der ursprüngliche Name ist unbekannt, die heutige Bezeichnung geht auf die Azteken zurück (→ *los aztecas*). ▶ U3/Ac

el Zócalo
Umgangssprachlicher Name für den Hauptplatz im historischen Zentrum von Mexiko-Stadt. Einer der größten Plätze weltweit, auf dem sich unter anderem der Sitz des Präsidenten von Mexiko (*Palacio Nacional*), das Rathaus (*Palacio Municipal*) sowie die größte Barockkirche Amerikas befinden. ▶ U3/Ac

BETONUNG, ZEICHEN, ZAHLEN

EL ALFABETO   Das Alphabet

a	[ɑ]	f	[efe]	k	[ka]	o	[o]	t	[te]
b	[βe]	g	[xe]	l	[ele]	p	[pe]	u	[u]
c	[θe]	h	[atʃe]	m	[eme]	q	[ku]	v	[uβe]
d	[de]	i	[i]	n	[ene]	r	[ere]	w	[doβle uβe]
e	[e]	j	[xota]	ñ	[eɲe]	s	[ese]	x	[ekis]

z [θeta]

LOS SIGNOS DE PUNTUACIÓN   Die Satzzeichen

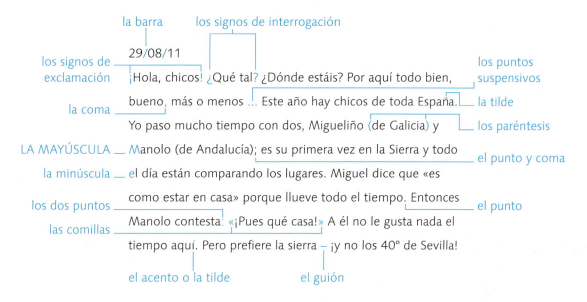

LA PRONUNCIACIÓN   Die Aussprache

Las consonantes | Die Konsonanten

[β]	nuevo, deberes		[m]	monumento, también
[b]	vecino, vasco, Barcelona, también		[n]	no, son
[θ]	centro, ciudad, zapato, feliz		[ŋ]	inglés, lengua, encuentro
[tʃ]	chico		[ɲ]	español, mañana
[d]	deporte		[p]	padre, página
[ð]	estudiar		[r]	pero, centro
[f]	foto		[r]	río, gorra, guitarra
[x]	gente, hijo		[s]	salmantino, clase
[g]	gorra, inglés, alegre		[t]	fatal, tú
[ɣ]	regalo, amiga		[ks]	examen
[ʎ]	llamar, allí, apellido (oft wie [j])		[j]	yoga
[k]	calle, querer, kilómetro		[w]	windsurf
[l]	libro, hola			

ciento ochenta y uno **181**

Las vocales | Die Vokale

- [a] **a**quí
- [e] **e**dad
- [i] **i**nstituto, m**uy**
- [o] h**o**la, ¿c**ó**mo?
- [u] **u**niversidad, est**u**diante

Los diptongos | Die Diphthonge

- [ai] h**ay**, b**ai**lar
- [au] **au**la, L**au**ra
- [ei] s**ei**s, v**ei**nte, vol**ei**bol
- [eu] **eu**ro
- [oi] v**oy**, h**oy**
- [j] b**i**en, s**i**empre, c**i**udad, est**u**d**i**ante
- [w] leng**u**a, b**u**eno, c**u**idado

Reglas de acento | Betonungsregeln

1. Wörter, die auf n, s oder Vokal enden, werden auf der vorletzten Silbe betont.

   chi|co   **pla**|za   **bue**|no   **len**|gua   mo|**tu**|ve|**ris**|ci|ta|no|men|to

2. Wörter, die auf Konsonant (außer n, s) enden, werden auf der letzten Silbe betont.

   ver|**dad**   ge|**nial**   ha|**blar**   u|ni|ver|si|**dad**   re|gu|**lar**   ca|te|**dral**

3. Wörter, deren Betonung von dieser Regel abweicht, haben einen Akzent auf der betonten Silbe.

   tam**bién**   vi**vís**   a**llí**   **fút**bol   **pá**gina   ¡le**ván**tate!

LOS NÚMEROS Die Zahlen

Los números cardinales | Die Kardinalzahlen

0 cero	18 dieciocho	101 ciento uno/-a, un
1 uno, una, un	19 diecinueve	135 ciento treinta y cinco
2 dos	20 veinte	200 doscientos/-as
3 tres	21 veintiuno/-a, -ún	300 trescientos/-as
4 cuatro	22 veintidós	400 cuatrocientos/-as
5 cinco	23 veintitrés	500 quinientos/-as
6 seis	26 veintiséis	600 seiscientos/-as
7 siete	30 treinta	700 setecientos/-as
8 ocho	31 treinta y uno/-a, y un	800 ochocientos/-as
9 nueve	32 treinta y dos	900 novecientos/-as
10 diez	33 treinta y tres	1 000 mil
11 once	40 cuarenta	2 000 dos mil
12 doce	50 cincuenta	10 000 diez mil
13 trece	60 sesenta	100 000 cien mil
14 catorce	70 setenta	200 000 doscientos/-as mil
15 quince	80 ochenta	500 000 quinientos/-as mil
16 dieciséis	90 noventa	1 000 000 un millón
17 diecisiete	100 cien, ciento	2 000 000 dos millones

Los números ordinales | Die Ordnungszahlen

1º	el primero	1ª	la primera	⚠ el **primer** piso
2º	el segundo	2ª	la segunda	
3º	el tercero	3ª	la tercera	⚠ el **tercer** piso
4º	el cuarto	4ª	la cuarta	
5º	el quinto	5ª	la quinta	
6º	el sexto	6ª	la sexta	
7º	el séptimo	7ª	la séptima	
8º	el octavo	8ª	la octava	
9º	el noveno	9ª	la novena	
10º	el décimo	10ª	la décima	

LOS PAÍSES DE LA UNIÓN EUROPEA (UE)

País	Gentilicio	País	Gentilicio
Alemania	alemán/alemana	Irlanda	irlandés/irlandesa
Austria	austríaco/-a	Italia	italiano/-a
Bélgica	belga *inv.*	Letonia	letón/letona
Bulgaria	búlgaro/-a	Lituania	lituano/-a
Chipre *m.*	chipriota *inv.*	Luxemburgo *m.*	luxemburgués/luxemburguesa
Dinamarca	danés/danesa	Malta	maltés/maltesa
Eslovaquia	eslovaco/-a	Países Bajos *m. pl.*	neerlandés/neerlandesa
Eslovenia	esloveno/-a	Polonia	polaco/-a
España	español/a	Portugal *m.*	portugués/portuguesa
Estonia	estonio/-a	Reino Unido *m.*	británico/-a
Finlandia	finlandés/finlandesa	República Checa	checo/-a
Francia	francés/francesa	Rumanía	rumano/-a
Grecia	griego/-a	Suecia	sueco/-a
Hungría	húngaro/-a		

EL ESPAÑOL EN LA CLASE

Hilfe erbitten/anbieten:

¿Puedes/Puede ayudarme?	Kannst du / Können Sie mir helfen?
¿Puedo ayudarte?	Kann ich dir helfen?
Tengo problemas con ___. ¿Me ayudas/ayuda?	Ich habe Probleme mit ___. Hilfst du / Helfen Sie mir?
¿Tienes un boli/lápiz?	Hast du einen Kuli/Bleistift?

Um Wiederholung bitten:

¿Podrías/Podría repetirlo, por favor?	Könntest du / Könnten Sie das bitte wiederholen?
¿Podrías/Podría explicarlo otra vez?	Könntest du / Könnten Sie das noch einmal erklären?
(Yo) No lo entiendo.	Ich verstehe das nicht.
¿Podrías/Podría hablar más despacio, por favor?	Könntest du / Könnten Sie bitte langsamer sprechen?

Um Erklärungen oder Hinweise bitten:

¿Podrías/Podría explicar ___?	Könntest du / Könnten Sie ___ erklären?
Tengo una pregunta.	Ich habe eine Frage.
¿Cómo?	Wie bitte?
¿Qué es eso?	Was ist das?
(Yo) No he entendido el ejercicio.	Ich habe die Aufgabe nicht verstanden.
No entiendo la palabra/frase ___.	Ich verstehe das Wort / den Satz ___ nicht.
¿Qué significa ___ en alemán?	Was bedeutet ___ auf Deutsch?
¿Cómo se dice ___ en español?	Was heißt ___ auf Spanisch?
¿Se puede decir también ___?	Kann man auch ___ sagen?
¿Cómo se escribe ___?	Wie schreibt man ___?
¿___ se escribe con/sin «s»?	Schreibt man ___ mit/ohne „s"?
¿Cómo se pronuncia ___?	Wie spricht man ___ aus?
¿Podrías/Podría poner un ejemplo, por favor?	Könntest du / Könnten Sie bitte ein Beispiel nennen?
¿En qué página está?	Auf welcher Seite steht das?
¿Es correcto/incorrecto?	Ist das richtig/falsch?
¿Cuánto tiempo tenemos?	Wie viel Zeit haben wir?

Vorschläge erbitten/machen:

¿Qué hacemos ahora?	Was machen wir jetzt?
¿Sigo?	Soll ich weitermachen?
Empezamos desde el principio.	Wir fangen von vorne an.
Ahora te toca a ti. Después le toca a él/ella.	Jetzt bist du dran. Danach ist er/sie dran.

Sich entschuldigen:

Lo siento, no lo he hecho a propósito.	Tut mir leid, das habe ich nicht mit Absicht getan.
Lo siento, (no) es culpa mía.	Tut mir leid, das ist (nicht) meine Schuld.
Disculpa./Perdona.	Entschuldige.

LOS VERBOS

VERBOS AUXILIARES Hilfsverben

infinitivo	ser	estar	haber	¡OJO!
presente	soy eres es somos sois son	estoy estás está estamos estáis están	he has ha hemos habéis han	hay
imperativo	sé sed	está estad		
gerundio	siendo	estando	habiendo	
participio	sido	estado	habido	
pretérito indefinido	fui fuiste fue fuimos fuisteis fueron	estuve estuviste estuvo estuvimos estuvisteis estuvieron	hube hubiste hubo hubimos hubisteis hubieron	hubo
pretérito imperfecto	era eras era éramos erais eran	estaba estabas estaba estábamos estabais estaban	había habías había habíamos habíais habían	había
futuro simple	seré serás será seremos seréis serán	estaré estarás estará estaremos estaréis estarán	ha**br**é ha**br**ás ha**br**á ha**br**emos ha**br**éis ha**br**án	
presente de subjuntivo	sea seas sea seamos seáis sean	esté estés esté estemos estéis estén	haya hayas haya hayamos hayáis hayan	haya

LOS VERBOS REGULARES EN -AR/-ER/-IR   Die regelmäßigen Verben auf -ar/-er/-ir

infinitivo	charlar	comprender	compartir	¡OJO!
presente	charlo charlas charla charlamos charláis charlan	comprendo comprendes comprende comprendemos comprendéis comprenden	comparto compartes comparte compartimos compartís comparten	coger: cojo, coges, ___ salir: salgo, sales, ___ caerse: me caigo, te caes, ___ esquiar: esquío, esquías, ___
imperativo	charla charlad	comprende comprended	comparte compartid	salir: sal
gerundio	charlando	comprendiendo	compartiendo	leer: leyendo, creer: creyendo
participio	charlado	comprendido	compartido	abrir: abierto escribir: escrito descubrir: descubierto
pretérito indefinido	charlé charlaste charló charlamos charlasteis charlaron	comprendí comprendiste comprendió comprendimos comprendisteis comprendieron	compartí compartiste compartió compartimos compartisteis compartieron	-car: busqué, buscaste, ___ -gar: llegué, llegaste, ___ -zar: organicé, organizaste, ___ leer: leyó, leyeron creer: creyó, creyeron
pretérito imperfecto	charlaba charlabas charlaba charlábamos charlabais charlaban	comprendía comprendías comprendía comprendíamos comprendíais comprendían	compartía compartías compartía compartíamos compartíais compartían	
futuro simple	charlaré charlarás charlará charlaremos charlaréis charlarán	comprenderé comprenderás comprenderá comprenderemos comprenderéis comprenderán	compartiré compartirás compartirá compartiremos compartiréis compartirán	salir: saldré, saldrás, ___
presente de subjuntivo	charle charles charle charlemos charléis charlen	comprenda comprendas comprenda comprendamos comprendáis comprendan	comparta compartas comparta compartamos compartáis compartan	-car: toque, toques, ___ -gar: pague, pagues, ___ -zar: cruce, cruces, ___ -ger: coja, cojas, ___ esquiar: esquíe, esquíes, ___

GRUPOS DE VERBOS   Verbgruppen

1. Verbos con diptongación: e → ie

infinitivo	pensar	entender	preferir	¡OJO!
presente	pienso piensas piensa pensamos pensáis piensan	entiendo entiendes entiende entendemos entendéis entienden	prefiero prefieres prefiere preferimos preferís prefieren	tener: **tengo**, tienes, ___
imperativo	piensa pensad	entiende entended	prefiere preferid	tener: **ten**, tened
gerundio	pensando	entendiendo	prefiriendo	
participio	pensado	entendido	preferido	
pretérito indefinido	pensé pensaste pensó pensamos pensasteis pensaron	entendí entendiste entendió entendimos entendisteis entendieron	preferí preferiste prefirió preferimos preferisteis prefirieron	empezar: **empecé**, empezaste, ___ querer: **quise**, **quisi**ste, ___ tener: **tuve**, **tuvi**ste, ___
pretérito imperfecto	pensaba pensabas pensaba pensábamos pensabais pensaban	entendía entendías entendía entendíamos entendíais entendían	prefería preferías prefería preferíamos preferíais preferían	
futuro simple	pensaré pensarás pensará pensaremos pensaréis pensarán	entenderé entenderás entenderá entenderemos entenderéis entenderán	preferiré preferirás preferirá preferiremos preferiréis preferirán	querer: que**rr**é, que**rr**as, ___ tener: ten**dr**é, ten**dr**ás, ___
presente de subjuntivo	piense pienses piense pensemos penséis piensen	entienda entiendas entienda entendamos entendáis entiendan	prefiera prefieras prefiera prefiramos prefiráis prefieran	-zar: empie**c**e, empie**c**es, ___ tener: ten**g**a, ten**g**as, ___
	ebenso: calentar, cerrar, comenzar, despertar(se), empezar, recomendar	*ebenso:* encender, perder(se), querer, tener	*ebenso:* convertirse, divertirse, sentir(se)	

2. Verbos con diptongación: o → ue

infinitivo	contar	volver	¡OJO!
presente	cuento cuentas cuenta contamos contáis cuentan	vuelvo vuelves vuelve volvemos volvéis vuelven	jugar: juego, juegas, ___
imperativo	cuenta contad	vuelve volved	
gerundio	contando	volviendo	morirse: muriendo poder: pudiendo
participio	contado	**vuelto**	morirse: muerto
pretérito indefinido	conté	volví	jugar: ju**gu**é, jugaste, ___ poder: **pude**, **pud**iste, ___ dormir: d**u**rmió, d**u**rmieron
pretérito imperfecto	contaba contabas contaba contábamos contabais contaban	volvía volvías volvía volvíamos volvíais volvían	
futuro simple	contaré contarás contará contaremos contaréis contarán	volveré volverás volverá volveremos volveréis volverán	poder: po**dr**é, po**dr**ás, ___
presente de subjuntivo	cuente cuentes cuente contemos contéis cuenten	vuelva vuelvas vuelva volvamos volváis vuelvan	dormir: d**u**rmamos, d**u**rmáis jugar: jue**gu**e, jue**gu**es, ___ morir: m**u**ramos, m**u**ráis
	ebenso: acordarse, acostarse, costar, demostrar, encontrar(se), jugar, mostrar, probar, soñar	*ebenso:* doler, dormir, llover, morir(se), poder, soler	

	3. Verbos con debilitación vocálica: e → i		4. Verbos del tipo conocer: c → zc	5. Verbos del tipo construir: + y
infinitivo	**pedir**	**seguir**	**conocer**	**construir**
presente	pido pides pide pedimos pedís piden	sigo sigues sigue seguimos seguís siguen	cono**zc**o conoces conoce conocemos conocéis conocen	constru**y**o constru**y**es constru**y**e construimos construís constru**y**en
imperativo	pide pedid	sigue seguid	conoce conoced	constru**y**e construid
gerundio	pidiendo	siguiendo	conociendo	constru**y**endo
participio	pedido	seguido	conocido	construido
pretérito indefinido	pedí pediste pidió pedimos pedisteis pidieron	seguí seguiste siguió seguimos seguisteis siguieron	conocí conociste conoció conocimos conocisteis conocieron	construí construiste constru**y**ó construimos construisteis constru**y**eron
pretérito imperfecto	pedía pedías pedía pedíamos pedíais pedían	seguía seguías seguía seguíamos seguíais seguían	conocía conocías conocía conocíamos conocíais conocían	construía construías construía construíamos construíais construían
futuro simple	pediré pedirás pedirá pediremos pediréis pedirán	seguiré seguirás seguirá seguiremos seguiréis seguirán	conoceré conocerás conocerá conoceremos conoceréis conocerán	construiré construirás construirá construiremos construiréis construirán
presente de subjuntivo	pida pidas pida pidamos pidáis pidan	siga sigas siga sigamos sigáis sigan	cono**zc**a cono**zc**as cono**zc**a cono**zc**amos cono**zc**áis cono**zc**an	constru**y**a constru**y**as constru**y**a constru**y**amos constru**y**áis constru**y**an
	ebenso: repetir	ebenso: conseguir	ebenso: crecer, desaparecer, nacer, reconocer, traducir	

VERBOS IRREGULARES Unregelmäßige Verben

infinitivo	dar	decir	hacer	ir	poner
presente	doy das da damos dais dan	digo dices dice decimos decís dicen	hago haces hace hacemos hacéis hacen	voy vas va vamos vais van	pongo pones pone ponemos ponéis ponen
imperativo	da dad	di decid	haz haced	ve id	pon poned
gerundio	dando	diciendo	haciendo	yendo	poniendo
participio	dado	dicho	hecho	ido	puesto
pretérito indefinido	di diste dio dimos disteis dieron	dije dijiste dijo dijimos dijisteis dijeron	hice hiciste ⚠ hizo hicimos hicisteis hicieron	fui fuiste fue fuimos fuisteis fueron	puse pusiste puso pusimos pusisteis pusieron
pretérito imperfecto	daba dabas daba dábamos dabais daban	decía decías decía decíamos decíais decían	hacía hacías hacía hacíamos hacíais hacían	iba ibas iba íbamos ibais iban	ponía ponías ponía poníamos poníais ponían
futuro simple	daré darás dará daremos daréis darán	diré dirás dirá diremos diréis dirán	haré harás hará haremos haréis harán	iré irás irá iremos iréis irán	pondré pondrás pondrá pondremos pondréis pondrán
presente de subjuntivo	dé des dé demos deis den	diga digas diga digamos digáis digan	haga hagas haga hagamos hagáis hagan	vaya vayas vaya vayamos vayáis vayan	ponga pongas ponga pongamos pongáis pongan
				ebenso: irse	*ebenso:* ponerse

infinitivo	querer	saber	tener	venir	ver
presente	quiero quieres quiere queremos queréis quieren	sé sabes sabe sabemos sabéis saben	tengo tienes tiene tenemos tenéis tienen	vengo vienes viene venimos venís vienen	veo ves ve vemos veis ven
imperativo	quiere quered	sabe sabed	ten tened	ven venid	ve ved
gerundio	queriendo	sabiendo	teniendo	viniendo	viendo
participio	querido	sabido	tenido	venido	visto
pretérito indefinido	quise quisiste quiso quisimos quisisteis quisieron	supe supiste supo supimos supisteis supieron	tuve tuviste tuvo tuvimos tuvisteis tuvieron	vine viniste vino vinimos vinisteis vinieron	vi viste vio vimos visteis vieron
pretérito imperfecto	quería querías quería queríamos queríais querían	sabía sabías sabía sabíamos sabíais sabían	tenía tenías tenía teníamos teníais tenían	venía venías venía veníamos veníais venían	veía veías veía veíamos veíais veían
futuro simple	querré querrás querrá querremos querréis querrán	sabré sabrás sabrá sabremos sabréis sabrán	tendré tendrás tendrá tendremos tendréis tendrán	vendré vendrás vendrá vendremos vendréis vendrán	veré verás verá veremos veréis verán
presente de subjuntivo	quiera quieras quiera queramos queráis quieran	sepa sepas sepa sepamos sepáis sepan	tenga tengas tenga tengamos tengáis tengan	venga vengas venga vengamos vengáis vengan	vea veas vea veamos veáis vean

LISTA CRONOLÓGICA

Hinweis: Beachte auch die Hinweise zum Wortschatzlernen im Methodenanhang, S. 154–155.

Symbole und Abkürzungen

~	bezeichnet die Lücke, in die du das neue Wort einsetzt.	
¹	bezeichnet ein Wort, das du angleichen musst. Die richtige Form steht am Ende des Teilkapitels.	
abc	Bei Verben in blauer Schrift musst du auf unregelmäßige Formen achten.	
▶	bezeichnet spanische Wörter derselben Wortfamilie.	
=	bezeichnet Wörter und Wendungen mit gleicher Bedeutung.	
≠	bezeichnet Wörter und Wendungen mit gegensätzlicher Bedeutung.	
◆	bezeichnet Oberbegriffe zum Eintrag.	
E	Englisch	
F	Französisch	
L	Latein	
⚠	bezeichnet eine sprachliche Besonderheit.	

Grundschrift	obligatorischer Wortschatz		*jd*	jemand
kursiv	fakultativer Wortschatz		*jdm*	jemandem
adj.	adjetivo (Adjektiv, Adj.)		*jdn*	jemanden
adv.	adverbio (Adverb, Adv.)		*lat. am.*	latinoamericano (lateinamerikanisch)
cat.	catalán (Katalanisch)		*m.*	masculino (Maskulinum)
conj.	conjunción (Konjunktion)		*pl.*	plural (Plural, Pl.)
etw.	etwas		*prep.*	preposición (Präposition, P.)
f.	femenino (Femininum)		*pron.*	pronombre (Pronomen, Pron.)
fam.	familiar (umgangssprachlich, ugs.)		*sg.*	singular (Singular, Sg.)
inf.	infinitivo (Infinitiv, Inf.)		*subj.*	subjuntivo
inv.	invariable (unveränderlich)		*sust.*	sustantivo (Substantiv, S.)

1 MALLORCA – ANTES Y HOY

¡ACÉRCATE!

Mallorca	*größte Insel der Balearen*	
más de + *número*	mehr als + *Zahl*	Tengo ~ cien libros.
la isla	die Insel	**E** island **F** l'île *f.* **L** insula
la isla más grande	die größte Insel	
las (Islas) Baleares	die Balearischen Inseln	
el mar	das Meer	**F** la mer **L** mare
el Mar Mediterráneo	das Mittelmeer	
la Comunidad Autónoma	die autonome Gemeinschaft *Verwaltungseinheit in Spanien*	Las Baleares son una ~.
la costa	die Küste	◆ el mar **E** coast **F** la côte
el puerto	der Hafen	En Palma puedes dar una vuelta en el ~.
el pico	der Gipfel	¿Cuál es el ~ más alto de la isla? **E** peak **F** le pic
la Sierra de Tramontana	*Gebirgszug im Nordwesten Mallorcas*	

el noroeste	der Nordwesten	E north-west F le nord-ouest

> Los puntos cardinales¹
>
>   el Norte
>   el Noroeste   el Noreste
>   el Oeste   el Este
>   el Suroeste   el Sureste
>   el Sur
>
> 1 die Himmelsrichtungen

perfecto/-a	perfekt	Fueron unas vacaciones ~¹.
hacer senderismo (yo hago)	bergwandern	Cuando hace buen tiempo me gusta ~.
¿Sabías que …?	Wusstest du, dass …?	
el mallorquín, la mallorquina ▶ Mallorca	der/die Mallorquiner/in	
la mitad	die Hälfte	La ~ de mis amigos son mallorquines.
Palma	Hauptstadt Mallorcas	
aproximadamente adv.	ungefähr	– ¿Cuántas personas son? – ~ 50.
el extranjero, la extranjera	der/die Ausländer/in	F l'étranger, l'étrangère
el alemán, la alemana ▶ Alemán, Alemania	der/die Deutsche	F l'Allemand, l'Allemande
el molino de viento	die Windmühle	
formar parte de algo	zu etw. gehören	Mallorca ~² las Islas Baleares.
el paisaje	die Landschaft	Mallorca tiene un ~ muy bonito.
la zona	das Gebiet, die Zone	E zone F la zone
(estar) protegido/-a	geschützt	Esta isla está ~³.
la zona protegida	das Schutzgebiet	
el parque natural	der Naturpark	En el ~ viven especies protegidas.

El paisaje

el mar — la costa — la isla — el pico — el parque natural

el parque de S'Albufera	Naturpark im Nordosten Mallorcas	
el pájaro	der Vogel	◆ la especie (animal)
la especie (animal)	die (Tier-)Art	E species F l'espèce f.
Alcudia	Stadt im Norden Mallorcas	
más + sust. + que	mehr + S. + als	Aquí viven ~ mallorquines ~ extranjeros.
el coche	das Auto	
el paraíso	das Paradies	¡Esta isla es un ~!
el/la ciclista m./f. ▶ la bicicleta	der/die Radfahrer/in	Los ~⁴ son muy deportistas. ◆ el deporte

UNIDAD 1A

entrenar	trainieren	Estoy ~5 para el campeonato.
▶ el entrenamiento		◆ el deporte
el/la profesional *m./f.*	der Profi	
⚠ el rey, la reina	der/die König/in	¿Podemos visitar el palacio de los ~6?
		L rex, regina
el palacio	der Palast	E palace F le palais
el Palacio de Marivent	Sommerresidenz der spanischen Könige	

1 perfectas 2 forma parte de 3 protegida 4 ciclistas 5 entrenando 6 reyes

1A ANTES TODO ERA DIFERENTE

el nieto, la nieta	der/die Enkel/in	◆ la familia
Sóller	Ort im Nordwesten Mallorcas	
(ser) joven	jung	≠ (ser) viejo/-a ◆ la edad
pasar (*algo* a *alguien*)	los sein, (jdm etw.) passieren	Hola chicos, ¿qué ~1?
la carretera	die Landstraße	En la ~ hay muchos ciclistas.
menos de + número	weniger als + Zahl	Menorca tiene ~ 100 000 habitantes.
		≠ más de
medio/-a + *sust.*	halbe/r, halbes + S.	Necesito sólo ~2 hora para llegar.
el tren	der Zug	E train F le train
funcionar	funktionieren	El coche ya no ~3.
tan + *adj.* + como	so + Adj. + wie	Esas gafas no son ~ caras ~ estas.
lento/-a	langsam	El tren es muy ~4. F lent/e
aquel, aquella	jene/r, jenes	~5 día fue muy especial.
en aquellos años	damals	~ mis abuelos no tenían coche.

> **Aquel** *bezieht sich auf eine weiter zurückliegende Zeit:*
>
> En **aquellos años** la vida era más difícil.   Das Leben war **damals** schwerer.
> **Aquel día** conocí a tu abuela.   An **jenem Tag** lernte ich deine Großmutter kennen.
> En **aquella época** estaba prohibido hablar catalán.   Zu **jener Zeit** war es verboten Katalanisch zu sprechen.

la iglesia	die Kirche	En Sóller hay una ~ muy bonita.
		F l'église *f.* L ecclesia
el árbol	der Baum	F l'arbre *m.* L arbor
al fondo	hinten	~ puedes ver las montañas.
el mercado	der Markt	
▶ el supermercado		
don/doña + *nombre*	höfliche Anrede in Verbindung mit dem Vornamen	¿Cómo está, ~6 Bárbara?
usted/es	Sie Höflichkeitsform	¿Cómo se llama ~7?
la frutería	das Obstgeschäft	◆ la tienda
el estanco	der Tabakwarenladen	◆ la tienda

UNIDAD 1A

Ir de compras …

la frutería

el estanco

el mercado

la librería

la farmacia

Correos

el supermercado

el naranjo ▶ la naranja	der Orangenbaum		◆ el árbol
ya	*hier:* aha, ach ja		

Ya hat viele Verwendungen:	¡Tenemos que irnos **ya**!	Wir müssen **jetzt sofort** gehen!
	¡**Ya** lo sé!	Ich weiß **schon**!
	Ya tengo planes para el fin de semana.	Ich habe **bereits** Pläne fürs Wochenende.
	Ya no toco la guitarra.	Ich spiele **nicht mehr** Gitarre.
	– Aquí en verano hace hasta 40°. – **Ya**.	– Im Sommer werden es hier bis zu 40°. – **Aha**.

los años cincuenta *pl.*	die fünfziger Jahre	Mi padre nació en los ~. ◆ la época
menos + *adj.* + que	weniger + Adj. + als	

⚠ Unterscheide:	Tengo **menos de** diez DVD.	Ich habe **weniger als** zehn DVDs.
	Alberto tiene **más de** cien libros.	Alberto hat **mehr als** einhundert Bücher.
	María es **menos alta que** Ana.	María ist **kleiner als** Ana.
	Marcos es **más simpático que** Juan.	Marcos ist **sympathischer als** Juan.

la época	der Zeitraum, *hier:* die (+ S.-)Zeit	**F** l'époque *f.*
Franco	spanischer General und Diktator	
(estar) **prohibido/-a**	verboten	**E** prohibited
sin embargo	trotzdem, dennoch	Está lloviendo. ~ voy a salir.
la policía	die Polizei	**E** police **F** la police
sencillo/-a	einfach	Me gustan las cosas ~⁸.
hoy en día	heutzutage	~ todos tienen coche. ≠ antes
afuera *adv.* ▶ fuera	draußen	Paula y Alba juegan ~.
irse por ahí (yo me voy)	herumlaufen/-fahren	Los niños ~⁹ por ahí en bici.
observar *algo / a alguien*	etw./jdn beobachten	– ¿Qué haces? – Estoy ~¹⁰ pájaros. **E** to observe **F** observer **L** observare
el animal	das Tier	**E** animal **F** l'animal *m.*
el perro, la perra	der Hund, die Hündin	◆ el animal, la especie (animal)
divertirse (e → ie, yo me divierto)	sich amüsieren	En aquellos años nosotros ~¹¹ mucho.
imaginarse *(algo)* ▶ ¡Imagínate!	sich *(etw.)* vorstellen	**E** imagine **F** imaginer

1 pasa **2** media **3** funciona **4** lento **5** Aquel **6** doña **7** usted **8** sencillas **9** se fueron **10** observando **11** nos divertíamos

1B ENCUENTROS DE VERANO

la impaciencia	die Ungeduld	≠ la paciencia
ir de camping (yo voy)	zelten gehen/fahren	Este verano nosotros ~1.
la siesta	*traditionelle Mittagspause in Spanien*	
la telenovela	die Seifenoper	
el/la mismo/-a + *sust.*	der/die/das gleiche / derselbe, dieselbe, dasselbe + S.	No es la ~2 vida que antes.

> ⚠ Unterscheide:
> Pablo tiene **el mismo coche** que Juan.   Pablo hat **das gleiche Auto** wie Juan.
> Esperanza vive en **la misma calle** que Roberto.   Esperanza wohnt in **der gleichen Straße** wie Roberto.
> La gente siempre cuenta **lo mismo**.   Die Leute erzählen immer **das Gleiche**.

así que	so dass	Ana es muy tímida, ~ no habla mucho.
pasarlo bomba *fam.*	sich köstlich amüsieren	= divertirse ≠ aburrirse
pasear por + *sust.*	spazieren gehen/fahren durch/an + S.	Clara y Luna ~3 la playa.
reírse (de *algo*) (me río)	(über *etw.*) lachen	Nosotros ~4 mucho de los chistes.
como loco/-a *fam.*	wie verrückt	En la fiesta nos divertimos ~5.
el/la único/-a + *sust.*	der/die/das einzige + S.	Niklas es el ~6 chico del grupo.
proponer *algo* (a *alguien*) (yo propongo)	(*jdm*) *etw.* vorschlagen	E to propose F proposer L proponere
acercarse (a *algo/alguien*)	sich (*etw./jdm*) (an-)nähern	No quiero ~7 al perro, tengo miedo.
además de	neben, außer	~ Ana también Laura estaba en la fiesta.
desde hace + *Zeitangabe*	seit + *Zeitangabe*	Vivo en Palma ~ diez años.
el acento	der Akzent	E accent F l'accent *m.*
guapo/-a	hübsch	≠ feo/-a
(**ser**) inseparable	unzertrennlich	Los chicos fueron ~8.
el campo	das Land	≠ la ciudad
enamorarse (de *alguien*)	sich (in *jdn*) verlieben	
la pareja	das Paar	Luna y Florian son ~.
la despedida	der Abschied	
llorar	weinen	≠ reírse
prometer *algo* (a *alguien*)	(*jdm*) *etw.* versprechen	E promise F promettre
(super-)guay *inv., fam.*	(total) cool	= fenomenal, genial
tanto/-a + *sust.*	so viel/e + S.	El año pasado visité ~9 países …

1 vamos de camping 2 misma 3 pasean por 4 nos reímos 5 como locos 6 único 7 acercarme 8 inseparables 9 tantos

PARA COMUNICARSE UNIDAD 1

über Besonderheiten einer Region sprechen
Más de (12 millones) turistas visitan cada año (Mallorca).
(Mallorca) tiene (623) km de costa y (43) puertos.
El pico más alto está en (la Sierra de Tramontana).
Es un lugar perfecto para (hacer senderismo).
¿Sabías que los (mallorquines) hablan dos lenguas?
(Mallorca) tiene unos (800 000) habitantes.
Los (molinos de viento) forman parte del paisaje.
En (la isla) hay zonas protegidas.
En la zona de (Alcudia) tienes que (tener cuidado).
Este lugar es un paraíso para (los ciclistas).
▶ Para hablar de una región, p. 197

erzählen, wie früher etw. war
(Este tren) es del año (1912).
Cuando yo era pequeño/-a, siempre (estaba afuera).
Antes sólo había (dos tiendas) ahí.
En aquellos años no podíamos (hablar catalán).

etw. miteinander vergleichen
Antes, (muchas cosas) eran peores.
(La vida) era mucho más sencilla que hoy en día.
Había (cosas) que eran mejores.
En los años 50, (este país) era menos alegre que ahora.

besondere Eigenschaften ausdrücken
¡(Éramos las chicas) más tímidas del mundo!
El (chico) que más me gusta es (Florian).
(Nos llevábamos) superbién.
¡Era superdivertido!
¡Fueron (las vacaciones) más divertidas de mi vida!
¡(La chica) es superguáy!

Begeisterung ausdrücken
¡(Quiero) pasarlo bomba!
(jugar) como locos
(Después de dos semanas vino mi prima.) ¡Menos mal!

PARA HABLAR DE ... UNIDAD 1

... una región

el país	das Land
la capital	die Hauptstadt
la ciudad	die Stadt
el pueblo	das Dorf
la región	die Region
las afueras de (Palma)	die Umgebung von (Palma)
la calle	die Straße (innerhalb eines Ortes)
la carretera	die Landstraße
la autopista	die Autobahn
el ferrocarril	die Eisenbahn
tener una altura de (1445) metros	(1445) Meter hoch sein
las montañas	das Gebirge
el río (más largo)	der (längste) Fluss
el lago	der See
el mar	das Meer
el bosque	der Wald
la plantación	die Plantage
limitar con (Andalucía)	an (Andalusien) grenzen
estar situado/-a en el (norte)	sich im (Norden) befinden
cerca de (la zona protegida)	in der Nähe von (dem Naturschutzgebiet)
no estar lejos de (la capital)	nicht weit sein von (der Hauptstadt)
ser (dos) veces más grande que (España)	(zwei) mal so groß wie (Spanien) sein
el/la habitante	der/die Einwohner/in
la lengua oficial	die Amtssprache
el productor	der Produzent
el producto	das Produkt
(ser) típico/-a	typisch
ser famoso/-a por ...	berühmt/bekannt sein für ...
la persona famosa	die berühmte Person

2 ENTRE JÓVENES

¡ACÉRCATE!

el/la joven, los jóvenes *pl.*	der/die Jugendliche	

> ⚠ *Unterscheide:* El **joven** se llama Luciano.   Der **Jugendliche** heißt Luciano.
> Adrián es muy **joven**.   Adrián ist sehr **jung**.

por cierto	übrigens	~, no puedo venir a tu fiesta.
preocuparse (por *algo/alguien*)	sich (um *etw./jdn*) Sorgen machen	Mi madre ~¹ mucho por mí.
ponerse (así) (yo me pongo)	sich (so) anstellen	¿Por qué Javi ~²? ¡Solo es una broma!

> *Das Verb* **poner(se)** *hat viele Verwendungen:*
> Roberto **pone** el libro en la mesa.   Roberto **legt** das Buch auf den Tisch.
> Maribel **pone** el cedé en la estantería.   Maribel **stellt** die CD ins Regal.
> Manuel **pone** la mesa.   Manuel **deckt** den Tisch.
> Sergio **pone** ensalada a Manuel.   Sergio **serviert** Manuel Salat.
> Luna **pone** su música favorita.   Luna **macht** ihre Lieblingsmusik **an**.
> Carlos, ¡**pon atención**!   Carlos, **pass auf**!
>
> Diego **se pone** un jersey.   Diego **zieht** einen Pullover **an**.
> Laura **se pone** al teléfono.   Laura **geht ans Telefon**.
> Javi **se pone** rojo (como un tomate).   Javi **wird (knall)rot**.
> Ana **se pone** como un flan.   Ana **wird** zum Nervenbündel.
> **Ponte en el lugar de** tu amigo.   **Versetz dich in die Lage** deines Freundes.
> ¡**No te pongas así**!   **Stell dich nicht so an**!

¡Venga! *fam.*	Komm schon!	
la broma	der Scherz	No te enfades, solo es una ~.
tomar *algo* así	*etw.* schwer nehmen	
¡No lo tomes así!	Nimm's nicht so schwer!	

1 se preocupa   2 se pone así

2A PARA MÍ NO ES SÓLO UN OBJETO

el objeto	das Objekt	E object F l'objet *m.*
significar (*algo* para *alguien*)	bedeuten (*etw.* für *jdn*)	¿Qué ~¹ la foto para ti?
(ser) especial	besonders, speziell	E special F spécial/e
prácticamente *adv.*	praktisch, *hier:* so gut wie	El ordenador es ~ nuevo.
a todos lados	überallhin	Llevo mi cámara de vídeo ~.
en todos lados	überall	He buscado mi libro ~, pero no lo encuentro.
ahorrar (*algo*) para + *verbo*	(*etw.*) sparen um *etw.* tun zu können	Estoy ~² para comprarme un bajo.
la paga ▶ pagar	das Taschengeld	

tuyo/-a *pron.*	deine, deiner, deins	Oye, ¿este boli es ~³?
la cadena	die Kette	Siempre llevo mi ~ favorita.
el acordeón	das Akkordeon	◆ la música ◆ el instrumento
regalar *algo* a *alguien*	*jdm etw.* schenken	Quiero que mis padres me ~⁴ un acordeón.
suyo/-a *pron.*	seine, seiner, seins; ihre, ihrer	-¿Este cedé es de Diego? -Sí, es ~⁵.
encantar a *alguien*	*jdm* sehr gefallen, *etw./jdn* sehr mögen	A Ana ~⁶ los abanicos. ≠ odiar *algo*
descansar	ausruhen	Es importante que Luis ~⁷ antes del campeonato.
el instrumento	das Instrument	E instrument F l'instrument *m.*
el bajo	der Bass *Gitarre*	◆ la música ◆ el instrumento
esperar *algo* (de *alguien*)	*etw.* (von *jdm*) erwarten	Adrián ~⁸ que Maribel siempre lleve la cadena. E to expect
el/la cantante *m./f.* ▶ cantar	der/die Sänger/in	◆ la música ◆ el grupo
Julieta Venegas	mexikanische Sängerin	
la canción, las canciones *pl.*	das Lied	◆ la música
estar loco/-a por *algo/alguien*	verrückt nach *etw./jdm* sein	Javi ~⁹ por su ordenador.
la cámara de vídeo	die Videokamera	◆ el vídeo
querer ser + *Beruf* (e → ie, yo quiero)	werden wollen *Beruf*	Miguel ~¹⁰ músico.
el director, la directora	der/die Regisseur/in, der/die Leiter/in	◆ la película E director
grabar	aufzeichnen, aufnehmen	◆ el vídeo
el reportaje	die Reportage	Luna hace muchos ~¹¹ para el periódico escolar.
tranquilamente *adv.*	in Ruhe	En casa puedo estudiar ~.
el montaje	die Montage	◆ la película
usar *algo*	*etw.* benutzen	Carlos siempre ~¹² mi móvil. ¡Qué rollo!
mío/-a *pron.*	mein/e, meiner, meins	¡Dame el libro, es ~¹³!
moderno/-a	modern	≠ viejo/-a E modern F moderne
importar *algo* a *alguien*	*etw. jdm* wichtig sein	¡No me ~¹⁴ lo que digas!
de segunda mano	gebraucht, Second Hand- (+ S.)	Mi bajo no es nuevo sino ~. ≠ nuevo/-a
coleccionar *algo*	*etw.* sammeln	E collect F collectionner
el abanico	der Fächer	
normalmente *adv.*	normalerweise	E normally F normalement
traer *algo* (a *alguien*) (yo traigo)	(*jdm*) *etw.* bringen	Javi, ~¹⁵ los platos, por favor.
el fanático, la fanática	der Fan	E fan
el club	der Club	

simplemente *adv.*	einfach	–¿Por qué no vienes al club? –~ no tengo ganas.
dar buena/mala suerte (yo doy)	Glück/Unglück bringen	Mi cadena favorita me ~[16].
actualmente *adv.*	zurzeit	**=** por el momento **F** actuellement

1 significa 2 ahorrando 3 tuyo 4 regalen 5 suyo 6 le encantan 7 descanse 8 espera 9 está loco 10 quiere ser 11 reportajes 12 usa 13 mío 14 importa 15 tráigame 16 da buena suerte

2B Y TÚ, ¿PASAS?

el moderador, la moderadora	der/die Moderator/in	El ~ hace preguntas al público.
el programa *m.*	die Sendung	¿A qué hora empieza el ~?
el tema *m.*	das Thema	¿Cuál es el ~ del programa?
el/la pasota *m./f.*	*Person, der gesellschaftliche Fragen und Probleme egal sind*	
el invitado, la invitada	der Gast	**F** l'invité/e
A ver.	*Mal sehen., Zeig mal!, hier: Also.*	–Ya tengo las fotos de la fiesta. –¡~!
los adultos *pl.*	die Erwachsenen	**E** adults
(**ser**) consumista *inv.*	konsumorientiert	¿Tú conoces a personas ~[1]?
(**ser**) solidario/-a	solidarisch	**F** solidaire
la injusticia social	die soziale Ungerechtigkeit	¡Tenemos que luchar contra la ~!
según	laut, gemäß	~ el periódico hoy va a llover.
la encuesta	die Umfrage	**E** enquiry **F** l'enquête *f.*
(**ser**) actual	aktuell	La injusticia social es un tema ~.
el colaborador, la colaboradora	der/die Mitarbeiter/in	**F** le collaborateur, la collaboratrice
sentir(se) (e → ie, yo (me) siento)	(sich) fühlen	Yo ~[2] un poco mal.
(**ser**) útil	nützlich	**F** utile **L** utilis
para que + *subj.*	damit	Te doy dinero ~ compres un regalo.
cambiar *algo* / a *alguien*	etw./jdn ändern	No creo que una persona pueda ~ el mundo. ≠ seguir igual
con eso/esto	*hier:* damit	¡No empieces ~!
explicar(se)	(sich) (deutlich) ausdrücken	Es un tema difícil, no sé si ~[3].
A ver si me explico.	*etwa:* Mal sehen, wie drücke ich es am besten aus.	
libre	frei	
el tiempo libre	die Freizeit	≠ el trabajo
parecer *algo* a *alguien* (c → zc, yo parezco)	jdm etw. scheinen	
¿Qué te parece la idea?	Wie findest du die Idee?	

perdona que + *subj.*	entschuldige, dass …	~ te llame a estas horas.
interrumpir a *alguien*	jdn unterbrechen	E to interrupt F interrompre L interrumpere
(ser) necesario/-a ▶ necesitar	nötig	E necessary F nécessaire
el único, la única	der/die Einzige	Javi no es el ~⁴ que participa en un proyecto.
el día a día	der Alltag	¿Cómo es el ~ en México?
la persona sin hogar	der/die Obdachlose	Las ~⁵ viven en la calle.
caliente	warm, heiß	¿Quieres un café ~?
la actividad	die Tätigkeit	E activity F l'activité *f.*
la Navidad	Weihnachten	¡Feliz ~!
el granito de arena	das Sandkörnchen	
ser un granito de arena	*etwa:* seinen Beitrag zu *etw.* leisten	
eso	*hier:* das	¡~ es lo que quería decir!
el público	das Publikum	

1 consumistas 2 (me) siento 3 me explico 4 único 5 personas sin hogar

PARA COMUNICARSE UNIDAD 2

jdn beruhigen
¡No te pongas así!
¡No te preocupes!
¡No lo tomes así!
¡No te enfades!

Erwartungen und Wünsche ausdrücken
Espero que (vuelva pronto).
Quiero que (la lleves siempre).

Gefühle und Vorlieben äußern
No me importa que (sea de segunda mano).
Prefiero que (mis padres me ayuden).
Me gusta que (haya música para todo).
No les gusta que (vaya todos los días al club).
Me encanta (la música).

seine Meinung äußern
Creo que / Pienso que / Seguro que (tienes razón).
No creo que / no pienso que (sean muchos chicos …).

Me parece (muy/bastante) (interesante/divertido).
Es necesario/importante que (todos participen).

auf Diskussionsbeiträge reagieren
Yo (no) estoy de acuerdo (contigo).
¿Qué quieres decir con eso?
A ver si me explico: (ayudo en casa y …)
Perdona que te interrumpa.
Te entiendo, lo que quieres decir es que (ayudar en casa también es ser solidario).

über Glücksbringer/Lieblingsdinge reden
Es muy especial/importante para mí.
Los/las colecciono.
Creo que me da/n buena suerte.
Estoy loco/-a por (la música / escuchar música).
(No) soy un fanático / una fanática (del deporte / de hacer deporte).

PARA HABLAR DE … UNIDAD 2

… *deportes*

hacer deporte		Sport treiben		hacer	atletismo senderismo piragüismo	Leichtathletik betreiben Bergwandern Kanu fahren
jugar al	fútbol voleibol baloncesto balonmano tenis	Fußball Volleyball Basketball Handball Tennis	spielen		competir en (torneos/ campeonatos) montar a caballo ir en bici	an (Turnieren/Wett- kämpfen) teilnehmen reiten Fahrrad fahren

esquiar	Ski fahren	ensayar (los martes)	(dienstags) proben
correr	laufen	hacer fotos	Fotos machen
nadar	schwimmen	escribir artículos	Artikel schreiben
bailar	tanzen	pintar/dibujar	malen/zeichnen
		leer libros	Bücher lesen
ganar/perder	gewinnen/verlieren	chatear	chatten
empatar	unentschieden ausgehen	ver un DVD / una peli	eine DVD / einen Film anschauen
ser un as en el deporte	ein Sportass sein	salir con (los) amigos	mit Freunden ausgehen
tener dos pies izquierdos	zwei linke Füße haben	participar en un proyecto	bei einem Projekt mitmachen

… otras actividades

el hobby/pasatiempo	das Hobby	coleccionar *algo*	*etw.* sammeln
		el sello	die Briefmarke
	el piano / Klavier	el cómic/manga	das Comic/Manga
tocar la guitarra / Gitarre spielen	la moneda	die Münze
	la batería / Schlagzeug	la postal	die Postkarte
	la flauta / Flöte	la pegatina	der Sticker
		la chapa	der Button
tocar en un grupo	in einer Band spielen	el imán	der Magnet
cantar (en un coro)	(in einem Chor) singen	el llavero	der Schlüsselanhänger
actuar en un grupo de teatro	in einer Theatergruppe mitspielen		

3 ¡SIENTE MÉXICO!

¡ACÉRCATE!

México	Mexiko	Algún día quiero visitar ~.
(ser) oficial	offiziell	**E** official **F** officiel/le
Estados Unidos Mexicanos *m. pl.*	Vereinigte Mexikanische Staaten	
Ciudad de México	Mexiko-Stadt	
la superficie	die Oberfläche	México tiene una ~ de 1 972 550 km².
el km² (kilómetro cuadrado)	der km² (Quadratkilometer)	
la independencia	die Unabhängigkeit	¿Cuándo es el día de la ~ mexicana?
me gustaría + *inf.*	ich würde gern	~ aprender más cosas sobre México.
¿Te gustaría + *inf.*?	Würdest du gern …?	
México Distrito Federal (D. F.)	*Hauptstadtbezirk Mexiko*	
deber (+ *inf.*)	sollen, müssen (+ *Inf.*)	**=** tener que
(ser) inmenso/-a	riesig	
si	*falls, wenn*	~ voy a México, voy a comer mole.
el Zócalo	*zentraler Platz in Mexiko-Stadt*	
caminar	*laufen, gehen*	**=** ir a pie
tal vez	*vielleicht*	**=** a lo mejor
los mariachis	*traditionelle mexikanische Musikgruppen*	

UNIDAD 3A

podrías + *inf.*	du könntest	~ llamar a Javi.
podríamos + *inf.*	wir könnten	
Teotihuacán	*Ruinenstätte unbekannten Ursprungs in Mexiko*	
la Pirámide del Sol	die Sonnenpyramide	Mañana vamos a subir la ~.
impresionante	beeindruckend	E impressive F impressionnant/e
¡Qué ganas de (subir)!	Wie gerne würde ich (hochsteigen)!	
hay que + *inf.*	man muss	~ tener cuidado con el sol.
Coyoacán	*Stadtteil von Mexiko-Stadt*	
la Casa Azul	*ehemaliges Wohnhaus von Frida Kahlo, heute ein Museum*	Frida Kahlo vivió y trabajó en la ~.
Frida Kahlo	*mexikanische Malerin*	
la artesanía	die Handwerkskunst, das Kunsthandwerk	¿Dónde puedo comprar ~ indígena?
(ser) indígena *inv.*	einheimisch	¿Hablas una lengua ~?
el/la indígena *m./f.*	der/die Eingeborene	
perderse *algo* / *a alguien* (e → ie, yo me pierdo)	etw./jdn verpassen	Marina, ¡no ~[1] la fiesta!
Oaxaca	*mexikanischer Bundesstaat*	
(super-)lindo/-a *lat. am.*	(total) schön	México es un país ~[2].
dar un paseo por (yo doy)	*hier:* eine Fahrt auf/durch … machen	¿Tienes ganas de ~ la ciudad?
la barca	das Boot	◆ el río ◆ el mar
Xochimilco	*Vorort von Mexiko-Stadt*	
Chichén-Itzá	*Maya-Ruinenstätte*	
Palenque	*Maya-Ruinenstätte*	
la ruina	die Ruine	Antes esta ~ era un palacio.
(ser) maya *inv.*	Maya- (+ S.)	El tzotzil es una de las lenguas ~[3].
en medio de	mitten in	≠ fuera de
la selva	der Dschungel	

1 te pierdas **2** superlindo **3** mayas

3A DIARIO DE VIAJE

interesarse por *algo/alguien* ▶ interesante	sich für *etw./jdn* interessieren	Miguel ~[1] la historia mexicana.
por	für, *hier:* durch	Quiero hacer un viaje ~ América Latina.
(ser) mexicano/-a	mexikanisch	¿Te gusta la cocina ~[2]?
la impresión, las impresiones *pl.* ▶ impresionante	der Eindruck	¿Cuál fue tu primera ~? E impression F l'impression *f.*

doscientos tres **203**

(ser) gigante	riesig	= ser inmenso
el micro *lat. am.*	der Bus	Fuimos al mercado en ~.
avisar a *alguien* (de *algo*)	jdm (wegen etw.) Bescheid geben	Sergio, ~³ al chófer cuando quieres bajar.
el chófer	der Fahrer	F le/la chauffeur
la parada ▶ parar	die Haltestelle	¿En qué ~ tenemos que bajar?
por suerte	zum Glück	~ hace buen tiempo.
limpiar *(algo)*	(etw.) putzen	Tengo que ~ el coche.
el helado	das Eis	
tan + *adj.*	so + Adj.	La comida no me parece ~ rica.
el olor (a + *sust.*)	der Geruch (nach + S.)	F l'odeur *f.* L odor
la comida ▶ comer	das Essen	
el puesto	der Stand	¿Qué venden en este ~?
la tortilla	Fladenbrot aus Mais- oder Weizenmehl	
el taco	gefüllte mexikanische Tortilla	
el tamal	gefüllter und gedämpfter Maisteig	
probar *(algo)* (o → ue, yo pruebo)	(etw.) probieren	Sergio, ¿por que no ~⁴ los tacos?
seguir *(así)* (e → i, yo sigo)	(so) weitermachen	¡No puedo ~!
(estar) cuadrado/-a *fam.*	hier: kugelrund (sein)	
el plato	das Gericht	Tienes que probar los ~⁵ mexicanos.
el mole poblano	mexikanische Schokoladen-Chili-Soße	
el pollo	das Hähnchen	◆ el animal F le poulet
la salsa	die Soße	◆ la comida
el chocolate	die Schokolade	Quiero un helado de ~.
picar	brennen, scharf sein	El chile ~⁶ muchísimo.
el chile	der Chili	◆ la comida
la lengua	die Zunge	F la langue L lingua
quemarse la lengua	sich die Zunge verbrennen	
acostumbrarse (a *algo*/*alguien*)	sich (an etw./jdn) gewöhnen	No me puedo ~ a este calor.
mostrar *algo* a *alguien* (o → ue, yo muestro)	jdm etw. zeigen	Miguel nos va a ~ la ciudad.
Día de Muertos	mexikanischer Feiertag zum Gedenken der Toten	
el origen	die Herkunft	E origin F l'origine *f.* L origo
(ser) azteca *inv.*	aztekisch	El náhuatl es una lengua ~.
el/la azteca *m./f.*	der/die Azteke/-in	Los ~⁷ fueron un pueblo impresionante.

gracias por *algo*	danke für *etw*.	~ el regalo.
el e-mail	die E-Mail	◆ el ordenador ◆ Internet
cada vez que + *verbo*	immer wenn	~ como mole, me quemo la lengua. ≠ nunca
parar ▶ la parada	anhalten	¿Por qué el chófer ~8 aquí?
vender *algo* (a *alguien*)	(jdm) etw. verkaufen	El chico ~9 frutas a los turistas. ≠ regalar
la *quesadilla*	gefüllte mexikanische Tortilla	
rico/-a	lecker	Los tamales son muy ~10.
duro/-a	hart	≠ fácil
Para mí que + *Satz. fam.*	Also ich denke + *Satz*.	~ no es verdad.
en vez de	statt	~ comer fuera vamos a cocinar.
en realidad	eigentlich	~ no quiero subir al Popocatépetl.
la diferencia ▶ diferente	der Unterschied	E difference F la différence
tener que ver con *algo/alguien* (yo tengo)	mit *etw./jdm* zu tun haben	Eso no ~11 la vida en España.
el tzotzil	eine der Maya-Sprachen	La vendedora sólo habla ~.
el/la maya *m./f*	der/die Maya	Los ~12 construyeron pirámides gigantes.
San Cristóbal de las Casas	Stadt in Chiapas, Mexiko	
ojalá (que) (+ *subj.*) *fam.*	hoffentlich	~ no llueva mañana.
volver a + *inf*. (o → ue, yo vuelvo)	*etw*. wieder tun	Seguro que nosotros ~13 visitar México.
el color	die Farbe	E colour F la couleur L color

1 se interesa por **2** mexicana **3** avisa **4** pruebas **5** platos **6** pica **7** aztecas **8** para **9** vende **10** ricos **11** tiene nada que ver con **12** mayas **13** volvemos a

3B UN DÍA MÁS ...

despertar a *alguien* (e → ie, yo te despierto) ▶ despertarse	jdn aufwecken	Yo siempre ~1 a mis hermanos.
calentar *algo* (e → ie, yo caliento) ▶ caliente	*etw*. (er-)wärmen	¿Quieres que ~2 la comida para ti?
el hermanito, la hermanita *fam*.	das Brüderchen, Schwesterchen	= el hermano, la hermana
los frijoles *pl*.	die Bohnen	◆ la comida
algún/alguna + *sust*.	irgendein/e, einige + S.	¿Tienes ~3 idea de dónde está Ana?
alguno/-a *pron*.	eine/r, eins, jemand, einige	

⚠ Unterscheide zwischen den Begleitern **algún/alguna** und den Pronomen **alguno/-a**:

– ¿Tienes **algún** libro interesante?   – Hast du **irgendein** interessantes Buch?
– Sí. Mañana te voy a traer **algunos**.   – Ja. Morgen bringe ich dir **einige** mit.

la mamá *lat. am., fam*.	die Mama	= la madre

hacer a mano (yo hago)	von Hand fertigen	¿De verdad ~⁴ la ropa ~?
la mujer, las mujeres *pl.*	die Frau	Las ~⁵ van al mercado.
Chiapas	mexikanischer Bundesstaat	
la cooperativa	die Genossenschaft	
el precio	der Preis	**E** price **F** le prix
tocar + *inf.*	dran sein, an der Reihe sein	¿Qué te ~⁶ hacer en casa?
la escuela	die Schule	= el instituto
encontrar *algo* / a *alguien* (o → ue, yo encuentro)	etw./jdn finden	Luna nunca ~⁷ sus cosas, siempre está buscando algo. ≠ buscar algo
ningún/ninguna + *sust.*	kein/e + S.	No tengo ~⁸ amigo en México.
ninguno/-a *pron.*	keine/r, keins, niemand	

> ⚠ Unterscheide zwischen den Begleitern **ningún/ninguna** und den Pronomen **ninguno/-a**:
>
> Raúl no quiere **ningún** regalo. — Raúl will **kein** Geschenk.
>
> – ¿Quiénes son los chicos allí? — – Wer sind die Jungs da drüben?
> – No sé. No conozco a **ninguno** de los dos. — – Ich weiß es nicht. Ich kenne **keinen** der beiden.

pelear(se) (por *algo/alguien*)	(sich) (um *etw./jdn*) streiten	Niños, ¡no ~⁹!
el juguete ▶ jugar	das Spielzeug	**F** le jouet
quitar *algo* a *alguien*	jdm etw. wegnehmen	Si os peleáis, os voy a ~ el juguete.
tener *algo* de + *adj.* (yo tengo)	etwas + Adj. an etw. sein	
el/la mayor *m./f.*	der/die Ältere	
como + *Satz*	da + *Satz*	~ no tenemos tiempo, vamos en coche.
ir a (pie) (yo voy)	zu (Fuß) gehen	Si hace buen tiempo, yo ~¹⁰ al instituto.
tardar	brauchen Zeit	Sergio, ¿cuánto tiempo ~¹¹ para ir al instituto?
el camino ▶ caminar, la caminata	der Weg	El ~ no es tan largo.
platicar de algo/alguien *lat. am.*	plaudern über etw./jdn	
El camino no se nos hace tan largo.	Der Weg kommt uns nicht so lang vor.	= parecer *algo*
traducir (*algo* a *alguien*) (c → zc, yo traduzco)	übersetzen (jdm etw.)	**F** traduire
como + *Zeitangabe*	hier: so gegen + *Zeitangabe*	Nos encontramos ~ a las cinco.

> **Como/Cómo** hat viele Verwendungen:
>
> Aixa es tan alta **como** Luci. — Aixa ist genauso groß **wie** Luci.
> **Como** no tenemos tiempo, vamos en coche. — **Da** wir keine Zeit haben, fahren wir mit dem Auto.
> **Como** a las tres de la tarde vamos a almorzar. — **So gegen** 15 Uhr essen wir Mittag.
> ¡**Cómo** pasa el tiempo! — **Wie** die Zeit vergeht!
> ¿**Cómo** te llamas? — **Wie** heißt du?
> ¿**Cómo** que no vienes a la fiesta? — **Was soll das heißen**, dass du nicht zur Party kommst?

la tarea lat. am.	die (Haus-)Aufgabe	= los deberes
la gallina	das Huhn	◆ el animal
el guajolote	der Truthahn	◆ el animal
el papá lat. am., fam.	der Papa	= el padre
la fábrica	die Fabrik	El padre de Aixa trabaja en ~.
los Estados Unidos m. pl.	die USA	
el doctor, la doctora fam.	der Arzt, die Ärztin	
la medicina	die Medizin	E medicine F la médecine
la tierra	die Erde	F la terre L terra
saber (mucho/poco) (de algo/alguien) (yo sé)	(viel/wenig) (über etw./jdn) wissen	
la planta	die Pflanze	E plant F la plante
curar a *alguien*	jdn heilen	E to cure L curare
el té	der Tee	La abuela prepara un ~.
el hospital	das Krankenhaus	E hospital F l'hôpital m.
bastar	ausreichen	La comida ~¹² para todos.
cumplirse *algo* (a *alguien*)	(jdm) etw. erfüllen	Espero que mis sueños ~¹³.
el sueño ▶ soñar	der Traum	F le songe

1 despierto **2** caliente **3** alguna **4** hacen, a mano **5** mujeres **6** toca **7** encuentra **8** ningún **9** os peleéis **10** voy a pie **11** tardas **12** basta **13** se cumplan

PARA COMUNICARSE   UNIDAD 3

Ratschläge geben und Vorschläge machen
Si vamos a (Coyoacán), podemos (ver la Casa Azul).
Si hace buen tiempo, puedes (ir a la playa).
(En México D.F.) hay que (ir a Coyoacán).
Podríamos (ir a Palenque).
Podrías (visitar ruinas mayas).
¡No te pierdas (Teotihuacán)!
¿No te gustaría (ir conmigo)?

sagen, was man gern unternehmen möchte
A mí me gustaría (ver la Pirámide del Sol).
Quiero (ver cómo vive la gente).
¡Qué ganas de (ir a las playas de Oaxaca)!
Si tengo tiempo, voy a (un pueblo indígena).

Begeisterung und Erstaunen ausdrücken
¡Es una pasada!
¡Es gigante/impresionante/grandísimo!
¡(La comida) es riquísima/superbuena!
(No creas que la comida fue mala): ¡fue buenísima!

¡Me encantan (las artesanías)! ¡(Son de) muchísimos (colores)!
(México D. F. es como cinco veces Madrid,) ¿os lo imagináis? / ¿te lo imaginas?
¿Sabes cuál fue la sorpresa más grande?

hoffen, dass etw. eintritt / etw. relativieren
¡Ojalá (la volvamos a ver)! / ¡Ojalá (yo pueda ir a Palenque)!
¡Espero que (se cumpla este sueño algún día)!

En realidad, (no hay tantas diferencias), creo.

über Alltagsgewohnheiten sprechen
(Mi madre me despierta) todos los días (a las seis).
(En el desayuno) casi siempre hay (tortillas).
A mí me toca (llevar a mis hermanos a la escuela).
Algunas veces (no tengo ganas), otras veces (no encuentro mis cosas).

Nunca me voy de casa sin (desayunar).
Como no hay (bus, voy en bici al instituto).
Después de (las clases voy a casa).
A veces (llamo a un amigo).

Como a las seis (cenamos).
Por la noche (llama mi papá). Siempre (me dice que tengo que estudiar).
▶ Para hablar del día a día, p. 208

PARA HABLAR ... UNIDAD 3

... de la familia y los amigos

la familia	die Familie
los hermanos	die Geschwister
el/la hermano/-a mayor/menor	der/die ältere/jüngere Bruder/Schwester
los abuelos	die Großeltern
el/la tío/-a	der Onkel / die Tante
el/la primo/-a	der Cousin / die Cousine
el/la cuñado/-a	der Schwager / die Schwägerin
el/la amigo/-a	der/die Freund/in
el/la compañero/a de clase	der/die Klassenkamerad/in
el/la novio/-a	der/die Freund/in (Partner)
el/la vecino/-a	der/die Nachbar/in

... del día a día

por la mañana / la tarde / la noche	morgens/vormittags nachmittags/abends
al mediodía	mittags
el desayuno / desayunar	das Frühstück / frühstücken
el almuerzo / almorzar	das Mittagessen / zu Mittag essen
la cena / cenar	das Abendessen / zu Abend essen
despertarse	aufwachen
levantarse	aufstehen
ducharse	duschen
preparar (el desayuno)	(das Frühstück) zubereiten
salir de casa (a las 8)	(um 8 Uhr) losgehen

llegar (al instituto a las 9)	(in der Schule um 9 Uhr) ankommen
volver (a casa)	(nach Hause) zurückkommen
acostarse (a las 10)	(um 10) ins Bett gehen
ir a pie / en bici / en bus (al instituto)	zu Fuß / mit dem Fahrrad / mit dem Bus (zur Schule) gehen/fahren
ir ~	~ gehen
~ a casa de (Pepe)	zu (Pepe) ~
~ al club	in den Club ~
~ al entrenamiento	zum Training ~
~ al curso de baile	zum Tanzkurs ~
~ al ensayo	zur Probe ~
~ a la academia de música	in die Musikschule ~
~ al teatro	ins Theater ~
~ a la piscina	in die Schwimmhalle ~
hacer los deberes	Hausaufgaben machen
estudiar para un examen	für eine Arbeit lernen
ayudar en casa / a los padres	zu Hause / den Eltern helfen
ir a buscar a (los hermanos)	(die Geschwister) abholen
hacer las compras	einkaufen
enfadarse con (Javi)	sich über (Javi) ärgern
aburrirse (como una ostra)	sich (zu Tode) langweilen
ponerse como un flan	zu einem Nervenbündel werden

▶ Para hablar de deportes / otras actividades, p. 201–202

4 UN PASEO POR MADRID

¡ACÉRCATE!

el billete	das Ticket, der Fahrschein	¿Has comprado un ~?
el museo	das Museum	**E/L** museum **F** le musée
Museo del Prado	berühmtes Kunstmuseum in Madrid	
la estación	die Station	**E** station **F** la station

UNIDAD 4A

depender (de *algo*/*alguien*)	abhängen (von *etw.*/*jdm*)	– ¿Qué hacemos hoy? – ~[1] tiempo.
el billete sencillo/combinado	der Einzelfahrschein / der Gesamtnetzfahrschein	
el abono (de diez)	die (Zehner-)Karte	¿Cuánto cuesta un ~?
barato/-a	billig, günstig	≠ caro/-a
Estadio Santiago Bernabéu	*Fußballstadion in Madrid*	
la línea (de metro)	die (U-Bahn-)Linie	¿Adónde va la ~ 4?
en dirección a + *sust.*	in Richtung + S.	La línea 1 va ~ al centro.
cambiar de línea	umsteigen	En Sol tenemos que ~.
Parque del Buen Retiro	*Parkanlage im Zentrum Madrids*	
la moneda	die Münze	◆ el dinero F la monnaie
la máquina	der Automat	La ~ no funciona.
Oiga.	Hören Sie., *hier:* Entschuldigen Sie.	
el aeropuerto	der Flughafen	¿Cómo voy de aquí al ~?
el taxi	das Taxi	◆ el coche

⚠ Unterscheide:

 ir a pie    ir **en** bus/coche/metro/taxi/tren

el atasco	der Stau	No llegamos a tiempo, hay ~.
la red (de metro)	das (Metro-)Netz	La ~ de Madrid es gigante.
el viajero, la viajera ▶ el viaje	der Fahrgast	

[1] Depende del

4A ¡ME HE QUEDADO A CUADROS!

Me he quedado a cuadros. *fam.*	*etwa:* Ich dachte, ich spinne.	= ¡Vaya!
haber (yo he)	haben, sein *Hilfsverb*	
recibir a *alguien*	*jdn* empfangen	E to receive
el intercambio	der Schüleraustausch	¿Te gustaría participar en un ~?
entrevistar a *alguien*	*jdn* interviewen	Adrián ~[1] Toño.
el/la (chico/-a de) intercambio	der/die Austauschschüler/in	Esta semana ha llegado mi ~.
mogollón de + *sust.*, *fam.*	viel/e + S., ein Haufen + S.	= mucho/-a
el cuadro	das Gemälde	
Las Meninas	*Gemälde des spanischen Malers Diego Velázquez*	

doscientos nueve **209**

Resulta que + *Satz*.	Es ist tatsächlich so, dass + *Satz*.	~ las corridas no les gustan a todos los españoles.
las tapas *pl.*	kleine kalte oder warme Snacks/ Häppchen in Spanien	
calmar(se)	(sich) beruhigen	Tobias, ¡~² por favor!
poner fondo (yo pongo)	zusammenlegen *Geld*	Para pagar nosotros siempre ~³.
Lo que pasa es que + *Satz*.	Es ist so, dass + *Satz*.	
cada uno/-a	jede/r	~⁴ paga su bebida. **F** chacun/e
pasarlo genial *fam.*	sich köstlich amüsieren	= pasarlo bomba
el tío, la tía *fam.*	Anrede unter Jugendlichen	Oye ~⁵, ¡no te enfades!
llamar(le) la atención a *alguien*	*jdm* auffallen	Los cuadros de Goya me ~⁶.
agarrar *algo / a alguien*	*etw./jdn* greifen, packen	A la una siempre me ~⁷ el hambre.
el brazo	der Arm	Me duele el ~.
tocar *algo / a alguien*	*etw./jdn* berühren, anfassen	Chicos, ¡no ~⁸ los cuadros!
dar corte (*algo* a *alguien*) *fam.*	peinlich sein (*etw. jdm*)	A Ana no ~⁹ cantar en la calle.
(**ser**) **imposible**	unmöglich	**E/F** impossible
el aficionado, la aficionada	der Fan	Ismael es un ~¹⁰ al fútbol.
el Palacio Real	offizielle Residenz des spanischen Königshauses in Madrid	
la corrida de toros	der Stierkampf	Toño nunca ha estado en una ~.
el toro	der Stier	◆ el animal
(**estar**) **alucinado/-a**	*etwa*: platt	= quedarse a cuadros
la imagen	das Bild	**E** image **F** l'image *f*.
raro/-a	seltsam	¿No os gusta Madrid? ¡Qué ~¹¹!

1 entrevista a 2 cálmate 3 ponemos fondo 4 Cada uno 5 tío/tía 6 han llamado la atención 7 agarra 8 toquéis 9 le da corte 10 aficionado 11 raro

4B GUÍA DE MADRID

la guía	der Reiseführer *Buch*	He comprado una ~ de Toledo. **E** guide **F** le guide

⚠ Unterscheide:

la guía

el guía   la guía

nadie	niemand	~ tiene ganas de visitar el Palacio.
(**ser**) **árabe**	arabisch	¿Te gusta la comida ~?
la fuente	die Quelle	**L** fons

seguro/-a	sicher	
lo + *adj.*	das + Adj.	
lo bueno	das Gute	~ es que no tenemos clase hoy.
(hay muchas cosas) que ver	(es gibt viele Dinge) zu sehen	
lo malo	das Schlechte	~ es que por eso tenemos más deberes.
(no) da tiempo (de hacer algo)	(keine) Zeit haben (*etw. zu tun*)	No me ~ hacer fotos.
presentar *algo*	*etw.* präsentieren, zeigen	E to present F présenter
Puerta del Sol	Platz in Madrid	
el madrileño, la madrileña	der/die Madrilene/-in	Los ~¹ son los habitantes de Madrid.
el reloj	die Uhr	Mi ~ ya no funciona.
el español, la española	der/die Spanier/in	Los ~² cenan muy tarde.
dar la bienvenida (yo doy)	*willkommen heißen*	
el Año Nuevo	*das neue Jahr*	
la uva	*die Traube*	L uva
la campanada	*der Glockenschlag*	
la cita	*die Verabredung*	Tengo una ~ a las 5 de la tarde.
construir *algo* (yo construyo)	*etw.* anlegen, errichten	E to construct F construire
Plaza Mayor	*großer Platz im Zentrum Madrids*	
celebrar *algo*	*etw.* feiern	E celebrate F célébrer L celebrare
el espectáculo	die Veranstaltung	¿A qué hora empieza el ~?
el siglo (XIX)	das (19.) Jahrhundert	F le siècle
¡Qué fuerte!	*etwa:* (Wie) Krass!	= ¡Vaya!
abrir *algo*	*etw.* eröffnen	Esta semana ~³ un museo nuevo.
el trofeo	*die Trophäe*	E trophy F la trophée
el césped	der Rasen	≠ la calle
el Museo Nacional Centro de Arte Reina Sofía	*berühmtes Kunstmuseum in Madrid*	
Pablo (Ruiz y) Picasso	*spanischer Maler, Grafiker und Bildhauer*	
la exposición (temporal)	die (Sonder-)Ausstellung	E exposition F l'exposition *f.*
llevar *algo* (a *alguien*)	(*jdm*) *etw.* bringen	Toño, ¡~⁴ las tapas a la mesa!
la obra	das Werk	= el cuadro
Guernica	*Gemälde von Pablo Picasso*	
convertirse en *algo* (e → ie, yo me convierto)	zu *etw.* werden, sich in *etw.* verwandeln	El pueblo ~⁵ en una ciudad.

contar con *algo* (o → ue, yo cuento)	über etw. verfügen	
el taller	der Workshop	Me gustaría participar en un ~.
ofrecer *algo* (a *alguien*) (c → zc, yo ofrezco)	(jdm) etw. anbieten	¿Te puedo ~ algo?
cultural	kulturell, Kultur- (+ S.)	
la sesión, las sesiones *pl.*	die Vorstellung	E session F la session
la música electrónica	der Electro (Musik)	◆ la música
(ser) público/-a	öffentlich	El Retiro es un parque ~^{6}.
la estatua viva	die „lebende" Statue (Straßenkünstler)	
el músico, la música	der/die Musiker/in	◆ la música
el estanque	der Teich	F l'étang *m.*
la carrera	*hier:* die Wettfahrt	
el último, la última	der/die Letzte	Javi nunca llega a tiempo, siempre es el ~^{7}.
la pipa	der Sonnenblumenkern	¿Sabías que los españoles comen muchas ~?

1 madrileños **2** españoles **3** han abierto **4** lleva **5** se ha convertido **6** público **7** último

PARA COMUNICARSE   UNIDAD 4

Wege mit öffentlichen Verkehrsmitteln beschreiben
Coge la línea (uno) en dirección a (la Plaza de Castilla).
Cambia a la línea (tres).
Tienes que seguir en la línea (roja) hasta la estación (Sol).
En (Sol) te bajas y después vas a pie.
▶ Para hablar de los medios de transporte, p. 213

Erwachsenen höflich Auskunft geben / um Auskunft bitten
Tiene que coger la línea (roja).
Podría ir en (metro).
Disculpe, ¿me podría ayudar?
Oiga, ¿cómo voy al (aeropuerto)?

nachfragen, wenn du etw. nicht verstehst
¿Cómo? Más despacio, por favor.
No entiendo, ¿puedes repetir?
No tan rápido, otra vez por favor.
A ver, dices que tengo que (ir todo recto), ¿es correcto?

erzählen, was jd erlebt hat
Esta semana hemos paseado por (Madrid).
He hecho (nuevos amigos).
Nos hemos quedado alucinados con (el póster de las corridas de toros).
Jan ya ha visitado (el Museo del Real Madrid).

etw. erläutern
Lo que pasa es que (en España la gente paga junta).
Esto (en Alemania) no es así, es imposible (llamar a los profes de «tú»).
Si quieres coger el metro, tienes que comprar un billete.

etw. zu Essen und zu Trinken bestellen
Voy a tomar (un café).
Me pone (un bocadillo de queso), por favor.
Y de beber queremos (una botella de agua).
¿Me puede traer (un vaso)?
La cuenta, por favor.
▶ Para hablar de una visita al restaurante, p. 213

historische Daten vorstellen
(El rey Felipe III) construyó (esta plaza) en el año (1615).
En el año (1990), llevaron al (Reina Sofía muchas obras).
En (2010 España) ganó (la Copa del mundo).
Desde (1561 Madrid) ha sido (la capital).

Erstaunen ausdrücken
¡Qué fuerte!
¡Vaya!
¡Es una pasada!
¡(Esto) mola mogollón!
Nos hemos quedado a cuadros.
¡Qué interesante!
¡No lo sabía!
No lo puedo creer.
¿(De) verdad?
¡No me digas!
¡¿Que qué?!
¡Cómo!
¡Qué horror/corte/rollo!

PARA HABLAR DE ... UNIDAD 4

... los medios de transporte[1]

ir	en avión	fliegen
	en coche	mit dem Auto fahren
	en barco	mit dem Schiff fahren
	en taxi	mit dem Taxi fahren

coger/tomar el bus/tren/metro — den Bus / den Zug / die U-Bahn nehmen

la estación de trenes — der Bahnhof
la parada de bus — die Bushaltestelle
comprar/validar un billete — ein Ticket kaufen/entwerten
La máquina (no) funciona. — Der Automat funktioniert (nicht).

llegar a tiempo / tarde — pünktlich / zu spät kommen
Hay metro cada diez minutos. — Die U-Bahn fährt alle 10 Minuten.
El tren sale/llega/tiene retraso. — Der Zug fährt los / kommt an / hat Verspätung.
El metro está fuera de servicio. — Die U-Bahn ist außer Betrieb.
Hay atasco. — Es ist Stau.

ir a pie — zu Fuß gehen
ir todo recto — geradeaus gehen/fahren
atravesar la calle — die Straße überqueren
girar — abbiegen
a la izquierda/derecha — (nach) links/rechts
seguir por la calle (paralela) — in der (Parallel-)Straße weitergehen/-fahren

la avenida — die Allee
el callejón — die Gasse
la esquina — die Ecke
el cruce — die Kreuzung

... una visita al restaurante

el menú — das Menü
el primer plato — die Vorspeise
el plato principal — die Hauptspeise
el postre — das Dessert
la ensalada — der Salat
la sopa — die Suppe
el caldo — die Brühe
la carne — das Fleisch
(poco) hecha — (wenig) durchgebraten
el pescado — der Fisch

los cubiertos — das Besteck
la servilleta — die Serviette
la propina — das Trinkgeld

Es muy picante. — Es ist sehr scharf.
La comida está salada. — Das Essen ist sehr salzig.
¡Estaba riquísima! — Es war total lecker!
Me duele la barriga. — Mir tut der Bauch weh.

Comió demasiado. — Er/Sie hat zuviel gegessen.

¿Has probado la tarta? — Hast du den Kuchen probiert?

[1] die Verkehrsmittel

5 ¡COMUNÍCATE!

¡ACÉRCATE!

comunicar(se) (con *alguien*)	(sich mit *jdm*) in Verbindung setzen, (mit *jdm*) kommunizieren	
la serie	die Serie	◆ el programa
el documental, los documentales *pl.*	der Dokumentarfilm	◆ el programa
las noticias *pl.*	die Nachrichten	◆ la televisión
encender *algo* (e → ie, yo enciendo)	*etw.* einschalten	¿A qué hora ~[1] la tele?
conectar (con *algo*)	(mit *etw.*) verbinden	E to connect F connecter
la red	das Internet, das Netz	L rete = Internet
el correo ▶ Correos	die Post, die E-Mail	F le courrier

doscientos trece **213**

navegar	hier: surfen	
Delante del ordenador	**encender** el ordenador **conectarse** al Internet **navegar** por la red	**buscar** información **compartir** fotos y vídeos **chatear** con amigos	**escribir** un blog **recibir** un mensaje de chat **mirar** los correos

el rato	die Weile	≠ un momento
el periódico	die (Tages-)Zeitung	Mi madre lee cada mañana el ~.
(ser) local	lokal	¿Cómo se llama el periódico ~ de tu región? ≠ internacional
echar un vistazo a *algo*	einen Blick in/auf *etw.* werfen	Mis amigos siempre ~² al periódico.
soler *hacer algo* (o → ue, yo suelo)	normalerweise *etw.* tun	Y tú, ¿qué ~³ hacer por la tarde?
la informática	die Informatik	Juan se interesa mucho por la ~.
científico/-a	wissenschaftlich	Me gustan los programas ~⁴.
Quo	wissenschaftliche Monatszeitschrift	
Muy Interesante	populärwissenschaftliche Zeitschrift	
el espectador, la espectadora ▶ el espectáculo	der/die Zuschauer/in	E spectator F le spectateur, la spectatrice
el día del espectador	der Kinotag	¿Cuándo es el ~ en tu cine favorito?
el/la radio	das Radio	¿Has escuchado las noticias en la ~?

⚠ Unterscheide: **el/la** radio *fam.*   das Radio Gerät   **la** radio   der Hörfunk

1 enciendes **2** echan un vistazo **3** sueles **4** científicos

5A LAS AULAS DEL FUTURO

el futuro	die Zukunft	Me gustaría conocer mi ~.
la presentación	die Präsentation, *hier:* der Vortrag	E presentation F la présentation
dentro de + *Zeitangabe*	innerhalb von + *Zeitangabe*	¡~ poco tiempo nos volveremos a ver!
el lápiz, los lápices *pl.*	der Stift	En el futuro ya no usaremos ~¹.
la pizarra	die Tafel	El profesor escribe algo en la ~.
el cuaderno	das (Arbeits-)Heft	
en cambio	stattdessen, dagegen	Madrid es una ciudad grande; ~, Toledo es bastante pequeña.
la tableta PC	der Tablet-PC	
(estar) conectado/-a	verbunden	E (to be) connected
interactuar	interagieren	E to interact
salir a la pizarra (yo salgo)	an die Tafel kommen	Luna, ~², por favor.
la tiza	die Kreide	¿Sabías que la palabra ~ es de origen náhuatl?
(ser) interactivo/-a	interaktiv	

UNIDAD 5A

(ser) táctil	taktil, Tast- (+ S.)	
existir	existieren	
pesar	wiegen	F peser
tanto *adv.*	so sehr, so viel	¡No trabajes ~!

> ⚠ Unterscheide das Adverb **tanto** vom Begleiter **tanto/-a**:
>
> ¡Te quiero **tanto**!   Ich liebe dich **so sehr**!
> Tengo que estudiar **tanto** para los exámenes …   Ich muss **so viel** für die Prüfungen lernen …
>
> *Der Begleiter* **tanto/-a** *funktioniert wie* **mucho/-a, poco/-a, otro/-a, todo/-a.**
>
> ¿Por qué no pagas tú? ¡Tienes **tanto** dinero!   Tenemos **tantos** deberes. ¡Qué rollo!
> ¡Hay **tanta** gente en la fiesta!   En esta calle no hay **tantas** casas.

cuando + *subj.*	wenn, sobald	~ esté en Madrid, te voy a llamar.
cambiar de trabajo	den Job wechseln	Si no te gusta, ¿por qué no ~³?
por lo tanto	also	Ana no tiene dinero. ~ no va al cine.
(ser) flexible	flexibel	Luna es una persona muy ~.
de forma cooperativa	kooperativ	En un equipo hay que trabajar ~.
a través de	mittels, durch	Me enteré de tu fiesta ~ blog.
(ser) crítico/-a	kritisch	Hay que ser ~⁴ con las informaciones en la red.
(ser) creativo/-a	kreativ	Ana es muy ~⁵.
seguir + *verbo en gerundio* (e → i, yo sigo)	mit *etw.* weitermachen, fortfahren	Oye, ¿Ana ~⁶ bailando flamenco?
desaparecer (c → zc, yo desaparezco)	verschwinden	E to disappear F disparaître
aunque + *ind.*	obwohl	Ana se queda en la playa ~ llueve.
aunque + *subj.*	selbst wenn	~ Hugo tenga tiempo, no va a salir.
(ser) virtual	virtuell	No me puedo imaginar un colegio ~.
¡Hala!	hier etwa: Echt!, Wow!	¡~!, ¡que bonito es este cuadro! = ¡Vaya!
para eso	dafür	-¡Gracias! -De nada. ¡~ están los amigos!
la red social	das soziale Netzwerk	Muchas jóvenes participan en alguna ~.
la tecnología	die Technologie	
hacer falta (yo hago)	nötig sein	¿De verdad ~⁷ tanta tecnología?
el/la protagonista *m./f.*	der/die Hauptdarsteller/in, der/die Protagonist/in	E protagonist F le/la protagoniste
mientras + *subj.*	solange	~ no me escuches, no te voy a contar nada más.
mientras + *ind.*	während	~ Adrián busca información, Ana escribe un mensaje.
la ayuda ▶ ayudar	die Hilfe	¿Necesitas ~ con los deberes?
el tutor, la tutora	der/die Betreuer/in	E tutor L tutor
pasar a la historia	Vergangenheit werden	Dentro de poco los cedés ~⁸.

UNIDAD 5B

seguir *algo* (e → i, yo sigo)   *etw.* (ver-)folgen

> Das Verb **seguir** hat viele Verwendungen:
>
> ¿Cómo **sigue** la historia? — Wie **geht** die Geschichte **weiter**?
> Ana ya tiene 16 años pero **sigue igual**. — Ana ist schon 16 Jahre, aber sie sieht **immer noch genauso aus**.
> ¡No puedo **seguir** así! — Ich kann nicht so **weitermachen**!
> Venga, **seguimos** estudiando. — Na los, **lernen** wir **weiter**.
> Los padres pueden **seguir** el progreso de sus hijos. — Die Eltern können den Fortschritt ihrer Kinder **verfolgen**.

el progreso	der Fortschritt	E progress F le progrès
¡Qué control!	Was für eine Kontrolle!	
escapar	entkommen	≠ estar atrapado/-a
(estar) atrapado/-a	gefangen	

1 lápices   2 sal a la pizarra   3 cambias de trabajo   4 crítico   5 creativa   6 sigue   7 hace falta   8 pasarán a la historia

5B ¡NO TE LO PIERDAS!

la sección, las secciones *pl.*	die Rubrik, das Ressort	E section F la section
recomendar *algo* a *alguien* (e → ie, yo recomiendo)	*jdm etw.* empfehlen	Te ~¹ esta peli, es muy interesante.
algo **vale la pena**	*etw.* lohnt sich	~ ver la peli aunque sea muy larga.
la **dirección**	die Regie	◆ la película
la **duración**	die Dauer	◆ la película
el **género**	das Genre	F le genre
el **drama** *m.*	das Drama	¿Te gusta el ~?
la **interpretación**	die Interpretation, hier: die Darsteller	◆ la película
el **título**	der Titel	No me acuerdo del ~ del libro.
el **albergue** *m.*	die Unterkunft	
el/la menor *m./f.*	der/die Minderjährige	Los ~² no pueden ver pelis para adultos.
Caracas	*Hauptstadt Venezuelas*	
descubrir *algo*	*etw.* entdecken	≠ esconder *algo*
el **talento**	das Talent	¿Tienes algún ~?
el **clarinete** *m.*	die Klarinette	◆ el instrumento
la **orquesta**	das Orchester	La ~ toca mi canción favorita.
el **comienzo**	der Beginn	≠ el final
la **pasión (por** *algo***)**	die Leidenschaft (für *etw.*)	E passion F la passion
crecer (c → zc, yo crezco)	wachsen	Sin luz las plantas no ~³.
poco a poco	allmählich	~ aprenderé español.

la amistad ▶ el/la amigo/-a	die Freundschaft	La ~ es una cosa muy importante.
(ser) complicado/-a	kompliziert	E complicated F compliqué/e
la relación	die Beziehung	Hugo tiene una ~ muy buena con sus padres.
interrumpir *algo*	*etw.* abbrechen	≠ seguir con *algo*
regresar	zurückkehren	= volver ≠ salir
la valoración	*die Bewertung*	
por una parte …, por otra parte …	auf der einen Seite …, auf der anderen Seite …	~ me interesa el libro, ~ no me gusta el autor.
la pobreza ▶ pobre	die Armut	Muchos niños viven en pobreza. E poverty F la pauvreté
(ser) positivo/-a	positiv	
ser capaz (de *hacer algo*)	fähig sein (*etw.* zu tun)	Yo no ~⁴ dejar a mis amigos.
actuar	spielen	

⚠ *Unterscheide:* Die Schauspielerin **spielt** sehr gut.   La protagonista **actúa** muy bien.
Javi **spielt** Fußball.   Javi **juega** al fútbol.
Miguel **spielt** Akkordeon.   Miguel **toca** el acordeón.

narrar *algo*	*etw.* erzählen	= contar *algo*
Ronaldinho	brasilianischer Fußballspieler	
el autor, la autora	der/die Autor/in	
la infancia	*die Kindheit*	F l'enfance *f.* L infantia
el jugador, la jugadora ▶ jugar	der/die Spieler/in	F le joueur, la joueuse
desde pequeño/-a	seit seiner/ihrer Kindheit	~⁵ Luna quería ser profesora.
hacerse + *adj.* (yo me hago)	*Adj.* werden	Mi hermano pequeño ~⁶ mayor.
conseguir *algo* (e → i, yo consigo)	*etw.* schaffen, erreichen	Si quiero algo, lo ~⁷.
la estrella	*hier:* der Star	Javier Bardem es una ~ de cine.
sorprender a *alguien* ▶ la sorpresa	*jdn* überraschen	E to surprise
Enrique Páez	*spanischer Schriftsteller*	
el relato	die Erzählung	¿Quién es el autor de este ~?
el narrador, la narradora	der/die Erzähler/in	E narrator
tratar(se) de *algo*	sich um *etw.* handeln, von *etw.* handeln	La peli ~⁸ niños mexicanos.
(ser) tuareg *inv.*	Tuareg- (+ S.) *(Nomadenvolk in der Sahara)*	Abdel es un chico ~.
el desierto	die Wüste	≠ la selva
⚠ el Sáhara	die Sahara	

Marruecos	Marokko	
económico/-a	wirtschaftlich, Geld- (+ S.)	Miguel siempre me habla de temas ~[9]. ¡Qué rollo!
político/-a	politisch	Mi padre suele leer revistas ~[10].
por lo cual	weshalb	Javi había estudiado mucho, ~ sacó una buena nota.
el peligro	die Gefahr	
no obstante	dennoch	Había atasco. ~ hemos llegado a las tres en punto.
el castellano	Spanisch (Sprache)	= el español
la realidad	die Realität	
impresionar a *alguien* ▶ impresionante, la impresión	jdn beeindrucken	E to impress F impressionner
el/la inmigrante *m./f.*	der/die Einwander/in	
dejar	*hier:* verlassen	¿Crees qué Abdel quería ~ su país?
lo difícil que puede ser	wie schwierig es sein kann	

1 recomiendo 2 menores 3 crecen 4 soy capaz de 5 Desde pequeña 6 se hace 7 consigo 8 trata de 9 económicos 10 políticas

PARA COMUNICARSE   UNIDAD 5

über Gewohnheiten sprechen
(Tres) veces por semana (enciendo la tele).
Todas las noches / las mañanas (llamo a mis amigos / veo la telenovela).
(Todos los miércoles) suelo ir (al cine). / Suelo (poner la radio / la tele por la noche).
Lo primero que hago por la mañana es (encender el móvil).
Casi siempre (escucho música).

über Filme und Bücher sprechen
El título (de la película) es (el nombre de la protagonista).
El libro / la película trata de (dos amigos).
Los protagonistas (son ___ / se llaman ___).
La película es (un drama).
El libro narra la historia de (Ronaldinho).
Fui a ver esta peli porque (un amigo me la había recomendado).
Leí este libro porque (ya había leído otros libros del autor).
El libro de (Enrique Paez) es un relato contado como (un diario / una carta /___).
En el libro / la película vemos cómo (este niño tiene que luchar por una vida mejor).
El autor nos cuenta sobre (la vida de Ronaldinho).
▶ Para hablar de los medios de comunicación / libros, periódicos y revistas, p. 219, ▶ Para hablar de un texto, p. 171

Filme und Bücher bewerten
No es un mal libro, pero (ya sabía muchas cosas sobre él).
Para mí es (un libro / una película) bueno/-a.
La verdad es que (me ha gustado mucho / no me ha gustado nada / ___).
Por una parte (es triste), por otra parte (tiene sus lados positivos).
El/la protagonista actúa (muy bien / mal / fatal).
(El libro) me impresionó mucho porque (no sabía nada sobre este tema / aunque ya sabía muchas cosas sobre el tema).

PARA HABLAR DE ... UNIDAD 5

... los medios de comunicación[1]

el reportaje	die Reportage	(La película) es larga/corta.	(Der Film) ist lang/kurz.
las noticias / el telediario	die Nachrichten	Veo (las noticias) con regularidad.	Ich sehe regelmäßig (Nachrichten).
el programa deportivo	die Sportsendung		
la emisión musical	die Musiksendung	▶ El cine, p. 173	
la emisión política	die Politiksendung		
una emisión sobre (España)	eine Sendung über (Spanien)	### ... libros, periódicos y revistas	
el concurso	die Spielshow	la revista juvenil	die Jugendzeitschrift
la telenovela / el culebrón	die Seifenoper	el periódico local	die Lokalzeitung
la publicidad	die Werbung	la entrevista	das Interview
la película	der Film	los horóscopos	die Horoskope
la comedia	die Komödie	la parte local	der Lokalteil
		los anuncios	die Anzeigen
el/la director/a	der/die Regisseur/in	el suplemento	die Beilage
el actor / la actriz (favorito/-a)	der/die (Lieblings-)Schauspieler/in	Leo sobre todo (novelas).	Ich lese vor allem (Romane).
el canal (de televisión)	der Fernsehsender	Mi padre lee solamente (la sección deportiva).	Mein Vater liest nur (den Sportteil).
la emisora (de radio)	der Radiosender	(Los horóscopos) me aburren.	(Horoskope) langweilen mich.
la programación de televisión	das Fernsehprogramm		
(La película) dura (90 minutos).	(Der Film) dauert (90 Minuten).	▶ Para hablar de un texto, p. 171	

[1] die Medien

6 EUROPA Y ESPAÑA

¡ACÉRCATE!

la extensión	die Ausdehnung, der Umfang	E extension
la Unión Europea (UE)	die Europäische Union (EU)	
Europa	Europa	
cambiar *algo*	etw. wechseln	Antes de ir a Londres tienes que ~ dinero.
viajar (por + *sust.*) ▶ el viaje, el/la viajero/-a	reisen (durch + S.)	El mes pasado Sergio ~[1] el sureste de México.
la frontera	die Grenze	F la frontière
el europeo, la europea	der/die Europäer/in	
libremente *adv.*	frei	F librement
el pasaporte	der (Reise-)Pass	Cuando viajas a México tienes que mostrar el ~.
(*ser*) democrático/-a	demokratisch	Alemania es un país ~[2].
el gobierno	die Regierung	
los Derechos Humanos	die Menschenrechte	¿Conoces los ~?
la condición, las condiciones *pl.*	die Bedingung	E condition F la condition
el gallego	Galicisch (Sprache)	
el aranés	Aranesisch (Sprache)	
la forma de gobierno	die Regierungsform	¿Qué ~ tiene España?

la monarquía parlamentaria	die parlamentarische Monarchie	
el PIB (= producto interno bruto)	das BIP (= Bruttoinlandsprodukt)	
la Comunidad Económica Europea	die Europäische Wirtschaftsgemeinschaft	
la introducción	die Einführung	E introduction
varios/-as + sust., pl.	verschiedene + S.	Tengo ~³ libros que tratan de la UE.
en total	insgesamt	~, Europa tiene 735 millones de habitantes.
alimentar a alguien	jdn ernähren	¿Tienes un consejo de cómo ~ mi perro?
el kilo	das Kilo	
consumir (algo)	(etw.) verbrauchen, konsumieren	Nuestro coche ~⁴ muy poco.
el producto lácteo	das Milchprodukt	
el pescado	der Fisch	
la carne	das Fleisch	
(ser) social	sozial	
cuidar de algo/alguien	für etw./jdn sorgen	¿Podrías ~ mi perro este fin de semana?
la población	die Bevölkerung	
la asistencia médica	die Krankenversicherung	
la educación	die Ausbildung	E education F l'éducation f.
la jubilación	der Ruhestand	¿Cuál es la edad de ~ en España?
la distancia	die Distanz	¿Cuál es la ~ entre Madrid y Berlín?
ocupar algo	etw. einnehmen Platz	E to occupy F occuper
el planeta m.	der Planet	= la tierra
la gastronomía	die Gastronomie	
el pan integral	das Vollkornbrot	
el cruasán	das Croissant	Un ~ de chocolate, por favor.
(ser) diverso/-a	vielfältig, unterschiedlich	
el jamón ibérico	spanischer luftgetrockneter Schinken	
la ley, las leyes pl.	das Gesetz	Fumar en el tren está prohibido por la ~.
el área f.	das Gebiet	¿En qué ~ te gustaría trabajar?
la salud	die Gesundheit	¡~!
el medio ambiente	die Umwelt	
China	China	◆ el país
India	Indien	◆ el país
el lema m.	der Leitspruch	¿Conoces el ~ de la UE?
unir algo / a alguien	etw./jdn vereinen	≠ interrumpir algo F unir
la diversidad	die Vielfältigkeit	En Europa hay una gran ~ cultural.

1 viajó por 2 democrático 3 varios 4 consume

6A UN ACTOR EUROPEO

el actor, la actriz	der/die Schauspieler/in	E actor F l'acteur, l'actrice
(ser) digital	digital	
¿Cómo lo llevas tú?	Wie gehst du mit … um?	
el nacionalismo	der Nationalismus	
dar igual *(algo)* a *alguien* (yo doy)	jdm *(etw.)* egal sein	– ¿Qué peli quieres ver? – Me ~¹.
admirar a *alguien*	jdn bewundern	E to admire F admirer
por supuesto	selbstverständlich	= ¡Claro!
algo cuesta mucho/poco a *alguien*	jdm fällt *etw.* schwer/leicht	Me ~ levantarme temprano.
(ser) catalán/catalana	katalanisch	Barcelona es una ciudad ~².
el idioma *m.*	die Sprache	= la lengua
mismo/-a	selbst	
viceversa *adv.*	umgekehrt	E vice versa
el Jamón de Jabugo	spanische Schinkenspezialität	
la carrera	die Karriere	
la experiencia	die Erfahrung	Sergio tiene mucha ~ de trabajo.
el guion	das Drehbuch	
el/la guionista *m./f.*	der/die Drehbuchautor/in	
enterarse de *algo*	*etw.* bemerken	Ayer Daniel ~³ que tiene otra página de Internet.
Lo siento.	Es tut mir leid.	= ¡Perdona!, ¡Disculpa!
la fama	die Berühmtheit, der Ruhm	E fame
la manera	die Art (und Weise)	
de manera + *adj.*	auf + *Adj.* Art und Weise	Me gustaría trabajar ~ flexible.
(ser) anónimo/-a	anonym	El autor del libro es ~⁴.
reconocer *algo* / a *alguien* (c → zc, yo reconozco) ▶ conocer	*etw./jdn* erkennen	La gente ~⁵ Daniel pero lo deja en paz.
saludar a *alguien*	jdn grüßen	Luna, ¡~⁶ tus tíos!
demostrar *algo* (a *alguien*) (o → ue, yo demuestro)	*(jdm) etw.* beweisen	El artículo ~⁷ que hablar inglés es muy importante para encontrar trabajo.
al mismo tiempo	gleichzeitig	Puedo escucharte y escribir ~.
por lo menos	wenigstens, zumindest	Está lloviendo pero ~ no hace frío.
comentar	erklären	= explicar
te abre muchas puertas	es öffnet dir viele Türen	
laboral	Arbeits- (+ S.)	Miguel no tiene mucha experiencia ~.
intentar *algo*	*etw.* versuchen	= probar *algo*

1 da igual 2 catalana 3 se ha enterado de 4 anónimo 5 reconoce a 6 saluda a 7 demuestra

6B ENCONTRAR SU VOCACIÓN

la vocación	die Berufung	
el jardinero, la jardinera	der/die Gärtner/in	
por vocación	aus Berufung	Carmen es profesora ~.
la jardinería	die Gartenpflege	
el Paisajismo	die Landschaftsarchitektur	
la decisión ▶ decidir	die Entscheidung	Vanessa, ¡tienes que tomar una ~! E decision F la décision
la carrera	hier: der Studiengang	
el Derecho	Jura (Studiengang)	Mi hermana estudia ~.
el bachillerato	das Abitur	¿Qué te gustaría hacer después del ~?
cambiar de idea	seine Meinung ändern	Ana ~[1]. Ya no quiere estudiar Medicina.

Das Verb **cambiar(se)** hat viele Verwendungen:	**cambiar** algo	etw. **verändern**
	cambiar algo / a alguien	etw./jdn **ändern**
	cambiar de línea	**umsteigen**
	cambiar algo	etw. **wechseln**
	cambiar de trabajo	den Job wechseln
	cambiar de idea	seine Meinung ändern
	cambiarse	sich umziehen

(ser) práctico/-a	praktisch	¿Eres una persona ~[2]?
la formación profesional (FP)	die Berufsausbildung	Alberto decidió hacer una ~.
la salida laboral	die Arbeitsmöglichkeit	
diseñar (algo)	(etw.) zeichnen, entwerfen	Para ~ ropa hay que ser creativo.
el jardín, los jardines pl.	der Garten	– ¿Dónde está Alberto? – En el ~.
la florería ▶ la flor	das Blumengeschäft	◆ la tienda
la educación ambiental	die Umwelterziehung	
cultivar algo	etw. anbauen	E to cultivate F cultiver
decorar algo	etw. dekorieren	
el interior	der Innenraum	E interior F l'intérieur m.
conseguir algo (e → i, yo consigo)	etw. erhalten	Ayer, después de la entrevista, Maribel ~[3] el puesto.
el título	der Abschluss, der Titel	
Técnico	Abschluss der Berufsausbildung, etwa: Fachwirt	
enseguida	sofort	= ahora mismo
la empresa	die Firma	Estoy soñando con tener mi propia ~.
al aire libre	draußen, an der frischen Luft	= afuera ≠ dentro
el/la cliente m./f.	der/die Kunde/-in	El ~ es el rey.
reconocer algo (c → zc, yo reconozco)	etw. (an-)erkennen	

el médico, la médica	der Arzt, die Ärztin	= el/la doctor/a *fam.*
el abogado, la abogada	der Anwalt, die Anwältin	
profesional ▶ el/la profesional	beruflich, Berufs- (+ S.)	¿Qué quieres conseguir en tu vida ~?
el jefe, la jefa	der/die Chef/in	= el director, la directora
el director, la directora	der/die Direktor/in	
matricularse en algo	sich in etw. einschreiben, sich immatrikulieren	El mes pasado Javi ~⁴ Derecho.
elegir algo	etw. (aus-)wählen	No es fácil ~ una carrera.
Administración y Dirección de Empresas	Betriebswirtschaftslehre	
los conocimientos pl. ▶ conocer	die Kenntnisse	Tengo pocos ~ de informática.
la economía ▶ económico/-a	die Wirtschaft	E economy F l'économie f.
inscribirse en algo	sich bei etw. einschreiben	
la beca	das Stipendium	Algunos estudiantes reciben una ~.
(ser) inolvidable ▶ olvidar	unvergesslich	Quiero que este viaje sea ~.
el Máster de Economía	der Master in Wirtschaft	
las prácticas pl.	das Praktikum	Toño hará unas ~ en la empresa de su padre.
tomarse algo en serio	etw. ernst nehmen	Vanessa ~⁵ su trabajo ~.
tener algo a su cargo (yo tengo)	für etw. verantwortlich sein	= ser responsable de *algo*
el empleado, la empleada	der/die Angestellte	E employee F l'employé/e

1 ha cambiado de idea 2 práctica 3 ha conseguido 4 se matriculó en 5 se toma, en serio

PARA COMUNICARSE UNIDAD 6

die Aufforderung eines anderen wiedergeben
Mi abuelo dice que lo visite (esta semana).
Mis amigos quieren que yo vaya (con ellos).

Aussagen aus der Vergangenheit wiedergeben
El profe ayer nos dijo que hoy íbamos a (ver una peli).
Ayer vi a Juan y me dijo que estaba (muy cansado).
Adrián les contó a sus padres que ya había visitado (museos en Hamburgo).

über Schule, Berufe und Ausbildung sprechen
(Me aburría) en el instituto.
Los temas de las clases (no tenían nada que ver con mi vida).
Le gustaban (las Mates).
Acabé el bachillerato (por mi madre).
Hizo el bachillerato y terminó con muy buenas notas.

Mi vocación son (las plantas).
Así que después del bachillerato hice (una FP).
Alberto estudió (2 años).
En la formación aprendió a (diseñar jardines).
Encontró trabajo en una empresa.
Abrió su propia empresa.
No hay que ser médico o abogado para tener éxito profesional.
Vanessa no sabía muy bien qué elegir.
Se matriculó en la carrera de (Matemáticas).
En el segundo año (se fue con una beca de intercambio Erasmus a Berlín).
Después hizo un Máster de (Economía).
Su primer trabajo fueron (unas prácticas «gratis»).
Vieron que me lo tomaba muy en serio.

▶ Para hablar de la escuela / del trabajo y los profesiones, p. 224

über das Leben in Europa sprechen
A mí eso del nacionalismo me da igual.
Me siento en casa en los dos países.
A mí me gusta que me digan que soy europeo.
Ahora podemos trabajar en toda Europa.
Es importante hablar varias lenguas.
¿Qué echas de menos en Alemania de España?
En mi clase somos de diferentes países … ¡y todos somos europeos!

PARA HABLAR … UNIDAD 6

… de la escuela

la asignatura	das Fach
sacar buenas/malas notas	gute/schlechte Noten bekommen
el suspenso	*etwa*: ungenügendes Ergebnis
un buen/mal alumno	ein guter/schlechter Schüler
los profesores	die Lehrer
los exámenes	die Prüfungen/Klassenarbeiten
estudiar mucho	viel lernen
ser un/a empollón/-ona	ein/e Streber/in sein
repasar	(eine Klasse) wiederholen
el bachillerato	das Abitur

… del trabajo y de las profesiones

el/la universitario/-a	der/die Akademiker/in
el/la técnico/-a	*etwa*: der Fachmann, die Fachfrau (mit spezifischer Ausbildung)
el/la empleado/-a	der/die Angestellte
el/la jefe/-a	der/die Chef/in
el/la director/-a	der/die Direktor/in
el horario de trabajo	die Arbeitszeiten
trabajar en equipo	im Team arbeiten
trabajar solo/-a / de autónomo/-a	selbständig / als Selbständige/r arbeiten
ser muy comunicativo/-a / flexible	sehr kommunikativ/flexibel sein
tener éxito	Erfolg haben

… de datos estadísticos[1]

la mayoría	die Mehrheit
la mitad	die Hälfte
un tercio	ein Drittel
el 40%	40%
el gráfico	die Grafik
la encuesta	die Umfrage
El gráfico muestra/ilustra que ___.	Die Grafik beweist/veranschaulicht, dass ___.
Un porcentaje importante cree que ___.	Ein wichtiger Prozentsatz glaubt, dass ___.
Aproximadamente dos tercios opinan que ___.	Ungefähr zwei Drittel meinen, dass ___.
Las profesiones más comunes según el gráfico son ___.	Laut der Grafik sind die häufigsten Berufe ___.

[1] die statistischen Daten

LISTA ALFABÉTICA

Die Zahl hinter dem Pfeil zeigt die Fundstelle an.
Verben mit Besonderheiten sind blau gedruckt, siehe **Los verbos** ab S. 185.
Grundschrift = obligatorischer Wortschatz
kursiv = fakultativer Wortschatz

A

a nach + *Stadt/Land*, zu + *Richtung*
a casa (llegar ~) nach Hause (kommen)
¡A dormir! Geh/t schlafen!
a la derecha (de) rechts (von)
a la hora de (comer/dormir …) zur (Essens-/Schlafens-)Zeit
a la izquierda (de) links (von)
a las … um … Uhr
a lo mejor unter Umständen, womöglich
a menudo adv. oft
a mi aire nach Lust und Laune
a solas (estar) allein
a través de mittels, durch ▶5/A
a veces manchmal
el abanico der Fächer ▶2/A
el abogado, la abogada der Anwalt, die Anwältin ▶6/B
el abono (de diez) die (Zehner-)Karte ▶4/Ac
el abrazo die Umarmung; **Un ~.** Herzliche Grüße. *Brief*
el abril der April
abrir *algo* etw. öffnen; **~ algo** etw. eröffnen ▶4/B
el abuelo, la abuela der Großvater, die Großmutter
los abuelos *pl.* die Großeltern
aburrido/-a langweilig
aburrirse (como una ostra) sich (schrecklich) langweilen
acabar de + *inf.* etw. gerade getan haben
el acento der Akzent ▶1/B
acercarse (a *algo/alguien*) sich (*etw./jdm*) (an)nähern ▶1/B
acordarse **(de** *algo*) (o → ue) sich (an *etw.*) erinnern
el acordeón das Akkordeon ▶2/A
acostarse (o → ue) sich hinlegen
acostumbrarse (a *algo/alguien*) sich (an *etw./jdn*) gewöhnen ▶3/A
la actividad die Tätigkeit ▶2/B
el actor, la actriz der/die Schauspieler/in ▶6/B
actual (ser) aktuell ▶2/B
actualmente adv. zurzeit ▶2/A
actuar spielen ▶5/B

además außerdem; **~ de** neben, außer ▶1/B
¡Adiós! Tschüß!, Auf Wiedersehen!
Administración y Dirección de Empresas Betriebswirtschaftslehre ▶6/B
admirar a *alguien* jdn bewundern ▶6/A
¿Adónde? Wohin?
los adultos *pl.* die Erwachsenen ▶2/B
el aeropuerto der Flughafen ▶4/Ac
el aficionado, la aficionada der Fan ▶4/A
afuera *adv.* draußen ▶1/A
agarrar *algo* / **a** *alguien* etw./jdn greifen, packen ▶4/A
el agosto der August
agotador/-a (ser) anstrengend
el agua f. das Wasser
aguantar *algo* / **a** *alguien* etw./jdn aushalten
ahí da
ahora jetzt, gleich; **~ mismo** jetzt sofort
ahorrar *(algo)* **para** + *verbo* (etw.) sparen um etw. tun zu können ▶2/A
al aire libre draußen, an der frischen Luft ▶6/B; **~ final** am Ende, schließlich; **fondo** hinten ▶1/A; **~ lado (de)** neben; **~ menos** wenigstens, mindestens; **~ mismo tiempo** gleichzeitig ▶6/A; **~ principio** am Anfang
el albergue m. die Unterkunft ▶5/B
alegre fröhlich, lustig
Alemán Deutsch *Schulfach*
el alemán, la alemana der/die Deutsche ▶1/Ac
Alemania Deutschland
algo etwas
alguien *inv.* jemand
algún/alguna + *sust.* irgendein/e, einige + S. ▶3/B; **alguno/-a** *pron.* eine/r, jemand, einige ▶3/B
alimentar a *alguien* jdn ernähren ▶6/Ac
allí dort (drüben)
alto/-a *adj./adv.* groß, hoch, laut
la altura die Höhe; **tener una ~ de … metros** … Meter hoch sein
alucinado/-a (estar) etwa: platt ▶4/A
el alumno, la alumna der/die Schüler/in
amarillo/-a gelb
América del Sur Südamerika

América Latina Lateinamerika
el amigo, la amiga der/die Freund/in
la amistad die Freundschaft ▶5/B
ancho/-a weit
¡Anda! *fam.* Na, komm!
Andalucía Andalusien
animado/-a belebt
el animal das Tier ▶1/A
el año das Jahr; **el ~ Nuevo** das neue Jahr ▶4/B; **los años cincuenta** *pl.* die fünfziger Jahre ▶1/A
anónimo/-a (ser) anonym ▶6/A
antes *adv.* vorher, früher; **~ de** + *verbo* (be)vor + Verb; **~ de** + *sust.* vor (+ S.)
el apellido der Nachname
aprender (a + *inf.*) lernen (etw. zu tun); **~ algo de memoria** etw. auswendig lernen
aproximadamente *adv.* ungefähr ▶1/Ac
apuntarse (a *algo*) sich (für *etw.*) anmelden, (bei *etw.*) mitmachen
aquel, aquella jene/r, jenes ▶1/A; **en ~ años** damals ▶1/A
aquí hier
árabe (ser) arabisch ▶4/B
el aranés Aranesisch (Sprache) ▶6/Ac
el árbitro der Schiedsrichter
el árbol der Baum ▶1/A
el área f. das Gebiet ▶6/Ac
la arepa der Maisfladen
Argentina Argentinien
el armario der Schrank
la artesanía die Handwerkskunst, das Kunsthandwerk ▶3/Ac
el asesor, la asesora der/die Berater/in
así so; **~ que** so dass ▶1/B
la asignatura das Schulfach
la asistencia médica die Krankenversicherung ▶6/Ac
el atasco der Stau ▶4/Ac
atrapado/-a (estar) gefangen ▶5/A
el aula, las aulas f. pl. der (Klassen-)Raum
aunque + *ind.* obwohl ▶5/A; **~** + *subj.* selbst wenn ▶5/A
el autor, la autora der/die Autor/in ▶5/B
la avenida die Allee, der Boulevard
avisar a *alguien* **(de** *algo***)** jdm (wegen *etw.*) Bescheid geben ▶3/A
ayer gestern
la ayuda die Hilfe ▶5/A
ayudar a *alguien* jdm helfen

doscientos veinticinco **225**

el/la **azteca** *m./f.* der/die Azteke/-in ▶3/A
azteca (*ser*) *inv.* aztekisch ▶3/A
el **azúcar** der Zucker
azul blau

B

el **bachillerato** das Abitur ▶6/B
¡Bah! Naja …
bailar tanzen
bajar (*algo*) *etw.* leiser stellen, senken, **bajarse** (**del bus**) (aus dem Bus) aussteigen; **~** (**por la calle**) (die Straße) hinuntergehen, **~** (**por la pista**) (die Piste) hinunterfahren
el **bajo** der Bass Gitarre ▶2/A
el **balcón** der Balkon
el **balón** der Ball
el **baloncesto** Basketball
barato/-a billig, günstig ▶4/Ac
la **barca** das Boot ▶3/Ac
el **barrio** das Viertel *Stadt*
bastante ziemlich, genug
bastar ausreichen ▶3/B
beber *algo etw.* trinken
la **beca** das Stipendium ▶6/B
el **beso** der Kuss
la **bicicleta** (= **la bici** *fam.*) das Fahrrad
bien gut
bienvenido/-a a … willkommen in …
el **billete** der Fahrschein, das Ticket ▶4/Ac; el **~ sencillo/combinado** der Einzelfahrschein / der Gesamtnetzfahrschein ▶4/Ac
blanco/-a weiß
el **bocadillo** das belegte Brötchen
la **bolera** die Bowlingbahn
el **bolígrafo** (= **el boli** *fam.*) der Kugelschreiber (= Kuli)
bonito/-a schön, hübsch
el **brazo** der Arm ▶4/A
la **broma** der Scherz ▶2/Ac
la **bronca** der Streit, Krach
la **bruja** die Hexe
bueno na gut, o.k.
bueno/-a gut; **lo ~** das Gute ▶4/B; **Buenos días.** Guten Tag!
el **bus** der Bus
buscar *algo etw.* suchen

C

la **cabeza** der Kopf
cada + *sust.* (*inv.*) jede/r, jedes + *S.*; **~ uno/-a** jede/r ▶4/A; **~ vez que** + *verbo* immer wenn ▶3/A
la **cadena** die Kette ▶2/A
caerse fallen, hinfallen, stürzen
el **café** der Kaffee
la **cafetería** die Cafeteria

calentar *algo* (e → ie) *etw.* (er-)wärmen ▶3/B
caliente warm, heiß ▶2/B
callarse schweigen, verstummen
la **calle** die Straße
calmar(se) (sich) beruhigen ▶4/A
el **calor** die Hitze, Wärme
la **cama** das Bett
la **cámara de vídeo** die Videokamera ▶2/A
el **camarero**, la **camarera** der/die Kellner/in
cambiar *algo etw.* verändern; **~** *algo etw.* wechseln ▶6/Ac; **~** *algo* / **a** *alguien etw./jdn* ändern ▶2/B; **~ de idea** seine Meinung ändern ▶6/B; **~ de línea** umsteigen ▶4/Ac; **~ de trabajo** den Job wechseln ▶5/A
cambiarse sich umziehen
caminar laufen, gehen ▶3/Ac
la **caminata** der (lange) Fußmarsch
el **camino** der Weg ▶3/B
la **camisa** das Hemd
la **camiseta** das T-Shirt
el **campamento** das (Ferien-)Lager
la **campanada** der Glockenschlag ▶4/B
el **campeonato** der Wettkampf, die Meisterschaft
el **campo** das Land ▶1/B
el **canal** der Kanal
Canarias *pl.* die Kanaren
la **canción**, **las canciones** *pl.* das Lied ▶2/A
el/la **cantante** *m./f.* der/die Sänger/in ▶2/A
cantar singen
el **caos** das Chaos
capaz (**ser ~ de hacer** *algo*) fähig sein (*etw.* zu tun) ▶5/B
la **capital** die Hauptstadt
la **cara** das Gesicht
el **Caribe** die Karibik
la **carne** das Fleisch ▶6/Ac
caro/-a teuer
la **carrera** die Karriere ▶6/A; der Studiengang ▶6/B; die Wettfahrt ▶4/B
la **carretera** die Landstraße ▶1/A
la **casa** das Haus, die Wohnung
casi fast, beinahe, quasi
castaño/-a (kastanien-)braun
el **castellano** Spanisch (Sprache) ▶5/B
el **catalán** Katalanisch *Sprache*
catalán/catalana (**ser**) katalanisch ▶6/A
Cataluña Katalonien
la **catedral** die Kathedrale
la **cazadora** die (Wind-)Jacke
el **cedé**, **los cedés** *pl.* die CD
celebrar *algo etw.* feiern ▶4/B

la **cena** das Abendessen
cenar zu Abend essen
el **centro** das Zentrum; **el ~ comercial** das Einkaufszentrum; **el ~ cultural** das Kulturzentrum; **el ~ de la ciudad** das Stadtzentrum
cerca (**de …**) *adv./prep.* in der Nähe (von …), nahe (bei …)
cerrar (e → ie) schließen
el **césped** der Rasen ▶4/B
el **chalé**, **los chalés** *pl.* das Ferienhaus
la **chaqueta** die Jacke
charlar plaudern, sich unterhalten
el **chat** der Chat
el **chaval** *fam.* der Junge
el **chico**, la **chica** der Junge, das Mädchen
el **chile** der Chili ▶3/A
China China ▶6/Ac
el **chiste** der Witz
el **chivato**, la **chivata** *fam.* die Petze
el **chocolate** die Schokolade ▶3/A
el **chófer** der Fahrer ▶3/A
el **cibercafé** (= **el cíber** *fam.*) das Internetcafé
el/la **ciclista** *m./f.* der/die Radfahrer/in ▶1/Ac
Ciencias Naturales *pl.* Naturwissenschaften *Schulfach*
científico/-a wissenschaftlich ▶5/Ac
el **cine** das Kino
la **cita** die Verabredung ▶4/B
la **ciudad** die Stadt
el **clarinete** *m.* die Klarinette ▶5/B
claro *adv.* (na) klar, natürlich; **~ que** (+ *Satz*). Natürlich (+ *Satz*).
claro/-a hell
la **clase** der Unterricht, die Klasse, das Klassenzimmer
el/la **cliente** *m./f.* der/die Kunde/-in ▶6/B
el **clima** das Klima
el **club** der Club ▶2/A
el **coche** das Auto ▶1/Ac
la **cocina** die Küche
coger *algo etw.* nehmen
la **cola** die Schlange
el **colaborador**, la **colaboradora** der/die Mitarbeiter/in ▶2/B
coleccionar *algo etw.* sammeln ▶2/A
el **colegio** (= **el cole** *fam.*) die Schule, *in Spanien:* die Grundschule
Colombia Kolumbien
el **color** die Farbe ▶3/A
el **comedor** die Kantine, das Esszimmer
comentar erklären ▶6/A

el **comentario** der Kommentar
comer *algo etw.* essen
la **comida** das Essen ▶3/A
el **comienzo** der Beginn ▶5/B
como wie; ~ + *sust.* als + S.; ~ + Zeitangabe so gegen + Zeitangabe ▶3/B; ~ + *Satz* da + *Satz* ▶3/B; ~ **loco/-a** *fam.* wie verrückt ▶1/B; ~ **siempre** wie immer
¿Cómo? Wie?; Wie bitte?; ¡**~ pasa el tiempo!** Wie die Zeit vergeht!; **¿~ se dice …?** Wie sagt man …?; **¿~ se escribe?** Wie schreibt man das?
el **compañero**, la **compañera** der/die Klassenkamerad/in, Mitschüler/in
compartido/-a gemeinsam
compartir *algo etw.* (miteinander) teilen, *etw.* tauschen
complicado/-a (ser) kompliziert ▶5/B
el **comportamiento** das Verhalten
comprar *algo etw.* kaufen
comprender *algo etw.* verstehen
comunicar(se) (con *alguien*) sich (mit *jdm*) in Verbindung setzen, (mit *jdm*) kommunizieren ▶5/Ac
la **Comunidad Económica Europea** die Europäische Wirtschaftsgemeinschaft ▶6/Ac
con mit; ~ **eso/esto** damit ▶2/B
el **concierto** das Konzert
la **condición, las condiciones** *pl.* die Bedingung ▶6/Ac
conectado/-a (estar) verbunden ▶5/A
conectarse (con *algo*) (sich mit *etw.*) verbinden ▶5/Ac
conmigo mit mir
conocer *algo / a alguien* (c → zc) *etw./jdn* kennen, kennenlernen
los **conocimientos** *pl.* die Kenntnisse ▶6/B
conseguir *algo* (e → i) *etw.* erhalten ▶6/B; ~ *algo etw.* schaffen, erreichen ▶5/B
el **consejo** der Rat
construir *algo etw.* anlegen, errichten ▶4/B
consumir *(algo)* *(etw.)* verbrauchen, konsumieren ▶6/Ac
consumista (ser) *inv.* konsumorientiert ▶2/B
contar *algo* (o → ue) *etw.* erzählen, zählen; ~ **con** *algo* über *etw.* verfügen ▶4/B
contento/-a (estar) zufrieden
contestar *algo etw.* antworten, *etw.* beantworten
contigo mit dir
contra gegen
controlar *algo / a alguien etw./ jdn.* kontrollieren, überwachen

convertirse en *algo* (e → ie) zu *etw.* werden, sich in *etw.* verwandeln ▶4/B
la **cooperativa** die Genossenschaft ▶3/B
la **Cordillera de los Andes** die Andenkordillere
el **coro** der Chor
el **correo** die Post, die E-Mail ▶5/Ac
Correos die Post Amt
correr rennen, laufen; ¡**Corre!** Beeil dich!
la **corrida de toros** der Stierkampf ▶4/A
corto/-a kurz
la **cosa** die Sache, das Ding
la **costa** die Küste ▶1/Ac
costar (o → ue) kosten
cotilla (ser) *inv.* klatschhaft
creativo/-a (ser) kreativ ▶5/A
crecer (c → zc) wachsen ▶5/B
creer (en *algo*) (an *etw.*) glauben
crítico/-a (ser) kritisch ▶5/A
el **cruasán** das Croissant ▶6/Ac
cruzar *algo etw.* überqueren
el **cuaderno** das (Arbeits-)Heft ▶5/A
cuadrado/-a (estar) *fam.* hier etwa: kugelrund (sein) ▶3/A
el **cuadro** das Gemälde ▶4/A
¿Cuál/es? *pron.* Welche/r, welches?; **¿~ es tu asignatura favorita?** Was ist dein Lieblingsfach?; **¿~ es tu número de teléfono?** Wie ist deine Telefonnummer?
cuando + *ind., conj.* als *zeitlich*, immer wenn; ~ + *subj.* wenn, sobald ▶5/A
¿Cuándo? Wann?
¿Cuántos años tienes? Wie alt bist du?
cuánto/-a + *subj., adj.* Wie viel/e + S.
cuánto *adv.* wie viel/sehr
¿Cuánto es? Wie viel macht das?
el **(cuarto de) baño** das Badezimmer
la **cuchara** der Löffel
el **cuchillo** das Messer
la **cuenta** die Rechnung
cuidar de *algo/alguien* für *etw./ jdn* sorgen ▶6/Ac
cultivar *algo etw.* anbauen ▶6/B
la **cultura** die Kultur
cultural kulturell, Kultur- (+ S.) ▶4/B
el **cumpleaños** (= el **cumple** *fam.*) der Geburtstag
cumplir … años … Jahre alt werden
cumplirse *algo* (a *alguien*) *(jdm) etw.* erfüllen ▶3/B
curar a *alguien jdn* heilen ▶3/B
curioso/-a neugierig

D

dar *algo* a *alguien jdm etw.* geben; ~ **buena/mala suerte** (*algo* a *alguien*) Glück/Unglück bringen (*etw. jdm*) ▶2/A; ~ **corte** (*algo* a *alguien*) *fam.* (*etw. jdm*) peinlich sein ▶4/A; ~ **igual** (*algo*) a *alguien jdm* (*etw.*) egal sein ▶6/A; ~ **la bienvenida** willkommen heißen ▶4/B; ~ **recuerdos a** *alguien jdn* grüßen; ~ **un paseo por** eine Fahrt auf/durch … machen ▶3/Ac; ~ *una vuelta* spazieren gehen; **(no) da tiempo (de** *hacer algo*) (keine) Zeit haben (*etw.* zu tun) ▶4/B
de von, aus, über; ~ *forma cooperativa* kooperativ ▶5/A; ~ **manera** + *adj.* auf + Adj. Art und Weise ▶6/A; ~ **memoria** auswendig; ~ **repente** plötzlich, auf einmal
de acuerdo (estar) einverstanden
¿De dónde? Woher?
debajo (de) (dar)unter
deber (+ *inf.*) sollen, müssen (+ Inf.) ▶3/Ac
los **deberes** *pl.* die Hausaufgaben
decidir *algo etw.* entscheiden
decir (e → i) sagen
la **decisión, las decisiones** *pl.* die Entscheidung ▶6/B
decorar *algo etw.* dekorieren ▶6/B
dejar verlassen ▶5/B; lassen; ~ **a** *alguien* **a su aire** *jdm* seinen Willen lassen; ~ **a** *alguien* **en paz** *jdn* in Ruhe lassen; ~ **de** + *inf.* aufhören, *etw.* zu tun
delante (de) vor
demasiado zu, zu sehr, zu viel
democrático/-a (ser) demokratisch ▶6/Ac
demostrar *algo* (a *alguien*) (o → ue) (*jdm*) *etw.* beweisen ▶6/A
dentro de + Zeitangabe innerhalb von + Zeitangabe ▶5/A
depender (de *algo/alguien*) abhängen (von *etw./jdm*) ▶4/Ac
el **deporte** der Sport
deportista (ser) *inv.* sportlich
el **Derecho** Jura (Studiengang) ▶6/B
los **Derechos Humanos** die Menschenrechte ▶6/Ac
desaparecer (c → zc) verschwinden ▶5/A
el **desayuno** das Frühstück
descansar ausruhen ▶2/A
descubrir *algo etw.* entdecken ▶5/B
desde von + Zeitangabe, ab + Zeitangabe, seit; ~ **entonces** seitdem; ~ **hace** seit + Zeitangabe ▶1/B; ~ **pequeño/-a** seit seiner/ ihrer Kindheit ▶5/B

doscientos veintisiete **227**

el **desierto** die Wüste ▶5/B
despacio adv. langsam
la **despedida** der Abschied ▶1/B
despertar a *alguien* (e → ie) *jdn* aufwecken ▶3/B
despertarse (e → ie) aufwachen
después danach, später; **~ de** + *verbo* nach + Verb; **~ de** + *sust.* nach + Subst.
detrás (de) (da-)hinter
el **día** der Tag; **el ~ a ~** der Alltag ▶2/B; **el ~ del espectador** der Kinotag ▶5/Ac; **el otro ~** letztens, neulich
el **diario** das Tagebuch
el **diciembre** der Dezember
la **diferencia** der Unterschied ▶3/A
diferente unterschiedlich
difícil schwierig
¿Diga? Ja, bitte? *Anrede beim Telefonieren*
digital (ser) digital ▶6/A
el **dinero** das Geld
la **dirección** die Regie ▶5/B; die Adresse, die Richtung; **en ~ a** + *sust.* in Richtung + S. ▶4/Ac
el **director, la directora** der/die Direktor/in ▶6/B; der/die Regisseur/in, der/die Leiter/in ▶2/A
¡Disculpa! Entschuldige!
discutir streiten, diskutieren
diseñar (algo) (etw.) zeichnen, entwerfen ▶6/B
la **distancia** die Distanz ▶6/Ac
la **diversidad** die Vielfältigkeit ▶6/Ac
diverso (ser) vielfältig, unterschiedlich ▶6/Ac
divertido/-a (ser) lustig
divertirse (e → ie) sich amüsieren ▶1/A
el **doctor, la doctora** *fam.* der Arzt, die Ärztin ▶3/B
el **documental, los documentales** *pl.* der Dokumentarfilm ▶5/Ac
doler (o → ue) schmerzen, weh tun
el **dolor** der Schmerz; **el ~ de cabeza** die Kopfschmerzen
el **domingo** der Sonntag
donde wo ▶1/A
¿Dónde? Wo?
dormir (o → ue) schlafen
el **drama** *m.* das Drama ▶5/B
ducharse sich duschen
la **duración** die Dauer ▶5/B
duro/-a hart ▶3/A
el **DVD, los DVD** *pl.* die DVD

E
e und (**y** *vor hi-* und *i-*)
echar de menos *algo* / a *alguien* etw./jdn vermissen

echar un vistazo a *algo* einen Blick in/auf etw. werfen ▶5/Ac
la **economía** die Wirtschaft ▶6/B
económico/-a wirtschaftlich, Geld- (+ S.) ▶5/B
la **edad** das Alter; **de mi ~** in meinem Alter
la **educación** die Ausbildung ▶6/Ac; **la ~ ambiental** die Umwelterziehung ▶6/B; **Educación Física** Sportunterricht *Schulfach*; **Educación para la Ciudadanía y Derechos** Sozialkunde *Schulfach*
egoísta (ser) *inv.* egoistisch
el **ejemplo** das Beispiel; **por ~** zum Beispiel
elegir algo etw. (aus-)wählen ▶6/B
el **e-mail** die E-Mail ▶3/A
emocionado/-a (estar) gerührt
empezar (algo, a + *inf.*) (e → ie) etw. anfangen / anfangen, etw. zu tun
el **empleado, la empleada** der/die Angestellte ▶6/B
el **empollón, la empollona** der/die Streber/in
la **empresa** die Firma ▶6/B
en (+ *sust.*) in, an, auf (+ S.); **~ casa (de** *alguien*) (bei *jdm*) zu Hause; **~ cambio** stattdessen, dagegen ▶5/A; **~ total** insgesamt ▶6/Ac
enamorarse (de *alguien*) sich (in *jdn*) verlieben ▶1/B
encantar a *alguien* etw./*jdn* sehr mögen ▶2/A
encender algo (e → ie) etw. einschalten ▶5/Ac
encima (de) *prep.* auf
encontrar algo / a alguien (o → ue) etw./*jdn* finden ▶3/B
encontrarse con *alguien* (o → ue) *jdm* begegnen, sich mit *jdm* treffen
el **encuentro** das Treffen, die Begegnung
la **encuesta** die Umfrage ▶2/B
el **enero** der Januar
enfadarse con *alguien* auf *jdn* böse werden, sich über *jdn* ärgern
enfermo/-a (estar) krank
enfrente (de) *adv./prep.* gegenüber
la **ensalada** der Salat
ensayar algo etw. proben, üben
enseguida sofort ▶6/B
enseñar algo a alguien *jdm* etw. zeigen; **~ a alguien a** + *inf.* *jdm* beibringen, etw. zu tun
entender *algo* / a *alguien* (e → ie) etw./*jdn* verstehen

enterarse de *algo* etw. bemerken ▶6/A
entonces dann, damals
la **entrada** die Eintrittskarte, der Eingang
entrar (en + *sust.*) (in + S.) hineingehen, (in + S.) eintreten
entre zwischen
el **entrenamiento** das Training
entrenar trainieren ▶1/Ac
la **entrevista** das Interview
entrevistar a *alguien* *jdn* interviewen ▶4/A
la **época** der Zeitraum, die (+ S.)-Zeit ▶1/A
el **equipo** die Mannschaft
Es la una. Es ist ein Uhr.; **~ y media** Es ist halb zwei.; **~ y cuarto.** Es ist Viertel nach eins. **Es que** (+ *Satz*). *fam.* Es ist nämlich so, dass (+ *Satz*).
la **escalera** die Treppe, Leiter
escapar entkommen ▶5/A
escolar schulisch, Schul- (+ S.)
esconder algo etw. verstecken
escribir algo etw. schreiben
escuchar algo etw. hören, zuhören
la **escuela** die Schule ▶3/B
ese/-a der/die/das (da)
eso das ▶2/B
el **espacio** der Raum, Platz
la **espalda** der Rücken
España Spanien
el **español** Spanisch *Sprache*
el **español, la española** der/die Spanier/in ▶4/B
especial (ser) besonders, speziell ▶2/A
la **especie (animal)** die (Tier-)Art ▶1/Ac
el **espectáculo** die Veranstaltung ▶4/B
el **espectador, la espectadora** der/die Zuschauer/in ▶5/Ac
esperar algo (de *alguien*) etw. (von *jdm*) erwarten ▶2/A; **~ algo / a alguien** etw. hoffen; auf etw./*jdn* warten
esquiar Ski fahren
la **estación** die Station ▶4/Ac
el **estadio** das Stadion; **el ~ de fútbol** das Fußballstadion
los **Estados Unidos** *m. pl.* die USA ▶3/B
Estados Unidos Mexicanos *m. pl.* Vereinigte Mexikanische Staaten ▶3/Ac
el **estanco** der Tabakwarenladen ▶1/A
el **estanque** der Teich ▶4/B
la **estantería** das Regal
estar (da-)sein, sich befinden; **~ en las nubes** geistesabwesend

sein; ~ **loco/-a** por *algo/alguien* verrückt nach *etw./jdm* sein ▶2/A; **¿Estás bien?** Geht es dir gut?; **Estamos a 34 grados.** Es sind 34°.
la **estatua viva** die „lebende" Statue (Straßenkünstler) ▶4/B
el **este** der Osten
este/-a diese/r (hier), dieses (hier)
estrecho/-a eng
la **estrella** der Star ▶5/B; der Stern; **ser la ~** sehr gut/begabt sein
estricto/-a streng
el/la **estudiante** *m./f.* der/die Student/in
estudiar lernen, studieren
estupendo/-a *adv./adj.* hervorragend, super
el **euro** der Euro
Europa Europa ▶6/Ac
el **europeo**, la **europea** der/die Europäer/in ▶6/Ac
el **examen**, los **exámenes** *pl.* die Klassenarbeit, Prüfung
existir existieren ▶5/A
el **éxito** der Erfolg
la **experiencia** die Erfahrung ▶6/A
explicar *algo* a *alguien* jdm etw. erklären
explicar(se) (sich) (deutlich) ausdrücken ▶2/B
la **exposición (temporal)** die (Sonder-)Ausstellung ▶4/B
la **extensión** die Ausdehnung, der Umfang ▶6/Ac
el **extranjero**, la **extranjera** der/die Ausländer/in ▶1/Ac

F

la **fábrica** die Fabrik ▶3/B
fácil einfach
la **falda** der Rock
faltar fehlen
la **fama** die Berühmtheit, der Ruhm ▶6/A
la **familia** die Familie
famoso/-a berühmt
el **fanático**, la **fanática** der Fan ▶2/A
la **farmacia** die Apotheke
fatal *adv./adj.* mies, furchtbar
favorito/-a Lieblings…
el **febrero** der Februar
¡Felicidades! Herzlichen Glückwunsch!
feliz, felices (estar) *pl.* glücklich; **¡~ cumpleaños!** Alles Gute zum Geburtstag!
fenomenal *adv./adj.* fabelhaft, großartig
feo/-a hässlich
el **festival** das Festival; **el ~ de verano** das Sommerfestival

la **fiesta** das Fest, die Party; **la ~ sorpresa** die Überraschungsparty; **de ~** *adj.* schick, festlich
¡Fíjate! Stell dir vor!
el **fin de semana** das Wochenende
el **final** das Ende; **al ~** am Ende, schließlich
el **flamenco** Flamenco *Musik*
flexible (ser) flexibel ▶5/A
la **flor** die Blume
la **florería** das Blumengeschäft ▶6/B
la **forma de gobierno** die Regierungsform ▶6/Ac
la **formación profesional (FP)** die Berufsausbildung ▶6/B
formar parte de *algo* zu etw. gehören ▶1/Ac
la **fotografía (= la foto** *fam.***)** die Fotografie, das Foto
el **francés** Französisch (Sprache) **Francés** Französisch *Schulfach*
los **frijoles** *pl.* die Bohnen ▶3/B
el **frío** die Kälte
la **frontera** die Grenze ▶6/Ac
la **fruta** das Obst, die Frucht
la **frutería** das Obstgeschäft ▶1/A
la **fuente** die Quelle ▶4/B
fuera draußen
el **fuerte** die Stärke
funcionar funktionieren ▶1/A
el **fútbol** der Fußball *Sportart*
el **futuro** die Zukunft ▶5/A

G

las **gafas** *pl.* die Brille
Galicia Galicien
el **gallego** Galicisch (Sprache) ▶6/Ac
la **gallina** das Huhn ▶3/B
ganar *algo* etw. gewinnen *Spiel*, verdienen *Geld*
la **gastronomía** die Gastronomie ▶6/Ac
el **género** das Genre ▶5/B
genial *adv./adj.* genial
la **gente** die Leute
Geografía e Historia Erdkunde und Geschichte *Schulfach*
gigante (ser) riesig ▶3/A
girar abbiegen
el **gobierno** die Regierung ▶6/Ac
el **gol** das Tor *Sport*
la **gorra** die Mütze
grabar aufzeichnen, aufnehmen ▶2/A
gracias danke; **~ por** *algo* danke für *etw.* ▶3/A
gracioso/-a witzig, humorvoll
el **grafiti**, los **grafitis** *pl.* das Graffiti
grande groß
el **granito de arena** das Sandkörnchen ▶2/B; **ser un ~** seinen Beitrag zu *etw.* leisten ▶2/B
el **granizado** das Granizado (Erfrischungsgetränk)

gratis gratis
gritar schreien
el **grupo** die Band, die Gruppe; **el ~ de teatro** die Theatergruppe
el **guajolote** der Truthahn ▶3/B
guapo/-a hübsch ▶1/B
guay (super-) *inv., fam.* (total) cool ▶1/B
la **guía** der Reiseführer *Buch* ▶4/B
el **guión** das Drehbuch ▶6/A
el/la **guionista** *m./f.* der/die Drehbuchautor/in ▶6/A
la **guitarra** die Gitarre
gustar a *alguien* jdm gefallen, *etw.* mögen, *etw.* gerne tun

H

haber haben, sein *Hilfsverb* ▶4/A
la **habitación**, las **habitaciones** *pl.* das Zimmer
el/la **habitante** *m./f.* ▶4/A der/die Einwohner/in
hablar (de *algo***)** (von *etw.*) sprechen; **~ por teléfono** telefonieren
hacer *algo* etw. tun; **~ a mano** von Hand fertigen ▶3/B; **~ falta** nötig sein ▶5/A; **~ senderismo** bergwandern ▶1/Ac; **hace + Zeitangabe** vor + *Zeitangabe*; **Hace (viento).** Es ist (windig).; **Hace buen/mal tiempo.** Es ist gutes/schlechtes Wetter.
hacerse + *adj.* Adj. werden ▶5/B
¡Hala! Echt!, Wow! ▶5/A
el **hambre** *f.* der Hunger
harto/-a (de *algo/alguien***) (estar)** genug (von *etw./jdm*) haben, (etw./jdn) satt haben
hasta bis; **¡~ pronto!** Bis bald!
hay es gibt; **~ que + inf.** man muss ▶3/Ac
el **helado** das Eis ▶3/A
el **hermanito**, la **hermanita** *fam.* das Brüderchen, Schwesterchen ▶3/B
el **hermano**, la **hermana** der Bruder, die Schwester
los **hermanos** *pl.* die Geschwister
el **hijo**, la **hija** der Sohn, die Tochter
la **historia** die Geschichte
¡Hola! Hallo!
la **hora** die Uhrzeit, die Stunde; **¿A qué ~ …?** Um wie viel Uhr …?; **¿Qué ~ es?** Wie viel Uhr ist es?
el **horario** der Stundenplan
el **hospital** das Krankenhaus ▶3/B
hoy heute; **~ en día** heutzutage ▶1/A

I

la **idea** die Idee
el **idioma** *m.* die Sprache ▶6/A
la **iglesia** die Kirche ▶1/A
igual (a *algo/alguien***)** gleich, genauso wie (*etw./jd*)

la **imagen** das Bild ▶4/A
imaginarse (*algo*) sich (*etw.*) vorstellen ▶1/A
¡Imagínate! Stell dir vor!
la **impaciencia** die Ungeduld ▶1/B
importante wichtig
importar *algo* a *alguien* etw. jdm wichtig sein ▶2/A
imposible (ser) unmöglich ▶4/A
la **impresión, las impresiones** *pl.* der Eindruck ▶3/A
impresionante beeindruckend ▶3/Ac
impresionar a *alguien* jdn beeindrucken ▶5/B
la **independencia** die Unabhängigkeit ▶3/Ac
independiente *adj./adv.* unabhängig
India Indien ▶6/Ac
indígena (ser) *inv.* einheimisch ▶3/Ac; **el/la indígena** *m./f.* der/die Eingeborene ▶3/Ac
la **infancia** die Kindheit ▶5/B
la **información, las informaciones** *pl.* die Information
la **informática** die Informatik ▶5/Ac
el **inglés** Englisch *Sprache*
la **injusticia social** die soziale Ungerechtigkeit ▶2/B
inmenso/-a (ser) riesig ▶3/Ac
el/la **inmigrante** *m./f.* der/die Einwander/in ▶5/B
inolvidable (ser) unvergesslich ▶6/B
inscribirse en *algo* sich bei etw. einschreiben ▶6/B
inseparable (ser) unzertrennlich ▶1/B
el **instituto** das Gymnasium
el **instrumento** das Instrument ▶2/A
intentar *algo* etw. versuchen ▶6/A
interactivo/-a (ser) interaktiv ▶5/A
interactuar interagieren ▶5/A
el **intercambio** der Schüleraustausch ▶4/A; **el/la (chico/-a de) ~** der/die Austauschschüler/in ▶4/A
interesante (super-) (super-)interessant
interesarse por *algo/alguien* sich für etw./jdn interessieren ▶3/A
el **interior** der Innenraum ▶6/B
internacional (ser) international
el/la **Internet** das Internet
la **interpretación** die Interpretation, die Darsteller ▶5/B
interrumpir *algo* etw. abbrechen ▶5/B; **~ a** *alguien* jdn unterbrechen ▶2/B

la **introducción** die Einführung ▶6/Ac
el **invierno** der Winter
el **invitado, la invitada** der Gast ▶2/B
ir (a + *sust.*) (nach ..., zu ...) gehen, fahren; **~ a (pie)** zu (Fuß) gehen ▶3/B; **~ de** *camping* zelten gehen/fahren ▶1/B; **~ de compras** einkaufen gehen; **~ en bici(cleta)** (mit dem) Fahrrad fahren
irse weggehen; **~ por ahí** herumlaufen/-fahren ▶1/A
la **isla** die Insel ▶1/Ac
las **(Islas) Baleares** die Balearischen Inseln ▶1/Ac

J
el **jamón** der Schinken
el **jardín, los jardines** *pl.* der Garten ▶6/B
la **jardinería** die Gartenpflege ▶6/B
el **jardinero, la jardinera** der/die Gärtner/in ▶6/B
los **jeans** *pl.*, *lat. am.* die Jeans
el **jefe, la jefa** der/die Chef/in ▶6/B
el **jersey, los jerséis** *pl.* der Pullover
joven (ser) jung ▶1/A
el/la **joven, los jóvenes** *pl.* der/die Jugendliche ▶2/Ac
la **jubilación** der Ruhestand ▶6/Ac
el **juego** das Spiel
el **jueves** der Donnerstag
el **jugador, la jugadora** der/die Spieler/in ▶5/B
jugar a (u → ue) spielen *Sport*
el **juguete** das Spielzeug ▶3/B
el **julio** der Juli
el **junio** der Juni
juntos/-as gemeinsam, zusammen
justo *adv.* genau

K
el **kilo** das Kilo ▶6/Ac
el **kilómetro** der Kilometer
el **km² (kilómetro cuadrado)** der km² (Quadratkilometer) ▶3/Ac

L
laboral Arbeits-(+ S.) ▶6/A
el **lado** die Seite; **a todos lados** überallhin ▶2/A; **en todos lados** überall ▶2/A
el **lago** der See
la **lámpara** die Lampe
el **lápiz, los lápices** *pl.* der Stift ▶5/A
largo/-a lang
leer *algo* etw. lesen
lejos de (estar) *adv./prep.* weit (weg), weit (entfernt)

el **lema** *m.* der Leitspruch ▶6/Ac
la **lengua** die Zunge ▶3/A; die Sprache; **Lengua Castellana y Literatura** Spanischunterricht *Schulfach*; **la ~ materna** die Muttersprache; **la ~ oficial** die Amtssprache
lento/-a langsam ▶1/A
levantarse aufstehen
la **ley, las leyes** *pl.* das Gesetz ▶6/Ac
libre frei ▶2/B
la **librería** die Buchhandlung
el **libro** das Buch
limitar con *algo* an etw. grenzen
limpiar *algo* etw. putzen ▶3/A
lindo/-a (super~) *lat. am.* (total) schön ▶3/Ac
la **línea (de metro)** die (U-Bahn-)Linie ▶4/Ac
la **lista** die Liste
llamar a *alguien* **(por teléfono)** jdn (an-)rufen; **~ a la puerta** an der Tür klingeln; **~ (le) la atención a** *alguien* jdm auffallen ▶4/A
llamarse heißen
llegar kommen, ankommen
lleno/-a (estar) voll
llevar *algo* (a *alguien*) (jdm) etw. bringen ▶4/B; **~ algo / a alguien** etw. tragen *Kleidung, Brille, Bart etc.*, etw./jdn mitnehmen
llevarse bien/mal con *alguien* sich mit jdm gut/schlecht verstehen
llorar weinen ▶1/B
llover (o → ue) regnen
lo + *adj.* das + Adj. ▶4/B
lo mismo dasselbe
Lo siento. Es tut mir leid. ▶6/A
local (ser) lokal ▶5/Ac
luchar kämpfen
luego dann, später, nachher
el **lugar** der Ort, die Stelle
el **lunes** der Montag

M
la **madre** die Mutter
el **madrileño, la madrileña** der/die Madrilene/-in ▶4/B
majo/-a (ser) nett, sympathisch
mal *adv.* schlecht
el **mallorquín, la mallorquina** der/die Mallorquiner/in ▶1/Ac
malo/-a schlecht; **lo malo** das Schlechte ▶4/B
la **mamá** *lat. am.*, *fam.* die Mama ▶3/B
la **mañana** der Morgen
mañana morgen
mandar *algo* etw. schicken
la **manera** die Art ▶6/A
la **manga** der Ärmel; **de ~ (larga)** (lang-)ärmlig

la **mano** *f.* die Hand; **de segunda ~** gebraucht, Second Hand- (+ S.) ▶2/A
la **máquina** der Automat ▶4/Ac
el **mar** das Meer ▶1/Ac; **el Mar Mediterráneo** das Mittelmeer ▶1/Ac
la **marcha** *fam.* die Stimmung, Atmosphäre
marchoso/-a (ser) belebt
Marruecos Marokko ▶5/B
el **martes** der Dienstag
el **marzo** der März
más noch; mehr; **~ +** *sust.* **+ que** mehr + S. + als ▶1/Ac; **~ de +** *número* mehr als + Zahl ▶1/Ac; **~ despacio** langsamer; **~ o menos** mehr oder weniger, naja; **~ tarde** später
el **Máster de Economía** der Master in Wirtschaft ▶6/B
Matemáticas *pl.* (**= Mates** *fam.*) Mathematik *Schulfach*
matricularse en algo sich in etw. einschreiben, sich immatrikulieren ▶6/B
el/la **maya** *m./f.* der/die Maya ▶3/A; **maya (ser)** *inv.* Maya- (+ S.) ▶3/Ac
el **mayo** der Mai
el/la **mayor** *m./f.* der/die Ältere ▶3/B; **(ser) ~** erwachsen, größer
la **mayoría (de** *algo*) die Mehrheit (von etw.), die meisten
la **medicina** die Medizin ▶3/B
el **médico, la médica** der Arzt, die Ärztin ▶6/B
medio/-a + *sust.* halbe/r, halbes + S. ▶1/A; **en ~ de** mitten in ▶3/Ac
el **medio ambiente** die Umwelt ▶6/Ac
el **mediodía** der Mittag; **a ~** am Mittag, mittags
el/la **mejor +** *sust.* der/die beste (+ S.); **el ~ amigo, la ~ amiga** der/die beste Freund/in
mejor que besser als (Vergleich)
el/la **menor** *m./f.* der/die Minderjährige ▶5/B
menos + *adj.* **+ que** weniger + Adj. + als ▶1/A; **~ de +** *número* weniger als + Zahl ▶1/A; **~ mal** zum Glück, umso besser
el **mensaje** die Nachricht; **el ~ de chat** die Chatnachricht
el **mercado** der Markt ▶1/A
el **mes, los meses** *pl.* der Monat
la **mesa** der Tisch
meter (un gol) (ein Tor) schießen, werfen
meterse en *algo* sich in etw. einmischen
el **metro** der Meter; die U-Bahn

mexicano/-a (ser) mexikanisch ▶3/A
México Mexiko ▶3/Ac
la **mezcla** die Mischung
el **micro** *lat. am.* der Bus ▶3/A
el **miedo** die Angst, Furcht
mientras + *ind.* während ▶5/A; **~ +** *subj.* solange ▶5/A
el **miércoles** der Mittwoch
mil tausend
el **millón, los millones** *pl.* die Million
el **minuto** die Minute
mío/-a *pron.* mein/e/r, meins ▶2/A
mirar *algo* etw. ansehen; **¡Mira! Schau mal!**
el/la **mismo/-a +** *sust.* der/die/das gleiche + S.; **lo mismo** das Gleiche ▶1/B; **mismo/-a** selbst ▶6/A
la **mitad** die Hälfte ▶1/Ac
la **mochila** der Rucksack
la **moda** die Mode
el **moderador, la moderadora** der/die Moderator/in ▶2/B
moderno/-a modern ▶2/A
mogollón de + *sust.*, *fam.* viel/e + S., ein Haufen + S. ▶4/A
¡Mola mucho! Das mag ich!; **¡No mola nada!** *fam.* Das mag ich überhaupt nicht!
el **molino de viento** die Windmühle ▶1/Ac
el **momento** der Moment, der Augenblick
la **monarquía parlamentaria** die parlamentarische Monarchie ▶6/Ac
la **moneda** die Münze ▶4/Ac
el **montaje** die Montage ▶2/A
la **montaña** der Berg, das Gebirge; **la ~ Rusa** die Achterbahn
un **montón (de)** *fam.* eine Menge (...)
el **monumento** das Denkmal, die Sehenswürdigkeit
moreno/-a dunkel *Haut- und Haarfarbe*
morirse (de *algo***)** (o → ue) (an etw.) sterben
mostrar *algo* **a** *alguien* (o → ue) jdm etw. zeigen ▶3/A
el **móvil** das Handy
mucho *adv.* viel
mucho/-a *adj.* viel/e
muerto/-a (estar) tod(müde) sein
la **mujer, las mujeres** *pl.* die Frau ▶3/B
el **mundo** die Welt
el **museo** das Museum ▶4/Ac
la **música** die Musik; **la ~ electrónica** der Electro (Musik) ▶4/B; **la ~ favorita** die Lieblingsmusik
el **músico, la música** der/die Musiker/in ▶4/B
muy sehr

N

nacer (c → zc) geboren werden, entstehen
el **nacionalismo** der Nationalismus ▶6/A
nada nichts
nadie niemand ▶4/B
la **naranja** die Orange
el **naranjo** der Orangenbaum ▶1/A
el **narrador, la narradora** der/die Erzähler/in ▶5/B
narrar *algo* etw. erzählen ▶5/B
navegar surfen ▶5/Ac
la **Navidad** Weihnachten ▶2/B
necesario/-a (ser) nötig ▶2/B
necesitar *algo* etw. brauchen
negro/-a schwarz
nervioso/-a (estar) nervös, aufgeregt
Ni idea. Keine Ahnung!
el **nieto, la nieta** der/die Enkel/in ▶1/A
la **nieve** der Schnee
ningún/ninguna + *sust.* kein/e + S. ▶3/B; **ninguno/-a** *pron.* keine/r, keins, niemand ▶3/B
el **niño, la niña** das Kind
no nein, nicht; **~ ... nada** nichts, überhaupt nicht; **~ ... nadie** niemand; **~ ... nunca** nie; **~ hace falta.** Es ist nicht nötig.; **~ sé qué hacer.** Ich weiß nicht, was ich tun soll.; **~ sé.** Ich weiß (es) nicht.; **¡~ me digas!** Was du nicht sagst! / Sag bloß!; **~ pasa nada.** Das macht nichts.
no obstante dennoch ▶5/B
la **noche** die Nacht, der Abend
el **nombre** der Vorname, der Name
normal normal, gewöhnlich
normalmente *adv.* normalerweise ▶2/B
el **noroeste** der Nordwesten ▶1/Ac
el **norte** der Norden
la **nota** die (Schul-)Note
el **notable** gut *Schulnote*
las **noticias** *pl.* die Nachrichten ▶5/Ac
el **noviembre** der November
el **novio, la novia** der/die (feste) Freund/in
nublado/-a (estar) bewölkt
el **nuevo, la nueva** der/die Neue
nuevo/-a neu
el **número** die (An-)Zahl, die Nummer; **el ~ de teléfono** die Telefonnummer
nunca nie

O

o oder
el **objeto** das Objekt ▶2/A
la **obra** das Werk ▶4/B

observar *algo* / a *alguien* *etw./jdn* beobachten ▶1/A
el octubre der Oktober
ocupar *algo* *etw.* einnehmen Platz ▶6/Ac
odiar *algo* *etw.* hassen
el oeste der Westen
la oferta das Angebot; (estar) de ~ im Angebot (sein)
oficial (ser) offiziell ▶3/Ac
la oficina das Büro
ofrecer *algo* (a *alguien*) (c → zc) (*jdm*) *etw.* anbieten ▶4/B
Oiga. Hören Sie., Entschuldigen Sie. ▶4/Ac
ojalá (que + *subj.*) *fam.* hoffentlich ▶3/A
el ojo das Auge
el olor (a + *sust.*) der Geruch (nach + S.) ▶3/A
olvidar *algo* *etw.* vergessen
opinar *algo* (de *algo*) *etw.* (über *etw.*) denken
Optativa Wahlfach
el ordenador der Computer
organizar *algo* *etw.* organisieren
el origen die Herkunft ▶3/A
la orquesta das Orchester ▶5/B
oscuro/-a dunkel
la ostra die Auster
otra vez noch einmal, (schon) wieder
otro/-a andere/r, anderes
¡Oye! *fam.* Hey!, Hör mal.

P

la paciencia die Geduld
el padre der Vater
los padres *pl.* die Eltern
la paga das Taschengeld ▶2/A
pagar *algo* *etw.* bezahlen
la página die Seite
el país das Land
el paisaje die Landschaft ▶1/Ac
el *Paisajismo die Landschaftsarchitektur* ▶6/B
el pájaro der Vogel ▶1/Ac
el palacio der Palast ▶1/Ac
el pan das Brot; el ~ integral das Vollkornbrot ▶6/B
los pantalones *pl.* die Hose
el papá *lat. am., fam.* der Papa ▶3/B
para für; ~ + *inf.* um zu + *Inf.*; ~ eso dafür ▶5/A; ~ mí für mich, meiner Meinung nach; ~ mí que + *Satz.*, *fam.* Also ich denke + *Satz.* ▶3/A; ~ que + *subj.* damit ▶2/B; ~ ti für dich
la parada die Haltestelle ▶3/A
el paraíso das Paradies ▶1/Ac
parar anhalten ▶3/A
parecer *algo* a *alguien* (c → zc) *jdm* *etw.* scheinen ▶2/B

la pared die Wand
la pareja das Paar ▶1/B
el parque der Park; el ~ natural der Naturpark ▶1/Ac
participar (en *algo*) (an *etw.*) teilnehmen
el partido das Spiel, die Partie
pasada: ser una ~ *fam.* fantastisch sein
pasado/-a vergangen/e, vergangenes
el pasaporte der (Reise-)Pass ▶6/Ac
pasar vergehen; ~ (*algo* a *alguien*) los sein, (*jdm* *etw.*) passieren ▶1/A; ~ (mucho tiempo en + *sust.*) (viel Zeit in + S.) verbringen; ~ *algo* a *alguien* *jdm* *etw.* reichen, geben; ~ a la historia Vergangenheit werden ▶5/A; ~ de *algo* keine Lust (auf *etw.*) haben; ~ por (+ *sust.*) bei (+ S.) vorbeikommen; ¡Pasa! Komm rein!; Lo que pasa es que + *Satz.* Es ist so, dass + *Satz.* ▶4/A; No pasa nada. Das macht nichts.
pasarlo bomba/genial *fam.* sich köstlich amüsieren ▶1/B, ▶4/A
pasear por + *sust.* spazieren gehen/fahren durch/an + S. ▶1/B
la pasión (por *algo*) die Leidenschaft (für *etw.*) ▶5/B
patinar Rollschuh laufen, Inline skaten, eislaufen
el patio der Hof
la paz der Frieden
pedir *algo* a *alguien* (e → i) *jdn* um *etw.* bitten, *etw.* bestellen
pelear(se) (por *algo/alguien*) (sich) (um *etw./jdn*) streiten ▶3/B
la película (= la peli *fam.*) der Film
el peligro die Gefahr ▶5/B
el pelo das Haar
la peña *fam.* die Clique
pensar *algo*, en *algo/alguien* (e → ie) *etw.* denken, an *etw./jdn* denken
peor que schlechter als (Vergleich)
pequeño/-a klein
perder *algo* (e → ie) *etw.* verlieren
perderse sich verlaufen; ~ *algo* / a *alguien* (e → ie) *etw./jdn* verpassen ▶3/Ac
perdona que + *subj.* entschuldige, dass … ▶2/B; ¡Perdona! Verzeihung!
perfecto/-a perfekt ▶1/Ac
el periódico die (Tages-)Zeitung ▶5/Ac; el ~ escolar *die Schülerzeitung*
pero aber
el perro, la perra der Hund, die Hündin ▶1/A

la persona die Person; la ~ sin hogar der/die Obdachlose ▶2/B
pesar wiegen ▶5/A
el pescado der Fisch ▶6/Ac
el PIB (= producto interno bruto) das BIP (= Bruttoinlandsprodukt) ▶6/Ac
picar brennen, scharf sein ▶3/A
el pico der Gipfel ▶1/Ac
la pierna das Bein
el *pincho* das Spießchen
el ping-pong Tischtennis
la pipa der Sonnenblumenkern ▶4/B
el piragüismo der Kanusport
los Pirineos *pl.* die Pyrenäen
el piso die Wohnung, das Stockwerk
la pista die Piste
la pizarra die Tafel ▶5/A
el plan der Plan
el planeta *m.* der Planet ▶6/Ac
la planta die Pflanze ▶3/B
la plantación, las plantaciones *pl.* die Plantage
la plata *lat. am.* das Geld, Silber
el plátano die Banane
platicar de algo/alguien lat. am. plaudern über *etw./jdn* ▶3/B
el plato der Teller; das Gericht ▶3/A
la playa der Strand
la plaza der Platz
la población die Bevölkerung ▶6/Ac
pobre arm
la pobreza die Armut ▶5/B
poco/-a *adj.* wenig; un poco (de) ein bisschen; poco a poco allmählich ▶5/B
poder (o → ue) können
la policía die Polizei ▶1/A
político/-a politisch ▶5/B
el pollo das Hähnchen ▶3/A
poner stellen, setzen, legen; ~ atención (a *algo*) (auf *etw.*) aufpassen; ~ fondo zusammenlegen *Geld* ▶4/A; ¡Pon la mesa! Decke den Tisch!
ponerse (al teléfono) (ans Telefon) gehen, kommen; ~ (así) sich (so) anstellen ▶2/Ac; ~ *algo* *etw.* anziehen; ~ (+ *adj.*) (Adj.) werden; ~ como un flan zum Nervenbündel werden; ~ en el lugar de *alguien* sich in *jdn* hineinversetzen; ~ rojo/-a como un tomate knallrot werden
el pop Pop Musik
por für, durch ▶3/A; wegen; pro; ~ aquí hier (in der Nähe, entlang) ▶2/Ac; ~ cierto übrigens ▶2/Ac; ~ el momento momentan, im Moment; ~ eso deswegen; ~ favor bitte; ~ fin endlich;

~ la mañana/tarde/noche am Morgen/Nachmittag/Abend, in der Nacht; ~ **lo cual** weshalb ▶5/B; ~ **lo menos** wenigstens, zumindest ▶6/A; ~ **lo tanto** also ▶5/A; ~ **primera vez** zum ersten Mal; ~ **supuesto** selbstverständlich ▶6/A; ~ **última vez** zum letzten Mal; ~ **una parte …, ~ otra parte …** auf der einen Seite …, auf der anderen Seite … ▶5/B; ~ **vocación** aus Berufung ▶6/B
¿**Por qué?** Warum?; ¿Por qué no …? Warum … nicht …?
porque weil, da
la **portería** das Tor
el **portugués** Portugiesisch *Sprache*
posible (ser) möglich
positivo/-a (ser) positiv ▶5/B
el **póster, los pósteres** *pl.* das Poster
el **postre** der Nachtisch, das Dessert
prácticamente *adv.* so gut wie, praktisch ▶2/A
las **prácticas** *pl.* das Praktikum ▶6/B
práctico/-a (ser) praktisch ▶6/B
el **precio** der Preis ▶3/B
preferir *algo* (a *algo*) / + *inf.* (e → ie) *etw.* lieber (+ *Inf.*) wollen, *etw.* (einer Sache) vorziehen, vorziehen + *Inf.*
la **pregunta** die Frage
preguntar *algo etw.* fragen
preocuparse (por *algo/alguien*) sich um *etw./jdn* Sorgen machen ▶2/Ac
preparar *algo etw.* vorbereiten
la **presentación** die Präsentation, der Vortrag ▶5/A
presentar *algo etw.* präsentieren, zeigen ▶4/B
primero zuerst
el **primo**, la **prima** der/die Cousin/e
la **princesa** die Prinzessin
el/la **principiante** *m./f.* der/die Anfänger/in
el **probador** die Umkleidekabine
probar (*algo*) (o → ue) (*etw.*) probieren ▶3/A
el **problema** *m.* das Problem
el **producto** das Produkt; **el ~ lácteo** das Milchprodukt ▶6/A
el **productor, la productora** der/die Produzent/in
profesional beruflich, Berufs-(+ *S.*) ▶6/B;
el/la **profesional** *m./f.* der Profi ▶1/Ac
el **profesor, la profesora** (= el/la **profe** *fam.*) der/die Lehrer/in
el **programa** *m.* die Sendung ▶2/B; das Programm
el **progreso** der Fortschritt ▶5/A
prohibido/-a (estar) verboten ▶1/A

prometer *algo* (a *alguien*) (*jdm*) *etw.* versprechen ▶1/B
pronto bald, gleich
propio/-a eigene/r, eigenes
proponer *algo* (a *alguien*) (*jdm*) *etw.* vorschlagen ▶1/B
el/la **protagonista** *m./f.* der/die Hauptdarsteller/in, der/die Protagonist/in ▶5/A
protegido/-a (estar) geschützt ▶1/Ac
el **proyecto** das Projekt
la **prueba** die Prüfung, das Vorspielen
el **público** das Publikum ▶2/B
público/-a (ser) öffentlich ▶4/B
el **pueblo** das Dorf
el **puente** die Brücke
la **puerta** die Tür, das Tor
el **puerto** der Hafen ▶1/Ac
pues also
el **puesto** der Stand ▶3/A
el **punto** der Punkt; (la/s …) **en ~** (um) Punkt (… Uhr)

Q
que *conj.* dass; der, die, das *Relativpronomen*
¿**Qué**? Was?; ¿~? Was (für)?, Welche/r, welches + *S.*?; ¡~ + *adj./adv.*! Das ist ja + *Adj./Adv.*!; ¡~ **casualidad!** Was für ein Zufall!; ¡~ **control!** Was für eine Kontrolle! ▶5/A; ¡~ **corte!** Wie peinlich!; ¡~ **fuerte!** *etwa:* (Wie) krass! ▶4/B; ¡~ **ganas de (…)!** Wie gerne würde ich (…)! ▶3/Ac; ¡~ **horror!** Das ist ja schrecklich!; ¡~ **rollo!** *fam.* Wie nervig!; ¡~ **va!** Ach was!, Ganz und gar nicht!; ¿~ **pasa?** Was ist los?; ¿~ **significa …?** Was bedeutet …?; ¿~ **tal?** Wie geht's?; ¿~ **te pasa?** Was ist mit dir los?;
el **quechua** Quechua (indigene Sprache)
quedar (bien/mal) a *alguien jdm* (gut/schlecht) stehen; ~ (**con** *alguien*) sich (mit *jdm*) treffen
quedarse bleiben
quemar brennen, verbrennen; **quemarse (la lengua)** sich (die Zunge) verbrennen ▶3/A
querer *algo* / + *inf.* (e → ie) *etw.* wollen / *etw.* + *Inf.* + wollen; ~ **a** *alguien jdn* lieben, *jdn* gern haben; ~ **ser** + Beruf *Beruf* werden wollen ▶2/B
Querido/-a … Liebe/r … *Brief*
el **queso** der Käse
¿**Quién?** *sg.* Wer? *Sg.*
¿**Quiénes?** *pl.* Wer? Pl.
quitar *algo* a *alguien jdm etw.* wegnehmen ▶3/B

R
el/la **radio** das Radio ▶5/Ac
la **rana** der Frosch
el **rap** Rap *Musik*
raro/-a seltsam ▶4/A
el **rato** die Weile ▶5/Ac
la **realidad** die Realität ▶5/B; **en ~** eigentlich ▶3/A
rebelde rebellisch, aufmüpfig
el **recado** die Nachricht
recibir *algo etw.* bekommen, erhalten; ~ **a** *alguien jdn* empfangen ▶4/A
recomendar *algo* a *alguien* (e → ie) *jdm etw.* empfehlen ▶5/B
reconocer *algo* (c → zc) *etw.* (an-)erkennen ▶6/B; ~ *algo* / a *alguien etw./jdn* erkennen ▶6/A
recorrer *algo etw.* durchqueren
el **recreo** die Pause
el **recuerdo** der Gruß, das Souvenir
la **red** das Internet, das Netz ▶5/Ac; **la ~ (de metro)** das (Metro-)Netz ▶4/Ac; **la ~ social** das soziale Netzwerk ▶5/B
la **redacción** der Aufsatz
regalar *algo* a *alguien jdm etw.* schenken ▶2/A
el **regalo** das Geschenk
la **región, las regiones** *pl.* die Region
la **regla** die Regel; **la ~ de juego** die Spielregel
regresar zurückkehren ▶5/B
regular *adv./adj.* gewöhnlich, es geht so
reírse (**de** *algo*) (über *etw.*) lachen ▶1/B
la **relación** die Beziehung ▶5/B
el **relato** die Erzählung ▶5/B
Religión (= **Reli** *fam.*) Religionsunterricht *Schulfach*
el **reloj** die Uhr ▶4/B
repetir *algo* (e → i) (*etw.*) wiederholen
el **reportaje** die Reportage ▶2/A
el **reportero, la reportera** der/die Reporter/in
el **respeto** der Respekt
responsable (**de** *algo/alguien*) (für *etw./jdn*) verantwortlich
Resulta que + *Satz.* Es ist tatsächlich so, dass + *Satz.* ▶4/A
el **resultado** das Ergebnis
la **revista** die Zeitschrift
el **rey, la reina** der/die König/in ▶1/Ac
rico/-a lecker ▶3/A
el **río** der Fluss
el **rock** Rock *Musik*
rojo/-a rot
la **ropa** die Kleidung

rosa *inv.* rosa
roto/-a (estar) kaputt
rubio/-a blond
la ruina die Ruine ▶3/Ac

S

el sábado der Samstag
saber *(mucho/poco) (de algo/alguien)* (viel/wenig) (über *etw./jdn*) wissen ▶3/B; ~ *algo* / + *inf. etw.* wissen, können; ¿Sabías que …? Wusstest du, dass …? ▶1/Ac
sacar *(buenas/malas) notas* (gute/schlechte) Noten bekommen; ~ *el balón* den Ball wegschlagen
el Sáhara die Sahara ▶5/B
la sal das Salz
la salida laboral die Arbeitsmöglichkeit ▶6/B
salir abfahren, (aus)gehen, hinausgehen; ~ *a la pizarra* an die Tafel kommen ▶5/A
el salmantino, la salmantina der/die Salmantiner/in *Einwohner/in Salamancas*
el salón das Wohnzimmer
la salsa die Soße ▶3/A
la salud die Gesundheit ▶6/Ac
saludar *a alguien jdn* grüßen ▶6/A
el saludo der Gruß, Liebe Grüße *Brief*
la sardina die (Öl-)Sardine
la sección, las secciones *pl.* die Abteilung, das Ressort ▶5/B
el secreto das Geheimnis
secreto/-a geheim
seguir *(así)* (e → i) (so) weitermachen ▶3/A; ~ *algo a alguien* weitergehen, *etw./jdm* folgen; ~ *algo* (ver-)folgen ▶5/A; ~ + *verbo en gerundio* mit *etw.* weitermachen, fortfahren ▶5/A; ~ *igual* immer noch genauso aussehen/sein
según laut, gemäß ▶2/B
segundo/-a zweite/r, zweites
el segundo de ESO die achte Klasse
Seguro que + *(Satz).* Sicherlich + Satz.
seguro/-a sicher ▶4/B
la selva der Dschungel ▶3/Ac
la semana die Woche
sencillo/-a einfach ▶1/A
sentarse (e → ie) *sich hinsetzen*
sentir(se) (e → ie) (sich) fühlen ▶2/B
el septiembre der September
ser sein
la serie die Serie ▶5/Ac

la sesión, las sesiones *pl.* die Vorstellung ▶4/B
si falls, wenn ▶3/Ac; ob
sí ja, doch
siempre immer
la sierra das Gebirge
la siesta *traditionelle Mittagspause* ▶1/B
el siglo (XIX) das (19.) Jahrhundert ▶4/B
significar *(algo para alguien)* bedeuten *(etw. für jdn)* ▶2/A
la silla der Stuhl
simpático/-a (ser) sympathisch
simplemente *adv.* einfach ▶2/A
sin ohne; ~ *embargo* trotzdem, dennoch ▶1/A
sino sondern
el sitio der Ort
situado en (estar) liegen in + Ort
el SMS *m.* die SMS
sobre über; ~ *todo* vor allem
sobresaliente sehr gut *Schulnote*
social (ser) sozial ▶6/Ac
el sol die Sonne
soler *hacer algo* (o → ue) normalerweise *etw.* tun ▶5/Ac
solidario/-a (ser) solidarisch ▶2/B
sólo *adv.* nur
solo/-a (estar) allein (sein)
soñar *(con algo/alguien)* (o → ue) (von *etw./jdm*) träumen
sorprender *a alguien jdn* überraschen ▶5/B
la sorpresa die Überraschung
subir *(al bus)* (in den Bus) einsteigen
el sueño der Traum, die Müdigkeit ▶3/B
la suerte das Glück; por ~ zum Glück ▶3/A
el suficiente befriedigend *Schulnote*
super(bien) super(gut)
la superficie die Oberfläche ▶3/Ac
el supermercado der Supermarkt
el sur der Süden
el surf das Surfen
suyo/-a *pron.* seine, seiner, seins; ihre, ihrer ▶2/A

T

la tableta PC der Tablet-PC ▶5/A
táctil (ser) taktil, Tast-(+ S.) ▶5/A
tal vez vielleicht ▶3/Ac
el talento das Talent ▶5/B
la talla die Größe *Kleidung*
el taller der Workshop ▶4/B
también auch
el tambor die Trommel
tampoco auch nicht
tan + *adj.* so + Adj. ▶3/A
tan + *adj.* + como so + Adj. + wie ▶1/A

tanto *adv.* so sehr, so viel ▶5/A
tanto/-a + *sust.*, *adj.* so viel/e + S. ▶1/B
tardar brauchen Zeit ▶3/B
la tarde der Nachmittag; esta ~ heute Nachmittag
tarde *adv.* spät
la tarea *lat. am.* die (Haus-)Aufgabe ▶3/B
la tarjeta die Karte
el taxi das Taxi ▶4/Ac
el té der Tee ▶3/B
el teatro das Theater
la tecnología die Technologie ▶5/A
la televisión (= la tele *fam.*) der Fernseher
el teléfono das Telefon
la telenovela die Seifenoper ▶1/B
el tema *m.* das Thema ▶2/B
temprano früh
el tenedor die Gabel
tener *algo* (e → ie) *etw.* haben; ~ *algo a su cargo* für *etw.* verantwortlich sein ▶6/B; ~ *algo de* + *adj.* etwas + Adj. an *etw.* sein ▶3/B; ~ *bronca* Streit haben; ~ *ganas de algo* / + *inf.* Lust auf *etw.* haben / Lust haben, *etw.* zu tun; ~ *lugar* stattfinden; ~ *miedo de algo* Angst vor *etw.* haben; ~ *que* + *inf. etw.* tun müssen; ~ *que ver con algo/alguien* (mit *etw./jdn*) zu tun haben ▶3/A;
¡Ten cuidado! Sei vorsichtig!;
Tengo (14) años. Ich bin (14) Jahre alt.
terminar *algo etw.* beenden, mit *etw.* fertig sein
el tiempo die Zeit, das Wetter; el ~ *libre* die Freizeit ▶2/B
la tienda der Laden
la tierra die Erde ▶3/B
tímido/-a (ser) schüchtern
el tío, la tía der Onkel, die Tante
típico/-a (ser) typisch
el tiro de esquina der Eckball
el título der Titel ▶5/B; *der Abschluss* ▶6/B
la tiza die Kreide ▶5/A
tocar + *inf.* jd dran sein ▶3/B;
~ *algo etw.* spielen *Instrument*;
~ *algo* / *a alguien etw./jdn* berühren, anfassen ▶4/A; ~ *el tambor* trommeln
todavía noch (immer)
todo el mundo alle; ~ *el tiempo* die ganze Zeit; ~ *recto* (immer) geradeaus
todo *adv.* alles
todo el + *sust.* / toda la + *sust.* alle
todos/-as *pron.* alle *m./f.*

tomar *algo* *etw.* nehmen, essen, trinken; ~ *algo* así *etw.* schwer nehmen ▶2/Ac
tomarse *algo* en serio *etw.* ernst nehmen ▶6/B
el tomate die Tomate
el toro der Stier ▶4/A
la tortilla die Tortilla *Kartoffelomelette*
¡Tortura segura! *Der Ärger ist vorprogrammiert!*
trabajar arbeiten
el trabajo die Arbeit; el ~ en equipo das Teamwork
la tradición die Tradition
traducir (*algo* a *alguien*) (c → zc) (*jdm etw.*) übersetzen ▶3/B
traer *algo* (a *alguien*) (*jdm*) *etw.* bringen ▶2/A
tranquilamente *adv.* in Ruhe ▶2/A
tranquilo/-a ruhig, immer mit der Ruhe
tratar(se) de *algo* sich um *etw.* handeln, von *etw.* handeln ▶5/B
el tren der Zug ▶1/A
triste (estar) traurig
el trofeo die Trophäe ▶4/B
tuareg (ser) *inv.* Tuareg-(+ S.) (*Nomadenvolk in der Sahara*) ▶5/B
el/la turista *m./f.* der/die Tourist/in
el tutor, la tutora der/die Betreuer/in ▶5/B
Tutoría Nachhilfe *Schulfach*
tuyo/-a *pron.* deine/r, deins ▶2/A

U

el último, la última der/die Letzte ▶4/B
último/-a letzte/r, letztes
el único, la única der/die Einzige ▶2/B
el/la único/-a + *sust.* der/die/das einzige + S. ▶1/B

el uniforme die Uniform
la Unión Europea (UE) die Europäische Union (EU) ▶6/Ac
unir *algo* / a *alguien* *etw./jdn* vereinen ▶6/Ac
la universidad die Universität
unos/-as *pl.* einige, ein paar, ungefähr + *Zahl*
usar *algo* *etw.* benutzen ▶2/A
usted/es Sie *Höflichkeitsform, im Plural in Lateinamerika:* ihr ▶1/A
útil (ser) nützlich ▶2/B
la uva die Traube ▶4/B

V

las vacaciones *pl.* die Ferien; las ~ de verano *pl.* die Sommerferien
vale o.k., in Ordnung; (no) ~ das gilt (nicht); ~ la pena (*algo*) *etw.* lohnt sich ▶5/B
la valoración die Bewertung ▶5/B
los vaqueros *pl.* die Jeans
varios/-as + *sust.*, *pl.* verschiedene + S. ▶6/Ac
el vasco Baskisch (*Sprache*)
el vaso das Glas
¡Vaya ...! *fam.* Was für ein/e ...!
el vecino, la vecina der/die Nachbar/in
el vendedor, la vendedora der/die Verkäufer/in
vender *algo* (a *alguien*) (*jdm*) *etw.* verkaufen ▶3/A
venir (e → ie) kommen; ¡Venga! *fam.* Komm schon! ▶2/Ac
ver *algo* *etw.* sehen, *etw.* ansehen; A ~. Mal sehen., Zeig mal!, also ▶2/B
el verano der Sommer
la verdad die Wahrheit; ¿~? nicht wahr?; Es ~. Das stimmt.
verde grün
el vestido das Kleid
en vez de statt ▶3/A
la vez, las veces *pl.* das Mal;

alguna ~ (schon) einmal
viajar (por + *sust.*) reisen (durch + S.) ▶6/Ac
el viaje die Reise; (estar) de ~ auf Reisen (sein)
el viajero, la viajera der Fahrgast ▶4/Ac
viceversa *adv.* umgekehrt ▶6/A
la vida das Leben
el vídeo das Video
viejo/-a (ser) alt
el viento der Wind
el viernes der Freitag
la violencia die Gewalt
virtual (ser) virtuell ▶5/A
la visita der Besuch
visitar besuchen
la vista die Aussicht
vivir (en + *sust.*) (in + S.) leben, wohnen
la vocación Berufung ▶6/B
el voleibol Volleyball
el volumen die Lautstärke; a todo ~ in voller Lautstärke
volver (o → ue) zurückkehren; ~ a + *inf.* *etw.* wieder tun ▶3/A; ~ a casa nach Hause kommen
la vuelta die Runde, der Spaziergang

Y

y und
¿Y qué? *fam.* Na und?
ya schon, bereits, jetzt sofort; aha, ach ja ▶1/A
ya no nicht mehr

Z

las zapatillas (de deporte) *pl.* die Turnschuhe
el zapato der Schuh
la zona das Gebiet, die Zone ▶1/Ac; la ~ protegida das Schutzgebiet ▶1/Ac
el zumo der Saft

DEUTSCH-SPANISCHES WÖRTERBUCH

Die Zahl hinter dem Pfeil zeigt die Fundstelle an.
Verben mit Besonderheiten sind blau gedruckt, siehe **Los verbos** ab S. 185.
Grundschrift = obligatorischer Wortschatz
kursiv = fakultativer Wortschatz

A

ab + *Zeitangabe* desde
abbiegen girar
abbrechen (*etw.*) interrumpir *algo* ▶5/B

Abend la noche; **am Abend** por la noche; **Abendessen** la cena; **zu ~ essen** cenar
aber pero
abfahren salir
abhängen (von *etw./jdm*) depender (de *algo/alguien*) ▶4/Ac
Abitur el bachillerato ▶6/B
Abschied la despedida ▶1/B
Abschluss (*Ausbildung*) el título ▶6/B
Abteilung la sección, las secciones *pl.* ▶5/B
Ach was! ¡Qué va!

Achterbahn la Montaña Rusa
Adresse la dirección
aha ya ▶1/A
Akkordeon el acordeón ▶2/A
aktuell (ser) actual ▶2/B
Akzent el acento ▶1/B
alle *m./f.* todos/-as *pron.*; todo el mundo; todo el + *sust.* / toda la + *sust.*
Allee la avenida
allein (estar) solo/-a; estar a solas
alles todo *adv.*
allmählich poco a poco ▶5/B

Alltag el día a día ▶2/B
als *zeitlich* cuando + *ind.*, *conj.*; ~ + S. como + *sust.*
also A ver. ▶2/B; por lo tanto ▶5/A; pues
alt (*ser*) viejo/-a
Alter la edad; **in meinem** ~ de mi edad
Ältere el/la mayor *m./f.* ▶3/B
Amtssprache la lengua oficial
amüsieren (sich) divertirse (e → ie) ▶1/A; **sich köstlich** ~ pasarlo bomba/ genial *fam.* ▶1/B, ▶4/A
an (+ S.) en (+ *sust.*)
anbauen (etw.) cultivar algo ▶6/B
anbieten (jdm etw.) ofrecer algo (a alguien) (c → zc) ▶4/B
Andalusien Andalucía
andere/r, anderes otro/-a
ändern (etw./jdn) cambiar algo / a alguien ▶2/B; *seine Meinung ~* cambiar de idea ▶6/B
anerkennen (etw.) reconocer algo ▶6/B
Anfang (am) al principio
anfangen (etw.) empezar (algo) (e → ie); ~, *etw.* **zu tun** empezar a + *inf.*
Anfänger/in el/la principiante *m./f.*
anfassen (etw./jdn) tocar algo / a alguien ▶4/A
Angebot la oferta; **im** ~ **sein** estar de oferta
Angestellte el empleado, la empleada ▶6/B
Angst el miedo; ~ **vor** *etw.* **haben** tener miedo de algo
anhalten parar ▶3/A
ankommen llegar
anlegen (etw.) construir algo ▶4/B
anmelden (sich für *etw.***)** apuntarse (a *algo*)
annähern (sich *etw./jdn*) acercarse (a *algo/alguien*) ▶1/B
anonym (*ser*) anónimo/-a ▶6/A
anrufen (jdn) llamar a *alguien* (por teléfono)
ansehen (etw.) ver algo
ansehen (etw.) mirar algo
anstellen (sich so) ponerse (así) ▶2/Ac
anstrengend (*ser*) agotador/a
antworten (etw.) contestar algo
Anwalt, Anwältin el abogado, la abogada ▶6/B
Anzahl el número
anziehen (etw.) ponerse algo
Apotheke la farmacia
April el abril
arabisch (*ser*) árabe ▶4/B
Aranesisch (*Sprache*) el aranés ▶6/B
Arbeit el trabajo
arbeiten trabajar
Arbeits- (+ S.) laboral ▶6/A
Arbeitsmöglichkeit la salida laboral ▶6/B

Argentinien Argentina
ärgern (sich über *jdn*) enfadarse con *alguien*
Arm el brazo ▶4/A
arm pobre
Ärmel la manga
Armut la pobreza ▶5/B
Art la manera ▶6/A, **(Tier-)** ~ la especie (animal) ▶1/Ac
Arzt, Ärztin el doctor, la doctora ▶3/B; *el médico, la médica* ▶6/B
Atmosphäre la marcha *fam.*
auch también; ~ **nicht** tampoco
auf en (+ *sust.*); encima (de) *prep.*
auf + Adj. **Art und Weise** de manera + *adj.* ▶6/A
auf einmal de repente
Auf Wiedersehen! ¡Adiós!
auffallen (jdm) llamar(le) la atención a *alguien* ▶4/A
aufgeregt (*estar*) nervioso/-a
aufhören, etw. zu tun dejar de + *inf.*
aufmüpfig rebelde
aufnehmen grabar ▶2/A
aufpassen (auf *etw.***)** poner atención (a *algo*)
Aufsatz la redacción
aufstehen levantarse
aufwachen despertarse (e → ie)
aufwecken (jdn) despertar a *alguien* (e → ie) ▶3/B
Auge el ojo
Augenblick el momento
August el agosto
aus de; ~ **Berufung** por vocación ▶6/B
Ausbildung la educación ▶6/Ac
Ausdehnung la extensión ▶6/Ac
ausdrücken (sich deutlich) explicar(se) ▶2/B
ausgehen salir
aushalten (etw./jdn) aguantar algo / a alguien
Ausländer/in el extranjero, la extranjera ▶1/Ac
ausreichen bastar ▶3/B
ausruhen descansar ▶2/A
aussehen (immer noch genauso) seguir igual (e → i)
außer además de ▶1/B
außerdem además
Aussicht la vista
aussteigen (aus dem Bus) bajarse (del bus)
Ausstellung (Sonder-) la exposición (temporal) ▶4/B
Austauschschüler/in el/la (chico/-a de) intercambio ▶4/A
Auster la ostra
auswählen (etw.) elegir algo ▶6/B
auswendig (lernen) (etw.) (aprender algo) de memoria
Auto el coche ▶1/Ac
Automat la máquina ▶4/Ac

autonome Gemeinschaft la Comunidad Autónoma ▶1/Ac
Autor/in el autor, la autora ▶5/B
Azteke/-in el/la azteca *m./f.* ▶3/A
aztekisch (*ser*) azteca *inv.* ▶3/A

B
Bad(ezimmer) (cuarto de) baño
bald pronto
Balearischen Inseln Baleares, (Islas) Baleares ▶1/Ac
Balkon el balcón
Ball el balón
Banane el plátano
Band *Musikgruppe* el grupo
Basketball el baloncesto
Baskisch (*Sprache*) el vasco
Bass *Gitarre* el bajo ▶2/A
Baum el árbol ▶1/A
beantworten (etw.) contestar algo
bedeuten (etw. für jdn) significar (algo para *alguien*) ▶2/A
Bedingung la condición, las condiciones *pl.* ▶6/Ac
beeindrucken (jdn) impresionar a *alguien* ▶5/B
beeindruckend impresionante ▶3/Ac
beenden (etw.) terminar algo
befinden (sich) estar
befriedigend *Schulnote* el suficiente
begabt sein ser la estrella
begegnen (jdm) encontrarse con *alguien* (o → ue)
Begegnung el encuentro
Beginn el comienzo ▶5/B
beibringen, etw. zu tun (jdm) enseñar a *alguien* a + *inf.*
Bein la pierna
beinahe casi
Beispiel el ejemplo; **zum** ~ por ejemplo
bekommen (etw.) recibir algo
belebt animado/-a; ~ **sein** ser marchoso/-a
bemerken (etw.) enterarse de algo ▶6/A
benutzen (etw.) usar algo ▶2/A
beobachten (etw./jdn) observar algo / a *alguien* ▶1/A
Berater/in el asesor, la asesora
Berg la montaña
bergwandern hacer senderismo ▶1/Ac
beruflich, Berufs- (+ S.) profesional ▶6/B
Berufsausbildung la formación profesional (FP) ▶6/B
Berufung la vocación ▶6/B
beruhigen (sich) calmar(se) ▶4/A
berühmt famoso/-a
Berühmtheit la fama ▶6/A
berühren (etw./jdn) tocar algo / a *alguien* ▶4/A

Bescheid geben (jdm wegen etw.) avisar a *alguien* (de *algo*) ▶3/A
besonders (ser) especial ▶2/A
besser als mejor que
beste (+ S.) el/la mejor + *sust.*; ~ **Freund/in** el mejor amigo, la mejor amiga
besteigen (etw.) subir *algo*
bestellen (etw.) pedir *algo* (e → i)
Besuch la visita
besuchen visitar
Betreuer/in el tutor, la tutora ▶5/A
Betriebswirtschaftslehre Administración y Dirección de Empresas ▶6/B
Bett la cama
Bevölkerung la población ▶6/Ac
bevor + *Verb* antes de + *verbo*
beweisen (jdm etw.) demostrar *algo* (a *alguien*) (o → ue) ▶6/A
Bewertung la valoración ▶5/B
bewölkt (estar) nublado/-a
bewundern (jdn) admirar a *alguien* ▶6/A
bezahlen (etw.) pagar *algo*
Beziehung la relación ▶5/B
Bild la imagen ▶4/A
billig barato/-a ▶4/Ac
BIP (= Bruttoinlandsprodukt) el PIB (= producto interno bruto) ▶6/Ac
bis hasta; ~ **bald!** ¡Hasta pronto!
bisschen un poco (de)
bitte por favor
bitten (jdn um etw.) pedir *algo* a *alguien* (e → i)
blau azul
bleiben quedarse
Blick (einen ~ in/auf etw.) werfen echar un vistazo a *algo* ▶5/Ac
blond rubio/-a
Blume la flor
Blumengeschäft la florería ▶6/B
Bohnen los frijoles *pl.* ▶3/A
Boot la barca ▶3/Ac
böse auf jdn werden enfadarse con *alguien*
Boulevard la avenida
Bowlingbahn la bolera
brauchen (etw.) necesitar *algo*; Zeit tardar ▶3/B
brennen picar ▶3/A; quemar
Brille las gafas *pl.*
bringen (jdm etw.) llevar *algo* (a *alguien*) ▶4/B; traer *algo* (a *alguien*) ▶2/A
Brot el pan
Brötchen (belegtes) el bocadillo
Brücke el puente
Bruder el hermano; *Brüderchen* el hermanito *fam.* ▶3/B
Buch el libro
Buchhandlung la librería
Büro la oficina
Bursche el chaval *fam.*
Bus el bus; *el micro lat. am.* ▶3/A

C
Cafeteria la cafetería
CD el cedé, los cedés *pl.*
Chaos el caos
Chat el chat; **Chatnachricht** el mensaje de chat
Chef/in el jefe, la jefa ▶6/B
Chili el chile ▶3/A
China China ▶6/Ac
Chor el coro
Clique la peña *fam.*
Club el club ▶2/A
Computer el ordenador
cool guay *inv.*, *fam.*; **total** ~ superguay *inv.*, *fam.* ▶1/B
Cousin/e el primo, la prima
Croissant el cruasán ▶6/Ac

D
da ahí
da + *Satz* como + *Satz* ▶3/B
dafür para eso ▶5/A
dagegen en cambio ▶5/A
dahinter detrás (de)
damals en aquellos años ▶1/A; entonces
damit con eso/esto ▶2/B; para que + *subj.* ▶2/B
danach después
danke gracias; ~ **für** *etw.* gracias por *algo* ▶3/A
dann entonces; luego
darunter debajo
das eso ▶2/B; ~ + *Adj.* lo + *adj.* ▶4/B
das ist ... este/-a es ...
dass que *conj.*
dasselbe lo mismo
Dauer la duración ▶5/B
dein/e tu; **dein/e/r, deins** tuyo/-a ▶2/A
dekorieren (etw.) decorar *algo* ▶6/B
demokratisch (ser) democrático/-a ▶6/Ac
denken (etw. über etw.) opinar *algo* (de *algo*); *etw.*, **an** *etw./jdn* ~ pensar *algo*, en *algo/alguien* (e → ie)
Denkmal el monumento
dennoch no obstante ▶5/B; sin embargo ▶1/A
der/die/das (da) ese/-a
derselbe, dieselbe, dasselbe + *S.* el/la mismo/-a + *sust.* ▶1/B
Dessert el postre
deswegen por eso
Deutsch *Schulfach* Alemán
Deutsche el alemán, la alemana ▶1/Ac
Deutschland Alemania
Dezember el diciembre
Dienstag el martes
diese/r (hier), dieses (hier) este/-a
digital ser digital ▶6/A
Ding la cosa
Direktor/in el director, la directora ▶6/B

diskutieren discutir
Distanz la distancia ▶6/Ac
doch sí
Dokumentarfilm el documental, los documentales *pl.* ▶5/Ac
Donnerstag el jueves
Dorf el pueblo
dort (drüben) allí
Drama el drama *m.* ▶5/B
dran sein tocar + *inf.* ▶3/B
draußen afuera *adv.* ▶1/A; al aire libre ▶6/B; fuera
Drehbuch el guión ▶6/A
Drehbuchautor/in el/la guionista *m./f.* ▶6/A
Dschungel la selva ▶3/Ac
dunkel oscuro/-a; *Haut- und Haarfarbe* moreno/-a
durch a través de ▶5/A; por ▶3/A
durchqueren (etw.) recorrer *algo*
duschen (sich) ducharse
DVD el DVD, los DVD *pl.*

E
Echt! ¡Hala! ▶5/A
Eckball el tiro de esquina
egal sein (jdm etw.) dar igual (*algo*) a *alguien* ▶6/A
egoistisch (ser) egoísta *inv.*
eigene/r, eigenes propio/-a
eigentlich en realidad ▶3/A
Eindruck la impresión, las impresiones *pl.* ▶3/A
einfach fácil; sencillo/-a ▶1/A; simplemente *adv.* ▶2/A
Einführung la introducción ▶6/Ac
Eingang la entrada
Eingeborene el/la indígena *m./f.*
einheimisch (ser) indígena *inv.* ▶3/Ac
einige algún/alguna + *sust.* ▶3/B; unos/-as *pl.*
einkaufen gehen ir de compras
Einkaufszentrum el centro comercial
einmischen (sich in etw.) meterse en *algo*
einnehmen (etw.) ocupar *algo* ▶6/Ac
einschalten (etw.) encender *algo* (e → ie) ▶5/Ac
einschreiben (sich in etw.) inscribirse en *algo* ▶6/B; matricularse en *algo* ▶6/B
einsteigen (in den Bus) subir (al bus)
eintreten (in + *S.*) entrar (en + *sust.*)
Eintrittskarte la entrada
einverstanden (estar) de acuerdo
Einwander/in el/la inmigrante *m./f.* ▶5/B
Einwohner/in el/la habitante *m./f.*
Einzige el único, la única ▶2/B
einzige + *S.* el/la único/-a + *sust.* ▶1/B
Eis el helado ▶3/A
Electro (Musik) la música electrónica ▶4/B
Eltern los padres *pl.*

E-Mail el correo ▶5/Ac; el e-mail ▶3/A
empfangen (*jdn*) recibir a *alguien* ▶4/A
empfehlen (*jdm etw.*) recomendar *algo* a *alguien* (e → ie) ▶5/B
Ende el final; **am ~** al final
endlich por fin
eng estrecho/-a
Englisch *Sprache* el inglés
Enkel/in el nieto, la nieta ▶1/A
entdecken (*etw.*) descubrir *algo* ▶5/B
entkommen escapar ▶5/A
entscheiden (*etw.*) decidir *algo*
Entscheidung la decisión ▶6/B
Entschuldige! ¡Disculpa!; **~, dass** perdona que ▶2/B; **Entschuldigen Sie. Oiga.** ▶4/Ac
entstehen nacer (c → zc)
entwerfen (*etw.*) diseñar (*algo*) ▶6/B
Erde la tierra ▶3/B
Erdkunde und Geschichte *Schulfach* Geografía e Historia
Erfahrung la experiencia ▶6/A
Erfolg el éxito
erfüllen (*jdm etw.*) cumplirse *algo* (a *alguien*) ▶3/B
Ergebnis el resultado
erhalten (*etw.*) recibir *algo*; conseguir *algo* (e → i) ▶6/B
erinnern (sich an *etw.***)** acordarse (de *algo*) (o → ue)
erkennen (*etw./jdn*) reconocer *algo* / a *alguien* (c → zc) ▶6/A
erklären comentar ▶6/A; *jdm etw.* **~** explicar *algo* a *alguien*
ernähren (*jdn*) alimentar a *alguien* ▶6/Ac
ernst nehmen (*etw.*) tomarse *algo* en serio ▶6/B
eröffnen (*etw.*) abrir *algo* ▶4/B
erreichen (*etw.*) conseguir *algo* (e → ie) ▶5/B
errichten (*etw.*) construir *algo* ▶4/B
erwachsen (ser) mayor
Erwachsenen los adultos *pl.* ▶2/B
erwärmen (*etw.*) calentar *algo* (e → ie) ▶3/B
erwarten (*etw. von jdm*) esperar *algo* (de *alguien*) ▶2/A
erzählen (*etw.*) narrar *algo* ▶5/B; contar *algo* (o → ue); **Erzähl!** ¡Cuéntame!
Erzähler/in el narrador, la narradora ▶5/B
Erzählung el relato ▶5/B
Es ist … Uhr. Es la una. / Son las …
Es tut mir leid. Lo siento. ▶6/A
Essen la comida ▶3/A
essen (*etw.*) comer *algo*; *Was wollt ihr ~?* ¿Qué vais a tomar?; **zu Abend ~** cenar
Esszimmer el comedor
etwas algo; **~ +** *Adj.* **an** *etw.* **sein** tener algo de + *adj.* ▶3/B

Euro el euro
Europa Europa ▶6/Ac
Europäer/in el europeo, la europea ▶6/Ac
Europäische Union (EU) la Unión Europea (UE) ▶6/Ac
Europäische Wirtschaftsgemeinschaft la Comunidad Económica Europea ▶6/Ac
existieren existir ▶5/A

F
fabelhaft fenomenal *adv./adj.*
Fabrik la fábrica ▶3/B
Fächer el abanico ▶2/A
fähig sein (*etw. zu tun*) ser capaz de hacer *algo* ▶5/B
fahren (nach …) ir (a + *sust.*)
Fahrer el chófer ▶3/A
Fahrgast el viajero, la viajera ▶4/Ac
Fahrrad la bicicleta (= la bici *fam.*)
(Einzel-)Fahrschein / (Gesamtnetz-)Fahrschein el billete (sencillo/combinado) ▶4/Ac
Fahrt auf/durch … machen dar un paseo por ▶3/Ac
fallen caerse
falls si ▶3/Ac
Familie la familia
Fan el aficionado, la aficionada ▶4/A; el fanático, la fanática ▶2/A
fantastisch sein ser una pasada *fam.*
Farbe el color ▶3/A
fast casi
Februar el febrero
fehlen faltar
feiern (*etw.*) celebrar *algo* ▶4/B
Ferien las vacaciones *pl.*
Ferienhaus el chalé, los chalés *pl.*
Ferienlager el campamento
Fernseher la televisión (= la tele *fam.*)
Fest la fiesta
Festival el festival
Film la película (= la peli *fam.*)
finden (*etw./jdn*) encontrar *algo* / a *alguien* (o → ue) ▶3/B
Firma la empresa ▶6/B
Fisch el pescado ▶6/Ac
Fleisch la carne ▶6/Ac
flexibel (ser) flexible ▶5/A
Flughafen el aeropuerto ▶4/Ac
Fluss el río
folgen (*etw./jdn*) seguir *algo* / a *alguien* (e → i)
Fortschritt el progreso ▶5/A
Foto la fotografía (= la foto *fam.*)
Frage la pregunta
fragen (*etw.*) preguntar *algo*
Französisch *Schulfach* Francés; *Sprache* el francés
Frau la mujer ▶3/B
frei libre ▶2/B
Freitag el viernes

Freizeit el tiempo libre ▶2/B
Freund/in el amigo, la amiga; **feste ~** el novio, la novia
Freundschaft la amistad ▶5/B
Frieden la paz
fröhlich alegre
Frosch la rana
Frucht la fruta
früh temprano
früher antes *adv.*
Frühstück el desayuno
fühlen (sich) sentir(se) (e → ie) ▶2/B
funktionieren funcionar ▶1/A
für para; por ▶3/A; **~ dich** para ti; **~ mich** para mí
furchtbar fatal *adv./adj.*
Fußball *Sportart* el fútbol
Fußballstadion el estadio de fútbol
Fußmarsch (lange) la caminata

G
Gabel el tenedor
Galicien Galicia
Galicisch (*Sprache*) el gallego ▶6/Ac
Ganz und gar nicht! ¡Qué va!
Garten el jardín, los jardines *pl.* ▶6/B
Gartenpflege la jardinería ▶6/B
Gärtner/in el jardinero, la jardinera ▶6/B
Gast el invitado, la invitada ▶2/B
Gastronomie la gastronomía ▶6/Ac
geben (*jdm etw.*) dar *algo* a *alguien*; pasar *algo* a *alguien*; **es gibt** hay
Gebiet el área *f.* ▶6/Ac; la zona ▶1/Ac
Gebirge la montaña; la sierra
geboren werden nacer (c → zc)
gebraucht de segunda mano ▶2/A
Geburtstag el cumpleaños (= el cumple *fam.*); **Alles Gute zum ~!** ¡Feliz cumpleaños!
Geduld la paciencia
Gefahr el peligro ▶5/B
gefallen (*jdm*) gustar a *alguien*; *jdm* sehr ~ encantar a *alguien* ▶2/A
gefangen (estar) atrapado/-a ▶5/A
gegen contra
gegenüber enfrente (de) *adv./prep.*
geheim secreto/-a
Geheimnis el secreto
gehen caminar ▶3/Ac; **ans Telefon ~** ponerse (al teléfono); **(zu …) ~** ir (a + *sust.*); **Geh/t schlafen!** ¡A dormir!; **(zu Fuß) ~** ir a (pie) ▶3/B; **Geht es dir gut?** ¿Estás bien?
gehören (zu *etw.***)** formar parte de *algo* ▶1/Ac
geistesabwesend sein estar en las nubes
gelb amarillo/-a
Geld el dinero; *la plata lat. am.*
Gemälde el cuadro ▶4/A
gemäß según ▶2/B
gemeinsam juntos/-as; *Zimmer, Wohnung* compartido/-a

genau justo *adv.*
genial genial *adv./adj.*
Genre el género ▶5/B
genug bastante; ~ (von *etw./jdm*) haben *estar* harto/-a (de *algo/alguien*)
gerade getan haben *(etw.)* acabar de + *inf.*
(immer) geradeaus todo recto
Gericht el plato ▶3/A
gern haben *(jdn)* querer a *alguien* (e → ie)
Geruch (nach + *S.*) el olor (a + *sust.*) ▶3/A
gerührt (*estar*) emocionado/-a
Geschenk el regalo
Geschichte la historia
geschützt (*estar*) protegido/-a ▶1/Ac
Geschwister los hermanos *pl.*
Gesetz la ley, las leyes pl. ▶6/Ac
Gesicht la cara
gestern ayer
Gesundheit la salud ▶6/Ac
Gewalt la violencia
gewinnen *(etw.)* ganar *algo*
gewöhnen (sich an *etw./jdn*) acostumbrarse (a *algo/alguien*) ▶3/A
gewöhnlich normal; regular *adv./adj.*
Gipfel el pico ▶1/Ac
Gitarre la guitarra
Glas el vaso
glauben (an *etw.*) creer (en *algo*)
gleich ahora; pronto
gleich *idéntisch* igual (a *algo/alguien*);
gleiche + *S.* el/la mismo/-a + *sust.* ▶1/B; das Gleiche lo mismo
gleichzeitig al mismo tiempo ▶6/A
Glockenschlag la campanada ▶4/B
Glück la suerte; ~/Unglück bringen dar buena/mala suerte ▶2/A; zum ~ menos mal; por suerte ▶3/A
glücklich (*estar*) feliz, felices *pl.*
Graffiti el grafiti, los grafitis *pl.*
gratis gratis
greifen *(jdn/etw.)* agarrar *algo* / a *alguien* ▶4/A
Grenze la frontera ▶6/Ac
grenzen (an *etw.*) limitar con *algo*
groß grande; *Körpergröße* alto/-a *adj./adv.*; größer mayor
großartig fenomenal *adv./adj.*
Größe *Kleidung* la talla
Großeltern los abuelos *pl.*
Großmutter la abuela
Großvater el abuelo
grün verde
Gruppe el grupo
Gruß *Brief* el recuerdo; el saludo
grüßen *(jdn)* dar recuerdos a *alguien*; saludar a *alguien* ▶6/A
gut bien; bueno/-a; *Schulnote* el notable; **Guten Tag!** Buenos días.
Gymnasium el instituto

H
Haar el pelo
haben *(etw.)* tener *algo* (e → ie); *Hilfsverb* haber ▶4/A; keine Lust (auf *etw.*) ~ pasar (de *algo*); mit *etw./jdm* zu tun ~ tener que ver con *algo/alguien* ▶3/A
Hafen el puerto ▶1/Ac
Hähnchen el pollo ▶3/A
halbe/r, halbes + *S.* medio/-a + *sust.* ▶1/A
Hälfte la mitad ▶1/Ac
Hallo! ¡Hola!
Haltestelle la parada ▶3/A
Hand la mano *f.*; von ~ fertigen hacer a mano ▶3/B
handeln (sich um *etw.*) tratar(se) de *algo* ▶5/B; von *etw.* ~ tratar de *algo* ▶5/B
Handwerkskunst la artesanía ▶3/Ac
Handy el móvil
hart duro/-a ▶3/A
hassen *(etw.)* odiar *algo*
hässlich feo/-a
Hauptdarstellerin el/la protagonista *m./f.* ▶5/A
Hauptstadt la capital
Haus la casa
Hausaufgabe(n) los deberes *pl.*; la tarea *lat. am.* ▶3/B
heilen *(jdn)* curar a *alguien* ▶3/B
heiß caliente
heißen llamarse
helfen *(jdm)* ayudar a *alguien*
hell claro/-a
Hemd la camisa
Herkunft el origen ▶3/A
herumlaufen/-fahren irse por ahí ▶1/A
hervorragend estupendo/-a *adv./adj.*
Herzliche Grüße. *Brief* Un abrazo.
Herzlichen Glückwunsch! ¡Felicidades!
heute hoy; ~ Nachmittag esta tarde
heutzutage hoy en día ▶1/A
Hexe la bruja
Hey! ¡Oye! *fam.*
hier aquí; ~ in der Nähe, ~ entlang por aquí
Hilfe la ayuda ▶5/A
hinausgehen salir
hineingehen (in + *S.*) entrar (en + *sust.*)
hinfallen caerse
hinlegen (sich) acostarse (o → ue)
hinsetzen (sich) sentarse (e → ie)
hinten al fondo ▶1/A
hinter detrás (de)
hinunterfahren *(die Piste)* bajar *(por la pista)*
Hitze el calor
hoch alto/-a *adj./adv.*; (…) Meter ~ sein tener una altura de … metros
Hof el patio

hoffen *(etw.)* esperar *algo* / a *alguien*
hoffentlich ojalá (que + *subj.*) *fam.* ▶3/A
Höhe la altura
hören *(etw.)* escuchar *algo*; Hör mal. ¡Oye! *fam.*; Hören Sie. Oiga. ▶4/Ac
Hose los pantalones *pl.*
hübsch bonito/-a; guapo/-a ▶1/B
Huhn la gallina ▶3/B
humorvoll gracioso/-a
Hund, Hündin el perro, la perra ▶1/A
Hunger el hambre *f.*

I
Idee la idea
immatrikulieren (sich) matricularse en algo ▶6/B
immer siempre; ~ mit der Ruhe tranquilo/-a; ~ noch genauso aussehen/sein seguir igual (e → i); ~ wenn cada vez que + *verbo* ▶3/A
in (+ *S.*) en (+ *sust.*); ~ der Nähe (von…) cerca (de…) *adv./prep.*; ~ Ordnung vale
Indien India ▶6/Ac
Informatik la informática ▶5/Ac
Information la información, las informaciones *pl.*
Inline skaten patinar
Innenraum el interior ▶6/B
innerhalb von + *Zeitangabe* dentro de + *Zeitangabe* ▶5/A
Insel la isla ▶1/Ac
insgesamt en total ▶6/Ac
Instrument el instrumento ▶2/A
interagieren interactuar ▶5/A
interaktiv (*ser*) interactivo/-a ▶5/A
interesant (super-) superinteresante
interessieren (sich für *etw./jdn*) interesarse por *algo/alguien* ▶3/A
international (*ser*) internacional
Internet el/la Internet; la red ▶5/Ac; Internetcafé el cibercafé (= el cíber *fam.*)
Interpretation la interpretación ▶5/B
Interview la entrevista
interviewen *(jdn)* entrevistar a *alguien* ▶4/A
irgendein/e algún/alguna + *sust.* ▶3/B

J
ja sí
Ja, bitte? *Telefonieren* ¿Diga?
Jacke la chaqueta; Windjacke la cazadora
Jahr el año; fünfziger Jahre los años cincuenta *pl.* ▶1/A; Ich bin (…) Jahre alt. Tengo (…) años.; neue ~ el Año Nuevo ▶4/B
Jahrhundert el siglo ▶4/B
Januar el enero
Jeans los jeans pl., lat. am.; los vaqueros *pl.*

jede/r cada uno/-a ▶4/A
jede/r, jedes + S. cada + sust. (inv.)
jemand alguno/-a pron. ▶3/B; alguien inv.
jene/r, jenes aquel, aquella ▶1/A
jetzt ahora; ~ **sofort** ahora mismo; ya
Jugendliche el/la joven, los jóvenes pl.
Juhu! ¡Yuju!
Juli el julio
jung (ser) joven ▶1/A
Junge el chaval fam.; **Junge** el chico
Juni el junio
Jura (Studiengang) el Derecho ▶6/B

K

Kaffee el café
Kälte el frío
kämpfen luchar
Kanal el canal
Kanaren Canarias pl.
Kantine el comedor
Kanusport el piragüismo
kaputt (estar) roto/-a
Karibik el Caribe
Karriere la carrera ▶6/A
Karte la tarjeta; **(Zehner-)Karte** el abono (de diez) ▶4/Ac
Käse el queso
kastanienbraun castaño/-a
Katalanisch Sprache el catalán
katalanisch ser catalán/catalana ▶6/A
Katalonien Cataluña
Kathedrale la catedral
kaufen (etw.) comprar algo
kein/e, keiner + S. ningún/ninguna + sust. ▶3/B; ninguno/-a pron. ▶3/B
Keine Ahnung! Ni idea.
Kellner/in el camarero, la camarera
kennen (lernen) (etw./jdn) conocer algo / a alguien (c → zc)
Kenntnisse los conocimientos pl. ▶6/B
Kette la cadena ▶2/A
Kilo el kilo ▶6/Ac
Kilometer el kilómetro; **km²** (Quadratkilometer) el km² (kilómetro cuadrado) ▶3/Ac
Kind el niño, la niña
Kindheit la infancia ▶5/B
Kino el cine
Kinotag el día del espectador ▶5/Ac
Kirche la iglesia ▶1/A
klar claro adv.
Klar! ¡Claro!
Klarinette el clarinete m. ▶5/B
Klasse la clase
Klassenarbeit el examen, los exámenes pl.
Klassenkamerad/in el compañero, la compañera
Klassenraum el aula, las aulas pl., f.
klatschhaft (ser) cotilla inv.
Kleid el vestido
Kleidung la ropa
klein pequeño/-a

Klima el clima
klingeln (an der Tür) llamar a la puerta
Kolumbien Colombia
kommen llegar; venir (e → ie); **an die Tafel ~** salir a la pizarra ▶5/A; **ans Telefon ~** ponerse (al teléfono); *Komm rein!* ¡Pasa!; **Komm schon!** ¡Venga! fam. ▶2/Ac; **nach Hause ~** volver a casa (o → ue)
Kommentar el comentario
kommunizieren (mit jdm) comunicarse (con alguien) ▶5/Ac
kompliziert (ser) complicado/-a ▶5/B
König/in el rey, la reina ▶1/Ac
können poder (o → ue); **etw. ~** saber algo / + inf.
konsumieren (etw.) consumir (algo) ▶6/Ac
konsumorientiert (ser) consumista inv. ▶2/B
kontrollieren (etw./jdn.) controlar algo / a alguien
Konzert el concierto
kooperativ de forma cooperativa ▶5/Ac
Kooperative la cooperativa ▶3/B
Kopf la cabeza; **Kopfschmerzen** el dolor de cabeza
kosten costar (o → ue)
Krach la bronca
krank (estar) enfermo/-a
Krankenhaus el hospital ▶3/B
Krankenversicherung la asistencia médica ▶6/Ac
kreativ (ser) creativo/-a ▶5/A
Kreide la tiza ▶5/A
kritisch (ser) crítico/-a ▶5/A
Küche la cocina
kugelrund sein estar cuadrado/-a fam. ▶3/A
Kugelschreiber (= Kuli) el bolígrafo (= el boli fam.)
Kultur la cultura
kulturell, Kultur- (+ S.) cultural ▶4/B
Kulturzentrum el centro cultural
Kunde/-in el/la cliente m./f. ▶6/B
Kunsthandwerk la artesanía ▶3/B
kurz corto/-a
Kuss el beso
Küste la costa ▶1/Ac

L

lachen (über etw.) reírse (de algo) ▶1/B
Laden la tienda
Lampe la lámpara
Land el campo ▶1/B; el país
Landschaft el paisaje ▶1/Ac
Landschaftsarchitektur el Paisajismo ▶6/B
Landstraße la carretera ▶1/A
lang largo/-a; **langärmelig** de manga larga
langsam despacio adv.; lento/-a ▶1/A

langweilen (sich) aburrirse
langweilig aburrido/-a
lassen dejar; **jdm seinen Willen ~** dejar a alguien a su aire; **jdn in Ruhe ~** dejar a alguien en paz
Lateinamerika América Latina
laufen caminar ▶3/Ac; correr
laut gemäß según ▶2/B; *Lautstärke* alto/-a
Lautstärke el volumen; **in voller ~** a todo volumen
Leben la vida
leben (in + S.) vivir (en + sust.)
lecker rico/-a ▶3/A
legen poner
Lehrer/in el profesor, la profesora (= el/la profe fam.)
Leidenschaft (für etw.) la pasión (por algo) ▶5/B
leiser stellen (etw.) bajar (algo)
Leiter/in el director, la directora ▶2/A
Leitspruch el lema m. ▶6/Ac
lernen estudiar; **~** (etw. zu tun) aprender (a + inf.)
lesen (etw.) leer algo
Letzte el último, la última ▶4/A
letzte/r, letztes último/-a
letztens el otro día
Leute la gente
Liebe/r … Brief Querido/-a …
lieben (jdn) querer a alguien (e → ie)
lieber + Inf. **wollen** (etw.) preferir algo (a algo) / + inf. (e → ie)
Lieblings… favorito/-a
Lieblingsmusik la música favorita
Lied la canción, las canciones pl. ▶2/A
liegen in + Ort estar situado en
Linie la línea (de metro) ▶4/Ac
links (von) a la izquierda (de)
Liste la lista
Löffel la cuchara
lohnt sich (etw.) vale la pena (algo) ▶5/B
lokal (ser) local ▶5/Ac
Lust auf etw. haben / Lust haben, etw. zu tun tener ganas de algo / + inf.
lustig (ser) divertido/-a
lustig Person alegre

M

Mädchen la chica
Madrilene/-in el madrileño, la madrileña ▶4/B
Mai el mayo
Maisfladen la arepa
Mal la vez, las veces pl.; **zum ersten ~** por primera vez; **zum letzten ~** por última vez
Mal sehen. A ver. ▶2/B
Mallorquiner/in el mallorquín, la mallorquina ▶1/Ac
Mama la mamá lat. am., fam. ▶3/B

manchmal a veces
Mannschaft el equipo
Markt el mercado ▶1/A
Marokko Marruecos ▶5/B
März el marzo
Master in Wirtschaft el Máster de Economía ▶6/B
Mathematik Schulfach Matemáticas pl. (= Mates fam.)
Maya el/la maya m./f. ▶3/A
Maya- (+ S.) ser maya inv. ▶3/Ac
Medizin la medicina ▶3/B
Meer el mar ▶1/Ac
mehr más; ~ **als** + Zahl más de + número ▶1/Ac; ~ **oder weniger** más o menos
mehr + S. + **als** más + sust. + que ▶1/Ac
Mehrheit (von *etw.***)** la mayoría (de algo)
mein/e mi; **mein/e/r, meins** mío/-a ▶2/A
Meisterschaft el campeonato
Menge ... (eine) un montón (de) fam.
Menschenrechte los Derechos Humanos ▶6/Ac
Messer el cuchillo
Meter el metro
Metronetz la red (de metro) ▶4/Ac
mexikanisch (ser) mexicano/-a ▶3/A
Mexiko México ▶3/Ac
mies fatal adv./adj.
Milchprodukt el producto lácteo ▶6/Ac
Million el millón, los millones pl.
Minderjährige el/la menor m./f. ▶5/B
Minute el minuto
Mischung la mezcla
mit con; ~ **dir** contigo; ~ **mir** conmigo
Mitarbeiter/in el colaborador, la colaboradora ▶2/B
mitmachen (bei *etw.***)** apuntarse (a algo)
mitnehmen (*etw./jdn***)** llevar algo / a alguien
Mittag el mediodía
mittags a mediodía
Mittagsschlaf la siesta ▶1/B
Mittelmeer el Mar Mediterráneo ▶1/Ac
mittels a través de ▶5/A
mitten in en medio de ▶3/Ac
Mittwoch el miércoles
Mode la moda
Moderator/in el moderador, la moderadora ▶2/B
modern moderno/-a ▶2/A
mögen (*etw.***)** gustar a alguien; etw./jdn **sehr** ~ encantar a alguien ▶2/A
möglich (ser) posible
Moment el momento; **im** ~ por el momento
Monat el mes, los meses pl.
Montag el lunes
Montage el montaje ▶2/A

morgen mañana; **Morgen** la mañana; **am Morgen** por la mañana
Müdigkeit el sueño ▶3/B
Münze la moneda ▶4/Ac
Museum el museo ▶4/Ac
Musik la música
Musiker/in el músico, la música ▶4/B
müssen (*etw.* **tun)** tener que + inf.; ~ (+ Inf.) deber (+ inf.) ▶3/Ac; **man muss** hay que + inf. ▶3/Ac
Mutter la madre; *Muttersprache* la lengua materna
Mütze la gorra

N

na gut bueno
Na und? ¿Y qué? fam.
Na, komm! ¡Anda! fam.
nach + Stadt/Land a; ~ + Subst. después de + sust.; ~ + Verb después de + verbo; ~ **Hause** a casa; ~ **Lust und Laune** a mi aire
Nachbar/in el vecino, la vecina
nachher luego
Nachhilfe Schulfach Tutoría
Nachmittag la tarde; **am Nachmittag** por la tarde; **heute** ~ esta tarde
Nachname el apellido
Nachricht el mensaje; el recado
Nachrichten las noticias ▶5/Ac
Nacht la noche
Nachtisch el postre
nachts por la noche
nahe (bei...) cerca (de...) adv./prep.
nähern (sich *etw./jdm***)** acercarse (a algo/alguien) ▶1/B
Name el nombre
Nationalismus el nacionalismo ▶6/A
natürlich claro adv.; **Natürlich (+ Satz).** Claro que (+ Satz).
Naturpark el parque natural ▶1/Ac
Naturwissenschaften Schulfach Ciencias Naturales pl.
neben además de ▶1/B; al lado (de)
nehmen (*etw.***)** coger algo; etw. ~ tomar algo; **etw. ernst** ~ tomarse algo en serio ▶6/B; **etw. schwer** ~ tomar algo así ▶2/Ac
nein no
nervös sein estar nervioso/-a
nett (ser) majo/-a
Netz la red ▶5/Ac
neu nuevo/-a
Neue el nuevo, la nueva
neugierig curioso/-a
neulich el otro día
nicht no; ~ **mehr** ya no; ~ **wahr?** ¿verdad?; **Es ist** ~ **nötig.** No hace falta.
nichts nada; no ... nada; **Das macht** ~. No pasa nada.
nie nunca; no ... nunca
niemand ninguno/-a pron. ▶3/B; nadie ▶4/B; no ... nadie

noch más; **immer** ~ todavía; ~ **einmal** otra vez
Norden el norte
Nordwesten el noroeste ▶1/Ac
normal normal
normalerweise normalmente adv. ▶2/A
normalerweise *etw.* **tun** soler hacer algo (o → ue) ▶5/Ac
Note la nota; **(gute/schlechte) Noten bekommen** sacar (buenas/malas) notas
nötig sein hacer falta ▶5/A; (ser) necesario/-a ▶2/B
November el noviembre
Nummer el número
nur sólo adv.
nützlich (ser) útil ▶2/B

O

ob si
Obdachlose la persona sin hogar ▶2/B
Oberfläche la superficie ▶3/Ac
Objekt el objeto ▶2/A
Obst la fruta
Obstgeschäft la frutería ▶1/A
obwohl aunque + ind. ▶5/A
Oktober el octubre
oder o
öffentlich (ser) público/-a ▶4/B
öffnen (*etw.***)** abrir algo
offiziell (ser) oficial ▶3/Ac
oft a menudo adv.
ohne sin
o.k. bueno; vale
(Öl-)*Sardine* la sardina
Onkel el tío
Orange la naranja
Orangenbaum el naranjo ▶1/A
Orchester la orquesta ▶5/B
organisieren (*etw.***)** organizar algo
Ort el lugar; el sitio
Osten el este

P

P. S. P. D. (= posdata)
Paar la pareja ▶1/B
(ein) paar unos/-as pl.
packen (*jdn/etw.***)** agarrar algo / a alguien ▶4/A
Palast el palacio ▶1/Ac
Papa el papá lat. am., fam. ▶3/B
Paradies el paraíso ▶1/Ac
Park el parque
parlamentarische Monarchie la monarquía parlamentaria ▶6/Ac
Party la fiesta; **Überraschungsparty** la fiesta sorpresa
Pass el pasaporte ▶6/Ac
passieren (*jdm etw.***)** pasar (algo a alguien) ▶1/A
Pause el recreo

peinlich sein *(etw. jdm)* dar corte *(algo a alguien) fam.* ▶4/A
perfekt perfecto/-a ▶1/Ac
Person la persona
Petze el chivato, la chivata *fam.*
Pflanze la planta ▶3/B
Piste la pista
Plan el plan
Planet el planeta *m.* ▶6/Ac
Plantage la plantación, las plantaciones *pl.*
platt *(estar)* alucinado/-a ▶4/A
Platz la plaza
plaudern charlar; ~ *über etw./jdm* platicar de algo/alguien *lat. am.* ▶3/B
plötzlich de repente
politisch político/-a ▶5/B
Polizei la policía ▶1/A
Pop *Musik* el pop
Portugiesisch *Sprache* el portugués
positiv *(ser)* positivo/-a ▶5/B
Post el correo ▶5/Ac; *Amt* Correos
Poster el póster, los pósteres *pl.*
Praktikum las prácticas *pl.* ▶6/B
praktisch prácticamente *adv.* ▶2/A
praktisch *(ser)* práctico/-a ▶6/B
Präsentation la presentación ▶5/A
präsentieren *(etw.)* presentar *algo* ▶4/B
Preis el precio ▶3/B
Prinzessin la princesa
pro por
proben *(etw.)* ensayar *algo*
probieren *(etw.)* probar *(algo)* (o → ue) ▶3/A
Problem el problema *m.*
Produkt el producto
Produzent/in el productor, la productora
Profi el/la profesional *m./f.* ▶1/Ac
Programm el programa *m.*
Projekt el proyecto
Prüfung el examen, los exámenes *pl.*; la prueba
Publikum el público ▶2/B
Pullover el jersey, los jerséis *pl.*
Punkt el punto; **(um)** ~ **(... Uhr)** (la/s ...) en punto
putzen *(etw.)* limpiar *(algo)* ▶3/B
Pyrenäen los Pirineos *pl.*

Q
Quelle la fuente ▶4/B

R
Radfahrer/in el/la ciclista *m./f.* ▶1/Ac
Radio el/la radio ▶5/Ac
Rap *Musik* el rap
Rasen el césped ▶4/B
Rat el consejo
Raum *Platz* el espacio
Realität la realidad ▶5/B
rebellisch rebelde
Rechnung la cuenta

rechts (von) a la derecha (de)
Regal la estantería
Regel la regla
Regie la dirección ▶5/B
Regierung el gobierno ▶6/Ac
Regierungsform la forma de gobierno ▶6/Ac
Region la región, las regiones *pl.*
Regisseur/in el director, la directora ▶2/A
regnen llover (o → ue)
reichen *(jdm etw.)* pasar *algo* a *alguien*
Reise el viaje; **auf Reisen (sein)** (estar) de viaje
Reiseführer *Buch* la guía ▶4/B
reisen (durch + S.) viajar (por + *sust.*) ▶6/Ac
Religionsunterricht *Schulfach* Religión (= Reli *fam.*)
rennen correr
Reportage el reportaje ▶2/A
Reporter/in el reportero, la reportera
Respekt el respeto
Ressort la sección, las secciones *pl.* ▶5/B
Resultat el resultado
Richtung la dirección; **in** ~ + S. en dirección a + *sust.* ▶4/Ac
riesig *(ser)* gigante ▶3/A; *(ser)* inmenso/-a ▶3/Ac
Rock la falda; *Musik* el rock
Rollschuh laufen patinar
rosa rosa *inv.*
rot rojo/-a; ~ **werden** ponerse rojo/-a
Rücken la espalda
Rucksack la mochila
Ruhe *(jdn in* ~ **lassen)** (dejar a *alguien* en) paz; **in** ~ tranquilamente *adv.* ▶2/A
Ruhestand la jubilación ▶6/Ac
ruhig tranquilo/-a
Ruhm la fama ▶6/A
Ruine la ruina ▶3/Ac
Runde la vuelta

S
Sache la cosa
Saft el zumo
sagen decir (e → i); **Sag bloß!** ¡No me digas!
Sáhara el Sahara ▶5/B
Salat la ensalada
Salz la sal
sammeln *(etw.)* coleccionar *algo* ▶2/A
Sandkörnchen el granito de arena ▶2/B
Sänger/in el/la cantante *m./f.* ▶2/A
satt haben *(etw./jdn)* estar harto/-a (de *algo/alguien*)
schaffen *(etw.)* conseguir *algo* (e → i) ▶5/B
scharf sein picar ▶3/A
Schau mal! ¡Mira!

Schauspieler/in el actor, la actriz ▶6/A
scheinen *(jdm etw.)* parecer *algo* a *alguien* (c → zc) ▶2/B
schenken *(jdm etw.)* regalar *algo* a *alguien* ▶2/A
Scherz la broma ▶2/Ac
schick de fiesta *adj.*
schicken *(etw.)* mandar *algo*
Schiedsrichter el árbitro
schießen (ein Tor) meter (un gol)
Schinken el jamón
schlafen dormir (o → ue); **Geh/t** ~! ¡A dormir!
Schlange *Personen* la cola
schlecht mal *adv.*; malo/-a; **schlechter** *(Vergleich)* peor (que) *adj./adv.*
schließen cerrar (e → ie)
schließlich al final
Schmerz el dolor
schmerzen doler (o → ue)
Schnee la nieve
Schokolade el chocolate ▶3/A
schon ya; ~ **einmal** alguna vez
schön bonito/-a; lindo/-a *lat. am.*; **total** ~ superlindo/-a *lat. am.* ▶3/Ac
Schrank el armario
schreiben *(etw.)* escribir *algo*
schreien gritar
schüchtern *(ser)* tímido/-a
Schuh el zapato
Schule el colegio (= el cole *fam.*); la escuela ▶3/B
Schüler/in el alumno, la alumna
Schüleraustausch el intercambio ▶4/A
Schülerzeitung el periódico escolar
Schulfach la asignatura
schulisch, Schul- (+ S.) escolar
Schutzgebiet la zona protegida ▶1/Ac
schwarz negro/-a
schweigen callarse
Schwester la hermana; *Schwesterchen* la hermanita *fam.* ▶3/B
schwierig difícil
Second Hand- (+ S.) de segunda mano ▶2/A
See el lago
sehen *(etw.)* ver *algo*; **(es gibt viele Dinge) zu** ~ (hay muchas cosas) que ver ▶4/B
Sehenswürdigkeit el monumento
sehr muy; ~ **gut** *Schulnote* el sobresaliente
Seifenoper la telenovela ▶1/B
sein estar; ser; **Es sind 34°.** Estamos a 34 grados.; **immer noch genauso** ~ seguir igual (e → i)
sein/e su; ~, **seins** suyo/-a ▶2/A
seit desde; ~ + *Zeitangabe* desde hace ▶1/B; ~ **seiner/ihrer Kindheit** desde pequeño/-a ▶5/B
seitdem desde entonces

Seite la página; **auf der einen ~ ..., auf der anderen ~ ...** por una parte ..., por otra parte ... ▶5/B; *räumlich* el lado
selbst mismo/-a ▶6/A **~ wenn** aunque + *subj.* ▶5/A
selbstverständlich por supuesto ▶6/A
seltsam raro/-a; raro/-a ▶4/A
Sendung el programa *m.* ▶2/B
September el septiembre
Serie la serie ▶5/Ac
sicher seguro/-a ▶4/B
Sicherlich + *Satz*. Seguro que + (*Satz*).
Sie usted/es
Silber la plata
singen cantar
Ski fahren esquiar
SMS el SMS *m.*
so así; **~ + Adj. + wie** tan + *adj.* + como ▶1/A; **~ + Adj.** tan + *adj.* ▶3/A; **~ dass** así que ▶1/B; **~ gegen** + *Zeitangabe* como ▶3/B; **~ gut wie** prácticamente *adv.* ▶2/A; **~ sehr** tanto *adv.* ▶5/A; **~ viel** tanto *adv.* ▶5/A; **~ viel/e** + *S.* tanto/-a + *sust., adj.* ▶1/B
sobald cuando + *subj.*
sofort enseguida ▶6/B
Sohn el hijo
solange mientras ▶5/A
solidarisch (ser) solidario/-a ▶2/B
sollen (+ *Inf.*) deber (+ *inf.*) ▶3/Ac
Sommer el verano; **Sommerferien** las vacaciones de verano *pl.*; **Sommerfestival** el festival de verano
sondern sino
Sonnabend el sábado
Sonne el sol
Sonnenblumenkern la pipa ▶4/B
Sonntag el domingo
sorgen (für *etw./jdn***)** cuidar de *algo/alguien* ▶6/Ac
Sorgen machen (sich um *etw./jdn***)** preocuparse (por *algo/alguien*) ▶2/Ac
Soße la salsa ▶3/A
Souvenir el recuerdo
sozial (ser) social ▶6/Ac; **soziales Netzwerk** la red social ▶5/A; **~ Ungerechtigkeit** la injusticia social ▶2/B
Sozialkunde *Schulfach* Educación para la Ciudadanía y Derechos
Spanien España
Spanier/in el español, la española ▶4/B
Spanisch (*Sprache*) el castellano ▶5/B; el español
sparen um *etw.* **tun zu können (***etw.***)** ahorrar (*algo*) para + *verbo* ▶2/A
spät tarde *adv.*; **später** después; más tarde
spazieren gehen dar una vuelta; **~ gehen/fahren durch/an** + *S.* pasear por + *sust.* ▶1/B
speziell (ser) especial ▶2/A

Spiel el juego; *Wettkampf* el partido
spielen actuar ▶5/B; *Sport* jugar a (u → ue); *etw.* **~** *Instrument* tocar *algo*
Spieler/in el jugador, la jugadora ▶5/B
Spielregel la regla de juego
Spielzeug el juguete ▶3/B
Spießchen el pincho
Sport el deporte; **Sportunterricht** *Schulfach* Educación Física
sportlich (ser) deportista *inv.*
Sprache el idioma *m.* ▶6/A; la lengua
sprechen (von *etw.***)** hablar (de *algo*)
Stadion el estadio
Stadt la ciudad; **Stadtzentrum** el centro de la ciudad
Stand el puesto ▶3/A
Star la estrella ▶5/B
Stärke el fuerte
Station la estación ▶4/Ac
statt en vez de ▶3/A
stattdessen en cambio ▶5/A
stattfinden tener lugar
Stau el atasco ▶5/A
stehen (*jdm* **gut/schlecht)** quedar (bien/mal) a *alguien*
stellen poner; **Stell dir vor!** ¡Fíjate!; ¡Imagínate!
sterben (an *etw.***)** morirse (de *algo*) (o → ue)
Stern la estrella
Stier el toro ▶4/A
Stierkampf la corrida de toros ▶4/A
Stift el lápiz, los lápices *pl.* ▶5/A
Stimmung la marcha *fam.*
Stipendium la beca ▶6/B
Stockwerk el piso
Strand la playa
Straße la calle
Streber/in el empollón, la empollona
Streit la bronca; **~ haben** tener bronca
streiten discutir; **(sich) (um** *etw./jdn***) ~** pelear(se) (por *algo/alguien*) ▶3/B
streng estricto/-a
Student/in el/la estudiante *m./f.*
Studiengang la carrera
studieren estudiar
Stuhl la silla
Stunde la hora
Stundenplan el horario
suchen (*etw.***)** buscar *algo*
Südamerika América del Sur
Süden el sur
super(gut) super(bien)
Supermarkt el supermercado
surfen navegar ▶5/Ac
Surfen el surf
sympathisch (ser) majo/-a; (ser) simpático/-a

T
Tabakwarenladen el estanco ▶1/A
Tablet-PC la tableta PC ▶5/A

Tafel la pizarra ▶5/A; **an die ~ kommen** salir a la pizarra ▶5/A
Tag el día
Tagebuch el diario
taktil (ser) táctil ▶5/A
Talent el talento ▶5/B
Tante la tía
tanzen bailar
Taschengeld la paga ▶2/A
Tätigkeit la actividad ▶2/B
tausend mil
Taxi el taxi ▶4/Ac
Teamwork el trabajo en equipo
Technologie la tecnología ▶5/A
Tee el té ▶3/B
Teich el estanque ▶4/B
teilen (*etw.* **miteinander)** compartir *algo*
teilnehmen (an *etw.***)** participar (en *algo*)
Telefon el teléfono
telefonieren hablar por teléfono
Telefonnummer el número de teléfono; **Wie ist deine ~?** ¿Cuál es tu número de teléfono?
Teller el plato
teuer caro/-a
Theater el teatro; **Theatergruppe** el grupo de teatro
Thema el tema *m.* ▶2/B
Ticket el billete ▶4/Ac
Tier el animal ▶1/A
Tisch la mesa
Tischtennis el ping-pong
Titel el título ▶5/B
Tochter la hija
tod(müde) sein estar muerto/-a
Tomate el tomate
Tor la puerta; *Spielfeld* la portería; *Sport* el gol
Tourist/in el/la turista *m./f.*
Tradition la tradición
tragen *Kleidung, Brille, Bart etc.* llevar *algo*
trainieren entrenar ▶1/Ac
Training el entrenamiento
Traube la uva ▶4/B
Traum el sueño ▶3/B
träumen (von *etw./jdn***)** soñar (con *algo/alguien*) (o → ue)
traurig (estar) triste
Treffen el encuentro
treffen (sich mit *jdm***)** quedar (con *alguien*); **sich mit** *jdm* **~** encontrarse con *alguien* (o → ue)
Treppe la escalera
trinken (*etw.***)** beber *algo*; tomar *algo*; **Was wollt ihr ~?** ¿Qué vais a tomar?
Trommel el tambor
trommeln tocar el tambor
Trophäe el trofeo ▶4/B
trotzdem sin embargo ▶1/A
Truthahn el guajolote ▶3/B
Tschüß! ¡Adiós!

T-Shirt la camiseta
Tuareg- (+ S.) (ser) tuareg *inv.* ▶5/B
tun *(etw.)* hacer *algo*
Tür la puerta
Turnschuhe las zapatillas (de deporte) *pl.*
typisch (ser) típico/-a

U

U-Bahn(linie) la (línea de) metro ▶4/Ac
üben *(etw.)* ensayar *algo*
über sobre
überall en todos lados ▶2/A
überallhin a todos lados ▶2/A
überqueren *(etw.)* cruzar *algo*
überraschen *(jdn)* sorprender a *alguien* ▶5/B
Überraschung la sorpresa; **Überraschungsparty** la fiesta sorpresa
übersetzen *(jdm etw.)* traducir *(algo a alguien)* (e → zc) ▶3/B
überwachen *(etw./jdn.)* controlar *algo / a alguien*
übrigens por cierto ▶2/Ac
Uhr el reloj ▶4/B; **Um wie viel ~ …?** ¿A qué hora …?
Uhrzeit la hora
um (…) Uhr a las (…)
um zu + *Inf.* para + *inf.*
Umarmung el abrazo
Umfang la extensión ▶6/Ac
Umfrage la encuesta ▶2/B
umgekehrt viceversa *adv.* ▶6/A
Umkleidekabine el probador
umso besser menos mal
umsteigen cambiar de línea ▶4/Ac
Umwelt el medio ambiente ▶6/Ac
Umwelterziehung la educación ambiental ▶6/B
umziehen (sich) cambiarse
unabhängig independiente *adj./adv.*
Unabhängigkeit la independencia ▶3/Ac
und y; *vor hi- und i-* e
Ungeduld la impaciencia ▶1/B
ungefähr aproximadamente *adv.* ▶1/Ac
Uniform el uniforme
Universität la universidad
unmöglich (ser) imposible ▶4/A
unter debajo de; **~ Umständen** a lo mejor
unterbrechen *(jdn)* interrumpir a *alguien* ▶2/B
unterhalten (sich) charlar
Unterkunft el albergue *m.* ▶5/B
Unterricht la clase
Unterschied la diferencia ▶3/A
unterschiedlich diferente, (ser) diverso/-a ▶6/Ac
unvergesslich (ser) inolvidable ▶6/B
unzertrennlich (ser) inseparable ▶1/B
USA los Estados Unidos *m. pl.* ▶3/Ac

V

Vater el padre
Verabredung la cita ▶4/B
verändern (etw.) cambiar *algo*
Veranstaltung el espectáculo ▶4/B
verantwortlich (für etw./jdn) responsable (de *algo/alguien*)
verantwortlich sein (für etw.) tener *algo a su cargo* ▶6/B
verbinden (sich mit etw.) conectar(se) (con *algo*) ▶5/Ac
Verbindung setzen (sich mit jdm in ~) comunicarse (con *alguien*) ▶5/Ac
verboten (estar) prohibido/-a ▶1/A
verbrauchen *(etw.)* consumir *(algo)* ▶6/Ac
verbrennen quemar
verbringen (viel Zeit in + S.) pasar (mucho tiempo en + *sust.*)
verbunden (estar) conectado/-a ▶5/A
verdienen *(etw.)* ganar *algo*
vereinen *(etw./jdn)* unir *algo / a alguien* ▶6/Ac
Vereinigte Mexikanische Staaten Estados Unidos Mexicanos *m. pl.* ▶3/Ac
verfolgen *(etw.)* seguir *algo* (e → i) ▶5/A
verfügen (über etw. contar con *algo* (o → ue) ▶4/B
vergangen/e, vergangenes pasado/-a
Vergangenheit werden pasar a la historia ▶5/A
vergehen Zeit pasar
vergessen *(etw.)* olvidar *algo*
Verhalten el comportamiento
verkaufen *(jdm etw.)* vender *algo (a alguien)* ▶3/A
Verkäufer/in el vendedor, la vendedora
verlassen dejar ▶5/B
verlaufen (sich) perderse (e → ie)
verlieben (sich in jdn) enamorarse (de *alguien*) ▶1/B
verlieren *(etw.)* perder *algo* (e → ie)
vermissen *(etw./jdn)* echar de menos *algo / a alguien*
verpassen *(etw./jdn)* perderse *algo / a alguien* (e → ie) ▶3/Ac
verrückt nach etw./jdm sein estar loco/-a por *algo/alguien* ▶2/A
verschiedene + S. varios/-as + *sust.*, *pl.* ▶6/Ac
verschwinden desaparecer (c → zc) ▶5/A
versetzen (sich in jdn hinein) ponerse en el lugar de *alguien*
versprechen *(jdm etw.)* prometer *algo (a alguien)* ▶1/B
verstecken *(etw.)* esconder *algo*
verstehen *(etw./jdn)* entender *algo / a alguien* (e → ie); *etw.* ~ comprender *algo*; **sich mit jdm gut/schlecht ~** llevarse bien/mal con *alguien*

verstummen callarse
versuchen *(etw.)* intentar *algo* ▶6/A
verwandeln (sich in etw.) convertirse en *algo* (e → ie) ▶4/B
Verzeihung! ¡Perdona!
verzichten können (auf etw.) pasar de *algo*
Video el vídeo
Videokamera la cámara de vídeo ▶2/A
viel mucho *adv.*; **viel/e** mucho/-a *adj.*; **viel/e** + S. mogollón de + *sust.*, *fam.* ▶4/A
vielfältig (ser) diverso/-a ▶6/Ac
Vielfältigkeit la diversidad ▶6/Ac
vielleicht tal vez ▶3/Ac
Viertel *Stadt* el barrio
virtuell (ser) virtual ▶5/A
Vogel el pájaro ▶1/Ac
voll (estar) lleno/-a
Volleyball el voleibol
Vollkornbrot pan integral ▶6/Ac
von de; **~ … bis …** *Uhrzeit* desde … hasta …
vor (+ S.) antes de + *sust.*; ~ + *Verb* antes de + *verbo*; ~ + *Zeitangabe* hace + *Zeitangabe*; *räumlich* delante (de)
vor allem sobre todo
vorbeikommen bei (+ S.) pasar por (+ *sust.*)
vorbereiten *(etw.)* preparar *algo*
vorher antes *adv.*
Vorname el nombre
vorschlagen *(jdm etw.)* proponer *algo (a alguien)* ▶1/B
Vorspielen la prueba
vorstellen (sich etw.) imaginarse *(algo)* ▶1/A
Vorstellung la sesión, las sesiones *pl.* ▶4/B
Vortrag la presentación ▶5/A
vorziehen + *Inf.* preferir *algo (a algo)* + *inf.* (e → ie)

W

wachsen crecer (c → zc) ▶5/B
wählen (etw.) elegir *algo* ▶6/B
Wahlfach Optativa
während mientras ▶5/A
Wahrheit la verdad
Wand la pared
Wann? ¿Cuándo?
warm caliente ▶2/B
Wärme el calor
wärmen *(etw.)* calentar *algo* (e → ie) ▶3/B
warten (auf etw./jdn) esperar *algo / a alguien*
Warum? ¿Por qué?; **Warum nicht …?** ¿Por qué no …?
Was (für)? ¿Qué?; **~ bedeutet …?** ¿Qué significa … ?; **~ du nicht sagst!** ¡No me digas!; **~ für ein Zufall!** ¡Qué casualidad!; **~ für ein/e …!** ¡Vaya …!

fam.; ~ **für eine Kontrolle!** ¡Qué control! ▶5/A; ~ **ist dein Lieblingsfach?** ¿Cuál es tu asignatura favorita?; ~ **ist (mit dir) los?** ¿Qué (te) pasa?
Wasser el agua *f.*
wechseln (*etw.*) cambiar *algo* ▶6/Ac; **den Job** ~ cambiar de trabajo ▶5/A
Weg el camino ▶3/B
wegen por
weggehen irse
wegnehmen (*jdm etw.*) quitar *algo (a alguien)* ▶3/B
wegschlagen (*den Ball*) sacar el balón
weh tun doler (o → ue)
Weihnachten la Navidad ▶2/B
weil porque
Weile el rato ▶5/Ac
weinen llorar ▶1/B
weiß blanco/-a
weit (*weg*) (estar) lejos de *adv./prep.*; *Kleidung* ancho/-a
weitergehen seguir *algo / a alguien* (e → i)
weitermachen (**mit** *etw.*) seguir + *verbo en gerundio* (e → i) ▶5/A; (**so**) ~ seguir (así) (e → i) ▶3/A
Welche/r, welches + S.? ¿Qué?; ¿Cuál/es? *pron.*
Welt el mundo
wenig poco/-a *adj.*
weniger als + *Zahl* menos de + *número* ▶1/A; ~ + *Adj.* + **als** menos + *adj.* + que ▶1/A; **mehr oder** ~ más o menos
wenigstens al menos; por lo menos ▶6/A
wenn si ▶3/Ac; cuando + *subj.* ▶5/A; **immer** ~ cuando + *ind., conj.*
Wer? ¿Quién? *sg.*; ¿Quiénes? *pl.*
werden hacerse + *adj.* ▶5/B; ponerse (+ *adj.*); **knallrot** ~ ponerse rojo/-a como un tomate; **... Jahre alt** ~ cumplir ... años; **zu** *etw.* ~ convertirse en *algo* (e → ie) ▶4/B; **Beruf** ~ wollen querer ser + *Beruf* (e → ie) ▶2/A; **zum Nervenbündel** ~ ponerse como un flan
werfen (**einen Blick in/auf** *etw.* ~) echar un vistazo (a *algo*) ▶5/Ac; (**ein Tor**) ~ meter (un gol)
Werk la obra ▶4/B
weshalb por lo cual ▶5/B
Westen el oeste
Wetter el tiempo; **Es ist gutes/ schlechtes** ~. Hace buen/mal tiempo.

Wettfahrt la carrera ▶4/B
wichtig importante
wichtig sein (*etw. jdm*) importar *algo a alguien* ▶2/A
wie como; ~ **die Zeit vergeht!** ¡Cómo pasa el tiempo!; ~ **gern würde ich (…)!** ¡Qué ganas de (…)! ▶3/Ac; ~ **immer** como siempre; ~ **krass!** ¡Qué fuerte! ▶4/B; ~ **nervig!** ¡Qué rollo! *fam.*; ~ **peinlich!** ¡Qué corte!; ~ **verrückt** como loco/-a *fam.* ▶1/B
Wie? ¿Cómo?; ~ **alt bist du?** ¿Cuántos años tienes?; ~ **bitte?** ¿Cómo?; ~ **geht's?** ¿Qué tal?; ~ **ist deine Telefonnummer?** ¿Cuál es tu número de teléfono?; ~ **sagt man … ?** ¿Cómo se dice … ?; ~ **schreibt man das?** ¿Cómo se escribe?
wie sehr/viel cuánto *adv.*
Wie viel macht das? ¿Cuánto es?
Wie viel Uhr ist es? ¿Qué hora es?
wie viel/e + S cuánto/-a +*sust., adj.*
wieder (**schon** ~) otra vez; ~ *etw.* **tun** volver a + *inf.* (o → ue) ▶3/A
wiederholen (*etw.*) repetir *algo* (e → i)
wiegen pesar ▶5/A
willkommen (**in…**) bienvenido/-a (a…); ~ **heißen** dar la bienvenida ▶4/B
Wind el viento; **Es ist** (**windig**). Hace (viento).
Windjacke la cazadora
Windmühle el molino de viento ▶1/Ac
Winter el invierno
Wirtschaft la economía ▶6/B
wirtschaftlich, Geld- (+ S.) económico/-a ▶5/B
wissen (*etw.*) saber *algo / + inf.*; (**viel/wenig**) (**über** *etw./jdn*) ~ saber (mucho/poco) (de *algo/alguien*) ▶3/B
wissenschaftlich científico/-a ▶5/Ac
Witz el chiste
witzig gracioso/-a
wo donde ▶1/A
Wo? ¿Dónde?
Woche la semana
Wochenende el fin de semana
Woher? ¿De dónde?
Wohin? ¿Adónde?
wohnen (**in** + S.) vivir (en + *sust.*)
Wohnung la casa; el piso
Wohnzimmer el salón
wollen (*etw.*) querer *algo / + inf.* (e → ie)

womöglich a lo mejor
Workshop el taller ▶4/B
Wow! ¡Hala! ▶5/A
Wüste el desierto ▶5/B

Z

Zahl el número
zählen (*etw.*) contar *algo* (o → ue)
zeichnen (*etw.*) diseñar (*algo*) ▶6/B
zeigen (*jdm etw.*) enseñar *algo a alguien*; mostrar *algo a alguien* (o → ue) ▶3/A; *etw.* ~ presentar *algo* ▶4/B; **Zeig mal!** A ver. ▶2/B
Zeit el tiempo; (**keine**) ~ **haben** (*etw. zu tun*) (no) da tiempo de (*hacer algo*) ▶4/B; **die ganze** ~ todo el tiempo; **zur** (**Essens-/Schlafens-**)**zeit** a la hora de (comer/dormir …)
Zeitraum la época ▶1/A
Zeitschrift la revista
Zeitung el periódico ▶5/Ac
zelten gehen/fahren ir de *camping* ▶1/B
Zentrum el centro
ziemlich bastante
Zimmer la habitación, las habitaciones *pl.*
Zone la zona ▶1/Ac
zu + *Richtung* a
zu Hause (**bei** *jdm*) en casa (de *alguien*)
zu, zu sehr, zu viel demasiado
Zucker el azúcar
zuerst primero
zufrieden (estar) contento/-a
Zug el tren ▶1/A
zuhören escuchar *algo*
Zukunft el futuro ▶5/A
zum Beispiel por ejemplo
zum Glück por suerte ▶3/A
zumindest por lo menos ▶6/A
Zunge la lengua ▶3/A
zurückkehren regresar ▶5/B; volver (o → ue)
zurzeit actualmente *adv.* ▶2/A
zusammen juntos/-as
zusammenlegen *Geld* poner fondo ▶4/A
Zuschauer/in el espectador, la espectadora ▶5/Ac
zweite/r, zweites segundo/-a
zwischen entre

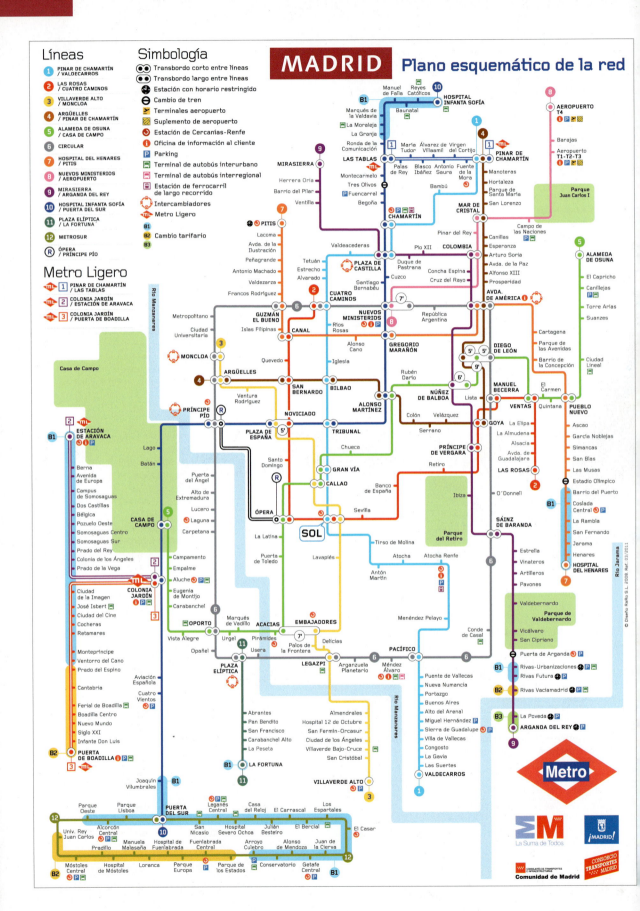

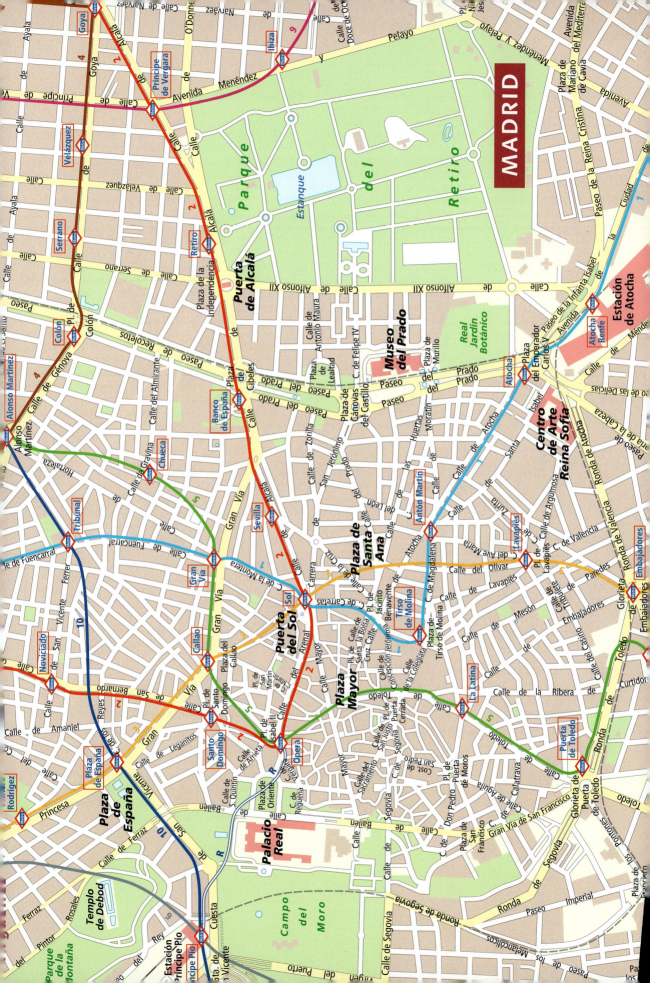

Fotos:

© 123rf, S. 53 (Tomate), S. 53 (Erdnüsse), S. 53 (Chili), S. 53 (Guacamole), S. 53 (Tamales), S. 68 (rechts) – 123rf: © Alvaro German Vilela, S. 83 (oben links); © Anthony Brindley, S. 27 (oben); © Anton Gvozdikov, S. 33 (oben); © Ben Jeayes, S. 174; © Jan Wowra, S. 27 (unten); © Karam Miri; S. 33 (2. v. unten), S. 120 (unten); © Paco Ayala, S. 176 (links); © Rafael Ramirez Lee, S. 65 (rechts); © Tomas Hajek, S. 180 (oben) – © Cornelsen, Amann, S. 34 (rechts) © Cornelsen, Lucentum Digital, S. 31, S. 33, 2. v. oben), S. 30, S. 26 – © Cornelsen, Archiv, S. 121 (oben) – © Cornelsen, Bunke, S. 28 (rechts) – © Cornelsen, Delgado, S. 69 (unten rechts) – © Cornelsen, Delgado, S. 75 (2. v. oben) – © Cornelsen, Rathsam, S. 148 – © Cornelsen, Reifenstein, S. 20 (oben links u. rechts), S. 79 (rechts, links, unten) – © Cornelsen, Vicente Sierra Puparelli, S. 34 (unten links), S. 79 (oben) – © Cooperacion Internacional ONG, S. 66 – flickr: © Cayetano, S. 18 (oben) – fotolia.com: © blende40, S. 53 (Kaugummi); © Carlito, S. 75 (unten); © Device, S. 11; © Francia, S. 53 (Kreide); © Hendrik Schwarz, S. 18 (links); © Irina Fischer, S. 53 (Schokolade) – © Kondor83, S. 176 (unten rechts); © Liv Friis-larsen, S. 53 (Avocado); © Steidl, S. 53 (Drachen) – © Fremdenverkehrsamt Mexiko, S. 49 (oben rechts), S. 53 (unten links) – © Fremdenverkehrsamt Spanien, S. 58 (unten rechts), S. 83 (links), S. 177 (unten), S. 178 – iStockphoto: © abalcazar, S. 49 (oben links), S. 180 (unten); © absolut_100, S. 18 (rechts), S. 142; © adamkaz, S. 92 (rechts), S. 147 (rechts); © aprott, S. 13 (2. v. oben rechts); © asiseeit, S. 62; © Brainsil, S. 32 (oben links); © BVDC, S. 19 (unten rechts); © carterdayne, S. 77; © Chepko, S. 53 (Truthahn); © da-kuk, S. 122 (links); © dan_prat, S. 140 (unten); © danab, S. 53 (Mitte); © diane555, S. 122 (rechts); © digital-skillet, S. 92 (Mitte), S. 147 (Mitte); © floortje, S. 72; © Funwithfood, S. 65 (unten); © hildalgo89, S. 112 (links); © JamesHarrison, S. 64 (Mitte); © jane, S. 10 (links), S. 19 (oben rechts); © jaroon, S. 86 (unten); © Jbryson, S. 10 (rechts); © Juanmonino, S. 32 (unten links), S. 105 (links); © Kiyyah, S. 111 (links); © LizV, S. 92 (links), S.147 (links); © Maica, S. 58 (unten links); © Mandy Godbehear, S. 17; © maodesign, S. 33 (unten); © marcoregalia, S. 51 (Mitte); © MikeCherim, S. 54; © minimal, S. 75 (oben); © pink_cotton_candy, S. 19 (links); © ProArtWork, S. 105 (rechts); © quavondo, S. 111 (rechts); © RamiKatzav, S. 46 (links, 2. v. unten) © rramirez125, S. 83 (unten rechts); © Slonov, S. 32 (unten rechts); © thejack, S. 53 (Kojote); © track5, S. 32 (oben rechts), S. 35, S. 104 – © Museo Flamenco Sevilla, S. 46 – © panthermedia, S. 69 (unten links) – © photaki, S. 75 (2. v. unten) – photaki: © Ginette Laffargue, S. 83 (unten Mitte); © Ines Caroline, S. 15 (unten); Otero, S. 121 (rechts); © Pablo Blanes, S. 83 (oben rechts), S. 177 (oben) – © public domain, S. 15 (oben), S. 29, S. 49 (unten Mitte), S. 65 (oben rechts), S. 120, S. 138, S. 68 (links) – © public domain / Goya, S. 84 (rechts) – © Shotshop.com, S.55 – © shutterstock, S. 85 – shutterstock: © Lobanov, S. 87 (unten); © Mandy Godbehear, S. 12 (unten); © Penny Hillcrest, S. 34; © Pep Fuster, S. 13 (2. v. unten rechts); © wheatley, S. 14 – © Suso33 VG Bild-Kunst, Bonn 2015, S. 84 (unten).

© action press / Alfaqui S. L., S. 13 (unten rechts) – © action press / VOS, COR, S. 13 (unten links) – © akg images / Album / Oronoz, S. 175 – © akg images / Succession Picasso / VG Bild-Kunst, Bonn 2015, S. 84 (oben links) – Alamy: © David Crossland, S. 49 (links rechts) – © Arco Images, S. 49 (unten rechts) – © Collection Christophel, S. 97 – Corbis: © Andy Richter, S. 53 (unten Mitte); © Danny Lehmann, S. 56 (links); © Kit Kittle, S. 48 (rechts unten); © Michele Falzone, S. 49 (Mitte links); © Nigel Young, S. 140 (oben); © Susana Vera, S. 71 – © Getty Images / Cover, S. 87 (links) – © Getty Images / Robert Harding, S. 51 (oben) – © Getty Images / WireImage, S. 47 – Getty Images: © Jamie Grill, S. 112 (Mitte); © Peter Adams, S. 9; © Zena Holloway, S. 112 (rechts); © Joel Salcido / Digital Light Source / Peter Arnold, S. 57 – Look: © Franz Marc Frei, S. 49 (Mitte rechts); © Jürgen Richter, S. 12 (Mitte) – © mauritius images / AGE, S. 13 (oben links), S. 13 (oben rechts), S. 144, S. 176 (oben rechts), S. 48 (links unten), S. 50, S. 51 (unten), S. 53 (unten rechts) – mauritius images: © Hill Creek, S. 122 (Mitte); © Jutta Ulmer, S. 56 (unten rechts); © Rudolf Pigneter, S. 12 (oben) – © picture alliance / dpa, S. 121 (links), S. 58 (oben rechts), S. 64 (oben), S. 75 (Mitte), S. 88 – © picture alliance / Eventpress, S. 65 (oben links) – © picture alliance / landov, S. 58 (Mitte) – © picture alliance / Lonely Planet Images, S. 163 – © picture alliance / Mark Henley, S. 69 (oben) – © picture alliance / Schroewig, S. 107 – © Sipa Press, S. 64 (unten) – © ullstein bild / Marche, S. 23 – © Vario Images, S. 56 (oben rechts) – © White Star, S. 28 (oben links).

Abbildungen, Buchcover:

© Bayard Presse, S. 85, S. 134, 135, 136 – © Carlsen Verlag GmbH, S. 94 (links) – © Cooperacion Internacional ONG, S. 39 (links) – © Ediciones Alfaguara, S. 126 – © Ediciones SM, S. 93 (unten), S. 130 – © Editores El Aleph, S. 93 (Mitte), S. 128 – © Fischer Schatzinsel, S. 94 (rechts) – © Organisacion StopVIH, S. 39 (rechts) – © Tornasol Films / Cameo Media, S. 93 (oben) – © Unión Europea, S.108 – © Yomgui Dumont, S. 103.

Texte:

© Celesa, Jorge Bucay, S. 140 (unten) – © Cloud People Music / Nara Music Inc., EMI Music Publishing Germany, Hamburg, S. 65 – © Doble Acuarela Songs / Lolein Music, EMI Songs Musikverlag, Hamburg, Neue Welt Musikverlag, Hamburg, S. 47 – © Editores El Aleph, Jordi Sierra i Fabra, S. 128–129 – © El Mundo, S. 107 – © Jesus Carazo, S. 130 – © Santillana Ediciones, Angel Gonzalez, S. 140 (oben) – © Santillana Ediciones, Pedro Sorela, S. 126–127.